D1754459

PAUL MÜHSAM

MEIN WEG ZU MIR

Aus Tagebüchern

Herausgegeben und kommentiert
von Else Levi-Mühsam
Geleitwort von Werner Volke

HARTUNG-GORRE VERLAG

Die Deutsche Bibliothek – CIP-Einheitsaufnahme

Mühsam, Paul:
Mein Weg zu mir – aus Tagebüchern / Paul Mühsam. Hrsg. und kommentiert von Else Levi-Mühsam. Geleitw. von Werner Volke. – 1. Aufl. – Konstanz: Hartung-Gorre, 1992
ISBN 3-89191-535-7
NE: Levi-Mühsam, Else [Hrsg.]

Zweitdruck der 1978 im Rosgarten-Verlag Konstanz erschienenen Ausgabe

Copyright © 1992 by Else Levi-Mühsam

Umschlag: Gabriele Linzmeier
Druck und Bindung: Druckerei Lokay, Reinheim

Hartung-Gorre Verlag Konstanz
ISBN 3-89191-535-7

Zu dieser Auflage

Ich sehe es als ein gutes Zeichen an, daß sich eine Neuauflage der vorliegenden Tagebuch-Aufzeichnungen als notwendig erweist. Sie liegt mir besonders am Herzen nicht nur angesichts der Fülle der in ihnen angesprochenen Themen, die Paul Mühsam beschäftigten oder herausforderten, und der inneren Vorgänge, die sein Gemüt bewegten, – sondern auch im Hinblick auf ihre biografische und zeitbezogene Kommentierung, welche dann in den Anmerkungen zu meiner Eltern Briefwechsel ihre Ergänzung erfuhr.

Tagebuch, Briefe und Kommentare bilden den Rahmen zu Paul Mühsams Werk. Sie verbinden sich mit diesem und seinen in viel späteren Jahren niedergeschriebenen Lebenserinnerungen "Ich bin ein Mensch gewesen" zu einem Gesamtbild seiner Persönlichkeit, in der sich letzte Einsichten, Weltoffenheit und Schöpfertum zusammenfinden.

Konstanz, im Februar 1992   *Else Levi-Mühsam*

Geleitwort

Ein Tagebuch: das sind festgehaltene Momente eines individuellen Lebens, historische, das persönliche Geschick und Denken des Schreibenden tangierende oder gar im Kern treffende Geschehnisse, Reflexionen über sie, Stellungnahmen; das sind Selbstbetrachtungen und Betrachtungen über die Mitmenschen, Auseinandersetzungen, Versuche, durch das Niederschreiben seinen Standort als Individuum in der Gesellschaft zu fixieren, den Raum der eigenen geistigen Existenz abzustecken, seinen Punkt im Kosmos zu finden; das sind aufgehobene Gefühle und Stimmungen, Zeugnisse von Freude und vom Glück, Dokumente der Sorge, Angst und Trauer. — Das alles begegnet einem beim Lesen der hier vorgelegten Tagebücher Paul Mühsams. Preußischer Staatsbürger und Jude, Rechtsanwalt von Beruf, Dichter und Denker aus Berufung, registriert der 1876 in Brandenburg an der Havel Geborene und 1960 in Jerusalem Verstorbene seine Entwicklung ebenso seismographisch wie das wechselvolle politische, geistige und künstlerische Geschehen seiner Epoche und die eigenen Reaktionen auf Erlebtes. Diese Tagebucheinträge aus mehr als fünf Jahrzehnten zeigen Werden und Wandel einer dichterischen Persönlichkeit in einer ständig Hindernisse aufbauenden Zeit. Sie zeigen den Vetter Erich Mühsams als Kind des wilhelminischen Deutschland, dem in den Erfahrungen des Ersten Weltkrieges der Pazifismus zur Weltanschauung geworden war. Sie zeigen einen Ethiker, dessen Rufe — "Mehr Mensch!" heißt eines seiner Werke — kaum erhört wieder verhallten und dem als Dichter des "Ewigen Juden" selbst das Schicksal Ahasvers bestimmt war. Denn nicht die Sehnsucht "Jungjudas" trieb den in der Neißestadt Görlitz arbeitenden Notar nach Zion, sondern der Terror der Nationalsozialisten; am eigenen Leib erfuhr Mühsam 1933, was er zehn Jahre zuvor in seiner dramatischen Dichtung Ahasver in den Mund gelegt hatte:

Ein Jude bin ich. Das ist mein Verbrechen.
Mich packt Entsetzen vor der Menschheit an.
Daß sie die Wahrheit je erkennen kann,
Daß sie gewillt auch nur, sie zu erkennen,
Fast zweifle ich. Nun treibt mich, mich zu trennen
Von diesem Volk, die äußerste Bedrängnis.
Ich klage dich nicht an — ich wein' um dich.

So wird die individuelle Chronik zur Selbstdarstellung einer Persönlichkeit und zum Spiegel einer aus den Fugen geratenen Welt. Der Blick in diesen Spiegel könnte noch heute das Fürchten lehren, hielte ihn nicht ein Mensch vor, der gegen den seelenlosen mechanisierten Zeitgeist eine "neue Kultur des Herzens" zu setzen suchte, für den das ethische Moment das Wichtigste im Werdegang der Menschheit war. Was Paul Mühsam an Walther Rathenaus Buch "Zur Mechanik des Geistes" rühmte, daß es "von einem hohen sittlichen Ernst getragen und idealer Gesinnung entsprungen" sei, das gilt für diese Aufzeichnungen. Und sein Vergleich nach den Aufführungen von Strindbergs "Nach Damaskus" und Schillers "Don Karlos" ist kennzeichnend für sein Denken und Schaffen: Strindbergs "ergreifendes Werk voll Tiefe und Schönheit ... in dem eine vulkanische Kraft tätig ist, die hinuntersteigt in die Abgründe der Seele", dieser "aufwühlende Mystizismus" muß ihm zurückstehen hinter Schillers "edlem Pathos"; denn beide, "Schiller und Strindberg entfernen sich von der Realität, aber jener steigt zur Höhe, dieser in die Tiefe, jener befreit, dieser rüttelt nur auf". Etwas von diesem Befreienden, das Paul Mühsam bei Schiller erfahren hatte, ist auch in seine Tagebücher eingegangen, die heute mit seiner dichterischen Hinterlassenschaft im Deutschen Literaturarchiv in Marbach am Neckar verwahrt werden. Der aufmerksame Leser wird es in aller Schwere der Realität, welche die Aufzeichnungen durchzieht, zum eigenen Gewinn merken.

Werner Volke

Einführung zu diesem Buch

Die winzige Handschrift hat im Laufe eines langen Lebens drei Diarien gefüllt. Sie waren Paul Mühsams eigenste Sphäre. Im Schreibtisch verschlossen, wurden sie zum ersten Mal nach seinem Heimgang von anderen als ihm selbst in die Hand genommen und geöffnet. Seinen großen Schreibtisch, mit vielen Fächern und Schubladen, die Manuskripte, Korrespondenz und persönliche Erinnerungsstücke bargen, hielt er immer verschlossen, er bildete sein erweitertes Ich.

Er hat wohl nie daran gedacht, daß diese Tagebucheintragungen jemals zur Veröffentlichung gelangen würden. Doch nach dem Tod unserer Mutter sprach er zu uns Töchtern, wenn wir ihn auf dem Carmel besuchen kamen, von manchem, das er früher nicht preisgegeben hätte.

Angesichts der Fülle des niedergeschriebenen Erlebten und Gedachten war es nicht leicht, eine Auswahl zu treffen, da sie ja einen möglichst umfassenden Einblick in Paul Mühsams reiche Persönlichkeit vermitteln sollte.

1893 beginnt der siebzehnjährige Schüler des Johanneum in Zittau Tagebuch zu führen. Kindliches und Kindisches, Sehnsüchte und überströmende Jugendseligkeit finden sich hier zusammen. Nach Abschluß der Studienjahre, Ende 1899, verliert das Tagebuch erstmalig seine Bedeutung; während des ersten Referendarjahres (1899-1900) in Mittenwalde in der Mark, einem gemütlichen Ackerbaustädtchen, bedarf sein Erleben keines schriftlichen Nachvollzugs. Er ist längst Rechtsanwalt in Görlitz, als er, 1908, diese Zeit in einer einmaligen Eintragung nachholt; in ihrer Ausführlichkeit bildet sie ein kleines Buch für sich. Erst von 1916 an wird das Tagebuch wieder sein intimster Begleiter, wird es bleiben bis ans Ende seiner Tage.

Er wuchs als einziges Kind auf. Die Eltern waren von Brandenburg an der Havel, wo er am 17. Juli 1876 zur Welt kommt, in seinem vierten Lebensjahr nach der sächsischen Industriestadt Chemnitz übersiedelt, sie hatten hier ein kleines Schuhgeschäft gepachtet.

In dieser Stadt, im Hof, auf der Straße, in einem Winkel des Ladens, in der kleinen Wohnung sind Pauls Spielplätze, hier verbringt er seine Kindheit und die ersten Schuljahre. Von der aus jüdisch-westfälischer Familie kommenden Mutter ängstlich behütet, wird er vom Vater rauher angefaßt. Marcus Mühsam war "ein sehr strenger, aber gütiger Vater", beschreibt ihn der Sohn. "Hinter einer spröden Schale verbarg sich ein liebevoll fühlendes Herz. Ich habe als Kind vor ihm gezittert, aber als Erwachsener seine grenzenlose Opferwilligkeit und rührende Beweise seiner Liebe in tiefer Dankbarkeit empfunden."

In seinem siebenten Lebensjahr wird Paul aus der Schule genommen, um in der kräftigen Luft Lübecks in der Familie seines Onkels, Siegfried Mühsams, das nächste Schuljahr zu verbringen. Hier sieht er sich mit einem Male einem Kreis fröhlicher Geschwister eingereiht, mit denen er ein Leben lang verbunden bleiben wird. In den Tagebüchern begegnen wir Hans, Charlotte, Erich wieder. (Grete kommt in unserer Auswahl nicht vor.) Aus diesem Lübecker Schuljahr geht er gekräftigt und geistig entwickelt hervor.

Er ist knapp vierzehn, als die Familie nach Zittau übersiedelt, um in dieser nahe der böhmischen Grenze gelegenen kleinen Stadt eine neue Existenz aufzubauen. Hier nimmt der Vater wieder ein Schuhgeschäft in Pacht. Es ist zu vermuten, daß die lyrische Landschaft der Oberlausitz, die die Stadt umgebenden Wälder, in denen der junge Mensch umherstreift, fördernd auf seine dichterische, besinnliche Anlage eingewirkt haben. Der W a l d wird immer wieder sein Refugium werden, in seiner summenden, rauschenden Stille wird er sich finden, edelste Gedanken zur Gestaltung bringen. Hier in Zittau beginnt auch seine lebenslange Freundschaft mit dem um ein Jahr älteren Bernhard Jacubowsky. Ihr ist ein entscheidender Einfluß auf die Bildung seiner Persönlichkeit zuzuschreiben. In ihren Gesprächen während der täglichen Spaziergänge werden die jungen Menschen sich ihrer selbst bewußt. "Gemeinsam erlebten wir alle Stadien der Entwicklung, die Periode des Weltschmerzes, des Sturmes und Dranges und in der Tanzstundenzeit die der Weltfreudigkeit." Paul, versonnen und weltfreudig zugleich, ist noch lange Zeit weltfremd. Viele

Irrungen, Anfechtungen stehen ihm bevor, er wird an Abgründen stehen, ehe er zur Reife gelangen wird.

Welchen Beruf soll er wählen? In späteren Jahren wird er wissen, daß ein Beruf in den Naturwissenschaften ihm weit eher entsprochen hätte, als einer im juristischen Bereich, für den er sich jetzt entscheidet. Unter Opfern ermöglichen ihm die Eltern das Studium.

Übermächtig ist das Glücksgefühl der Freiheit, als er nun, im Jahre 1896, "in die Welt" stürmt. Alles ist neu, alles ist anders als bisher. Wie schön ist die Welt! Freiburg! Doch wie bald entpuppt sich auch manches so ganz anders als das Geträumte. Schon früh hat das jüdische Kind Diskriminierung erfahren. Diese Verletzungen hinterließen ihre Spuren, wenn sie auch dem optimistischen Grundton seines Wesens nichts entscheidend anhaben konnten. Auch jetzt, nach seiner Ankunft in Freiburg, tritt der Antisemitismus ihm entgegen. Aber er wird übertönt von all dem aufregenden Neuen. Geistiges Neuland eröffnet sich ihm. Neben juristischen Kollegs belegt er Literatur und Nationalökonomie. Der junge Max Weber bringt ihm in seinen hinreißenden Kollegs dieses Gebiet so nahe, daß er hinüberwechseln möchte. Nur den besorgten Eltern zuliebe verzichtet er schweren Herzens. So steigt er ein in das viel verzweigte Studium der Rechte, das sich ihm bald als eine "Pseudowissenschaft" darstellt, die ihm "nicht das Geringste an Wert und Interesse" zu bieten vermag. Im zweiten, dem Münchener Semester, wird er in eine paritätische Verbindung gekeilt, verliert er sich in Kneipen und im Faschingstrubel. Es ist ein Semester, "in dem ich mich (so) heillos von mir selbst entfernt hatte". Erst in Leipzig, im Zusammensein mit seinem Freund Bernhard, der dort studiert, und im Genuß "der herrlichen Vorlesungen bei dem berühmten Dreigestirn Sohm, Binding und Wach" findet er das Gleichgewicht wieder. Dieses Semester erscheint ihm rückblickend als "das fruchtbarste, harmonischste und glücklichste" seiner ganzen Studienzeit.

Das folgende Semester hat ein völlig anderes Gesicht: Berlin! Diese Stadt wird einen besonderen Platz in seinem Leben einnehmen. Insgesamt sind es sieben Jahre, in denen er in verschiedenen Phasen — als Student, als Referendar, als reifer Mann — hier leben wird. Diese letztere Phase, im Berlin des Ersten Weltkriegs, wird ihn der Erfüllung seiner inneren Existenz zuführen. Hier wird er auf den "Weg zu sich" gelangen. Darüber erfahren wir in den hier vorliegenden Tagebucheintragungen.

Anfang 1905 eröffnet er seine Anwaltspraxis in Görlitz, der Stadt an der Neiße. Töchterreiche Familien laden den jungen Akademiker in ihre Häuser. An den freien Tagen besucht er seine Eltern in dem nahen Zittau. Nicht mehr lange sie beide: innerhalb weniger Wochen schwinden der Mutter Kräfte. Fassungslos stehen Vater und Sohn an ihrem Grab. Es ist Februar 1908. Monatelang vergräbt er sich in seine Arbeit, verläßt sie nur um nach dem Vater zu sehen. Dieser ist nicht mehr imstande, für sich selbst zu sorgen, er wird in die Obhut zweier befreundeter Frauen in Breslau gegeben, wo er 1914, kurz vor Ausbruch des Weltkriegs, stirbt.

Im Sommer 1909 verbindet Paul Mühsam seinen Lebensweg mit dem Irma Kaufmanns, einem künstlerisch beschwingten, frohsinnigen Menschenkind. Drei Töchter, Else, Lotte und Hilde, gehen aus der Ehe hervor. Der erste Weltkrieg bricht aus. Nach wiederholten "Tauglichkeits"-Untersuchungen wird er immer wieder zurückgestellt, weil sein Herz körperlichen Anstrengungen nicht gewachsen ist.

Die Berufung ans Zentralkomitee vom Roten Kreuz in Berlin befreit ihn von einem schweren Konflikt. Sie ist ein in dieser Zeit willkommener Kompromiß zwischen seinem Wunsch, dem Land in einer ihm gemäßen Weise zu dienen, und seiner inneren Stimme, die ihn mahnt, für die Aufwärtsentwicklung der Menschheit zu wirken, sie zu ihren w a h r e n Aufgaben aufzurufen. In späteren Jahren wird er erkennen, daß "humanitäre" Zivildienste nur dazu beitragen, die Kriege zu verlängern, ein freundlicheres Gesicht vorzutäuschen.

Es ist noch keine Biographie über Paul Mühsam geschrieben worden. Er selbst hat seinen Lebensweg dargestellt. Als er in den ersten Jahren nach der Auswanderung befürchtete, in dem bloßen Vegetieren im Existenzkampf zugrunde zu gehen, rettete er sich durch das Niederschreiben seiner Erinnerungen ("Ich bin ein Mensch gewesen"). Unter den Fragen, die ihn sein Leben hindurch nicht in Ruhe gelassen haben, ist es vor allem das Rätsel des Bösen, das ihn in diesen Jahren mehr denn je anficht. Das Böse, das uns in allen möglichen Gesichtern begegnet, jetzt nach 1933 war es, unübersehbar, weithin sichtbar geworden. In den "Gesprächen mit Gott", in dem Mysterienspiel "Der Hügel", in seinem gesamten Werk hat er diese Frage, die ja ein unlösbarer Bestandteil seines Weltbildes ist, behandelt, zuletzt in den Memoiren. "Wohl ist es wahr, daß alles Zerstörende Leid und Schmerzen schafft. Aber wir dürfen uns darüber nicht beklagen, auch wenn wir davon überzeugt sind, daß Gott sich zur Freude und zum Glück seiner Erlösung in der Hülle, die wir unser Ich nennen, geoffenbart hat. Wir dürfen es selbst dann nicht, wenn wir uns in eine Zeitperiode hineingeboren finden, in der das Element der Zerstörung zeitweilig die Oberhand gewonnen hat und alle Kräfte der Verneinung sich zu einem Höllentanz zusammengeschlossen zu haben scheinen. Es kamen oft genug Stunden, in denen ich versucht war, die beiden alles durchdringenden, sich widerstreitenden Kräfte als in einem von Gottes Willen unabhängigen ewigen Kampf befindlich anzusehen. Aber immer wieder habe ich mich zu der Gewißheit durchgekämpft, daß es der gottgewollte Sinn des Zerstörenden ist, das aufbauende Element zu fördern als Stachel und Sporn und daß alles Walten der verneinenden Kräfte, so verderblich es auch erscheinen mag, nur dazu bestimmt sein kann, als Auftrieb zu dienen für das Erstarken der sich ihnen entgegenwerfenden Kräfte der Bejahung."

Aus einer intimen Rechenschaft sich selbst gegenüber sind nicht alle Wesenszüge des Schreibenden erkennbar. Auch aus der begrenzten Sicht der Tochter soll nur weniges hinzugefügt werden. Sie hat den Vater erlebt als einen wesentlichen Menschen, der bis ins letzte Wahrhaftigkeit in Tun und Denken übte, der großzügig und tolerant, klug in schwieriger Situation, energisch im Ausführen eines Entschlusses war. Den sein Sinn für Komik und Satire (ohne Zynismus) zuweilen verführte, mit der Sprache zu spielen, Schüttelreime aus dem Ärmel zu schütteln und sprachvertrakte, geistvolle Rätsel, imaginierte Briefwechsel zu verfassen. In dem sich Sensibilität und Urwüchsigkeit, Naivität und Weisheit vereinigten. Der die Töchter ethisch verantwortungsvolles Handeln lehrte, sie immer wieder auf die Wunder der Natur hinwies und sie, von hier ausgehend, mit seiner Geistes- und Glaubenswelt vertraut zu machen suchte.

Was sie von ihm empfingen war ein Geschenk, dessen Kostbarkeit ihnen erst viel später aufgegangen ist.

Mögen viele Menschen zu ihm finden und von ihm beschenkt werden.

*

Dieses Buch soll nicht hinausgehen, ohne daß ich in großer Dankbarkeit Herrn Prof. Dr. Bernhard Zeller erwähne, der meines Vaters Nachlaß in einer Zeit ungesicherter Verhältnisse im Deutschen Literaturarchiv in Marbach aufgenommen hat. Die vorliegende Auswahl wurde in der Stille der dortigen Bibliothek zu Ende geführt, in einer Atmosphäre der Kultur und Freundlichkeit. Sie hätte jedoch nie gelingen können ohne den Beistand von Herrn Dr. Werner Volke, der sich in Paul Mühsams Werk und Persönlichkeit eingelesen hat und unzählige philologische und editorische Fragen unermüdlich und geduldig mit mir durchging und durch seinen guten Rat klären half. Zu ihm geht mein besonders herzlicher Dank.

Jerusalem — Konstanz
im Sommer 1978   Else Levi-Mühsam

Zur Wiedergabe des Textes:

Es wurden unverändert gewahrt
der *Wortlaut* des Textes;
Unterstreichungen: die von Paul Mühsam zur Hervorhebung eines Gedankens angewandten wurden gesperrt gedruckt, diejenigen zur größeren Übersichtlichkeit seiner Lektüre, Theaterbesuche und anderer Ereignisse durch Großbuchstaben kenntlich gemacht;
Absätze. Sie sind selten und nicht immer leicht festzustellen: die Schrift fliegt gleichsam. Große Sprünge von Wort zu Wort, noch größere zwischen den Sätzen;
im *Lautstand* geschriebene Wörter (wie: stehn, gehn, Aufwiedersehn, Hülfe, giltig);
wechselnde Schreibweise (wie: Phantasie - Fantasie, Karmel - Carmel, Caroline - Karoline);
in *Ziffern* geschriebene Zahlen.
Die *großen und kleinen Buchstaben* sind manchmal, selbst mit Lupe, nicht zu unterscheiden, besonders bei seiner "deutschen" Schrift, die Paul Mühsam erst in späteren Jahren in Israel mit der lateinischen vertauschte, um sie für seine Enkel lesbar zu machen. Wir haben uns bemüht, Zweifel sinngemäß oder seiner sonstigen Schriftgewohnheit entsprechend zu klären.
Versehentlich ausgelassene Wörter wurden in Klammern eingefügt; die von ihm gesetzten Klammern wurden in gleichen Typen, doch wo nicht als von ihm gesetzt erkennbar mit Anmerkung wiedergegeben.
Orthographisch unrichtig geschriebene Wörter oder Namen wurden stillschweigend korrigiert. Einige nach der früheren Rechtschreibung geschriebene Wörter, die er noch längere Zeit beibehielt (wie: Brod, Thränen, giebt) wurden in die heutige Schreibweise abgeändert.
Von der Redaktion vorgenommene *Auslassungen* innerhalb einer Satz- oder Gedankenfolge wurden durch drei Punkte kenntlich gemacht; ebenso Auslassungen am Textanfang oder -ende, wenn es sich um ein- und denselben Gegenstand handelt.

Abgekürzte Wörter (wie oftmals der Monatsname am Anfang der Eintragung, Namensabkürzungen, wie: nach., u., m. E., Frl.) wurden ausgeschrieben.

Anderes:

Bei der Angabe von *Preisen* muß sich der Leser die beträchtliche Entwertung der Mark und des Palästina- bzw. Israel-Pfundes vor Augen führen.

Bei der Durchsicht des schon gedruckten Textes zeigte es sich, daß einige Korrekturen notwendig waren. Sie sind am Schluß des Buches unter *Errata* zu finden.

1908

Wir schreiben heute den 13. Juni 1908. Ist es möglich? 1908? Fast 9 Jahre sind verflossen. Voll Wehmut greife ich nach meinem Tagebuch, dem ich solange treulos war, treulos, wie mir das Glück. Was hat sich alles ereignet in diesem Zeitraum. Welche Wandlungen in meinem Innen- und Außenleben. . . .
Fast fällt es mir schwer, mich in die Seele des Vierundzwanzigjährigen zurückzuversetzen. Erschreckend gewahre ich, rückwärtsblätternd, wie der Sturm und Drang der Leidenschaft langsam gewichen ist, wie die jugendhelle Begeisterung mehr und mehr sich verflüchtigt hat. . . .

Drei Jahre zuvor hat sich Paul Mühsam als Anwalt in der Neissestadt Görlitz niedergelassen. Diese ganz in Grün, in große Parks und Wiesenlandschaft gebettete Stadt wählte er wegen ihrer Schönheit, und um seinen in Zittau lebenden Eltern nahe zu sein. Im März 1908 erfährt er den bisher größten Schmerz mit dem frühen Tod seiner Mutter. Doch schon zwei Monate später wird seinem Leben ein großer Reichtum zuteil: Im Mai begegnet er seiner späteren Lebensgefährtin, Irma Kaufmann, im Juli des folgenden Jahres heiraten sie. Wieder vergehen viele Jahre, in denen sein Tagebuch ungeöffnet bleibt. Erst mit dem Eintritt in sein 40. Lebensjahr fängt er wieder an, es regelmäßig zu führen. Zwei Töchter, Else und Lotte, sind inzwischen zur Welt gekommen, sein Vater ist 1914 gestorben, kurz darauf bricht der 1. Weltkrieg aus.

1916

17. Juli

40 Jahre alt geworden. Der Abschied von der Jugendzeit fällt mir nicht so leicht wie W. v. Humboldt. Seine Liebe zum Alter und zum Sonnenuntergang hängt mit seiner merkwürdigen Leidenschaftslosigkeit zusammen. Gerade in diesen Tagen beendete ich seinen Briefwechsel mit einer Freundin (Charlotte Diede). Ein

prachtvolles Buch. Man kann soviel von Humboldt lernen. In diesen Briefen wie in denen an seine Braut und an seine Frau offenbart sich eine ethisch außerordentlich hochstehende und immer mehr nach Vervollkommnung strebende, abgeklärte Persönlichkeit, in sich selbst ruhend, dem Nachsinnen und der Einsamkeit stillen Naturgenießens zugeneigt, die Menschen fliehend und doch voll Liebe zur Menschheit, feinfühlend und mild im Urteil, ein echter Weiser.

23. Juli

Vormittag in Zittau. Die Gräber besucht. Es war friedlich und still, und ich konnte mich ganz der Andacht hingeben. Ich durchlebte noch einmal die glücklichen Jahre im Elternhaus, sah die Teuren vor mir in all ihrer unaussprechlichen Güte und selbstlosen Liebe.

26. Juli

Ich habe von jeher einen nicht zu bezähmenden Wissensdrang gehabt. Aber mein Fehler war, daß ich immer, in dem Bestreben, gründlich zu sein, mich in die ganze Geschichte eines Gegenstandes vertieft habe, von den ersten Anfängen und den ältesten Zeiten an, daß ich also mit anderen Worten systematisch vorging. . . . Ich fand immer nur Neues, fand keine Meilensteine, keine alten Bekannten am Wege, die ich hätte begrüßen können, fand nichts in der Erinnerung, was mir der Erläuterung und Erklärung bedürftig erschienen wäre, und auf dessen wissenschaftliche Durchdringung ich mich besonders gefreut hätte. Hätte ich hier und da genippt, hier und da wahllos über einen bedeutenden Künstler, über seine Zeit, über ein bedeutendes Werk etwas gelesen, so hätte meine Fantasie Nahrung gehabt, sie hätte sich bemüht, das aus dem Zusammenhang Gerissene zu ergänzen, sich selbst ein Bild der inneren Gesetze des Werdens zu schaffen, hätte durch die Buntheit der Erscheinungen hindurch die unsichtbaren Fäden der Entwicklung mehr geahnt als erkannt, und wenn ich dann ein systematisches Buch über die ganze Wissenschaft durchgearbeitet

Paul Mühsam 80 Jahre alt

1916

hätte, ja dann hätte ich wahrhaften Genuß gehabt, dann hätte ich staunend gesehn, wie das Einzelne sich zum Ganzen fügt, hätte den Sinn und die Bedeutung des Geschehens tiefer und verständnisvoller erfaßt, und neue Welten wären mir erstanden, wo ich sonst nur Grau in Grau gesehen hätte.

Aus dieser Erkenntnis heraus lese ich jetzt die griechischen Klassiker, ohne zuvor eine gründliche Geschichte der griechischen Kultur, Literatur und Kunst gelesen zu haben.

Eigentlich müßte man ja, wenn man 9 Jahre ein humanistisches Gymnasium besucht hat, im klassischen Altertum so zu Hause sein, daß die Lektüre weder eines systematischen Werkes noch einzelner Darstellungen nötig wäre. Aber der jammervolle Gymnasialunterricht bringt es nun einmal mit sich, daß man sein Examen macht, ohne eine Ahnung von dem zu haben, was eigentlich die Grundlage des humanistischen Unterrichts sein sollte, und so ist auch für mich das klassische Altertum fast ein Neuland. Der Umstand aber, daß ich es schon einmal, wenn auch nur notdürftig, beackert habe, erleichtert mir das Verständnis.

Am 8. August Reise nach Bad Flinsberg im Isergebirge zu mehrwöchigem Aufenthalt.

26. August

Wenn man sich in seiner Sommerfrische etwas eingerichtet hat, so gerät man, wenn man nicht Tagestouren macht, unfehlbar in eine Art von Ordnung hinein, die sich je nach Ort und den Verhältnissen jedes Jahr etwas anders gestaltet, der aber niemals das Moment des Gewohnheitsmäßigen ganz fehlt. Mein Tag ist jetzt schon hier genau eingeteilt. Aber wie anders, um wieviel schöner ist die Beschäftigung als die Tretmühle des Berufes. Langeweile ist mir ein unbekannter Begriff, und der Tag ist mir stets zu kurz.

Und nun fängt das Leben in der Stadt wieder an. Umgeben von Steinquadern. Anstatt des gestirnten Himmels das dritte Stockwerk der gegenüberliegenden Häuser. Statt Drama und schöner Lektüre Schriftsätze, Konferenzen, Termine. Zeitvergeudung, und das Leben rinnt darüber hin.

1916

17. Oktober

Seitdem das 4. griechische Armeekorps, das, um dem Druck des Vierverbandes auf das unglückliche Griechenland zu entgehen, sich der deutschen Heeresleitung in die Arme geworfen hat, sich in Görlitz befindet, wimmelt es hier von griechischem Militär. Der Einzug erfolgte mit Fahnen und klingendem Spiel. Die Soldaten trugen Gewehr mit aufgepflanztem Bajonett. Es sind ja Neutrale, nicht Gefangene. Jetzt sieht man in den Schaufenstern griechische Aufschriften aller Art. Auf einmal erregt auch das Französischsprechen nicht mehr die Entrüstung der Chauvinisten.

11. Dezember

Fast 2 1/2 Jahre tobt der entsetzlichste aller Kriege. Wann wird sein Ende sein? Bei Beginn glaubte man ihn in wenigen Wochen entschieden zu haben, man glaubte, in kurzer Zeit Frankreich überrennen und sich dann mit voller Kraft gegen Rußland wenden zu können. Von England fürchtete man nicht allzuviel. Aber was ist aus diesem Krieg geworden? ... Daheim im Lande gibt es kaum eine Familie, die nicht um Vater, Gatten, Sohn oder Bruder trauert, und noch immer ist kein Ende dieses Elends abzusehen. Es geht ums Ganze. Und doch wird es keinen Sieger und keinen Besiegten geben, und doch wird ein Friede der Verständigung geschlossen werden müssen. ... Es gibt keinen anderen Schutz als Verständigung, es gibt keine andere Hilfe als ein Völkerbündnis auf der Grundlage internationalen Rechtes. Es gibt keinen besseren Weg zur Höherentwicklung als die Verminderung der stehenden Heere, deren Existenz an sich schon eine ewige Bedrohung bildet, und damit zugleich eine Verminderung des unseligen Einflusses der Militärkaste. Hand in Hand damit muß eine Verstaatlichung der Rüstungsindustrie gehen, um den Wettbewerb der am Krieg interessierten Gruppen auszuschalten, und einschneidende Maßnahmen gegen die völkerverhetzende Presse sind unbedingt nötig. ...

1917

4. Kriegsjahr.   Friedensjahr?

2. Januar

Die Entente lehnt unser Friedensangebot ab. Ernst oder Berechnung?

6. Januar

Nach 10 Wochen langem Warten endlich Entscheidung. Ein Wendepunkt des Schicksals. ... Der Vorstand der Genossenschaft freiwilliger Krankenpfleger im Kriege vom Roten Kreuz, Verband Berlin, vertreten durch den Kriegsvorsitzenden, Oberverwaltungsgerichtsrat Dr. Boethke *, bittet mich, mich zum Dienstantritt ... bei der Kriegsgeschäftsstelle, Berlin W.8, Französischestr. 7, einzufinden. ...
Wie wunderbar hat es sich gefügt, daß ich grade jetzt, in dieser kritischen Zeit, an das Ziel meiner Wünsche gelangt bin. Nun werde ich auch etwas fürs Ganze tun können, auf einem Posten, dem ich körperlich gewachsen, da er nur geistige Anforderungen stellt.

Er wird zum geschäftlichen Leiter der Abt. 14 des Zentralkomitees vom Roten Kreuz ernannt. Präsident der Abteilung ist der Wirkl. Geh. Oberregierungsrat Dr. Georg Strutz, "der bedeutendste Steuerrechtler seiner Zeit." **

7. Januar

Abschied. Abreise. Nachmittag um 4. ...
Abends 1/2 8 kam ich nach Berlin. Infolge der großen Wagenkalamität, die jetzt hier herrscht, kam ich erst 3/4 9 ins Hotel.

---

* *In Paul Mühsams Referendarzeit in Mittenwalde i.d.Mark war er sein Amtsrichter. Jetzt stand er an der Spitze des Roten Kreuz-Werkes in Preußen.*
** *Erinnerungen, Betrachtungen, Gestalten. Jerusalem 1959.*

1917

21. Januar

Am 18. Januar begann der SANITÄTERKURSUS, den ich als Mitglied der Genossenschaft freiwilliger Krankenpfleger mitmachen muß. ... Am ersten Tag wurde der menschliche Körper im allgemeinen behandelt, am 19. die Knochen, in der dritten Lektion am 23. das System der Blutgefäße, insbesondere das Herz, am 24. das System der Lymphgefäße. Überall, wohin man sieht, die herrlichsten Wunder der Schöpfung.

Die Berufung nach Berlin stellt für den schon 42 jährigen eine schicksalhafte Wende dar. Er erfaßt ihre Bedeutung, sein innerer Kompaß führt ihn der Verwirklichung seiner Persönlichkeit zu. "Während der beinahe zwei Jahre, in denen ich in Berlin gewissermaßen ein Studentendasein führte, habe ich eine derartige Bereicherung meiner Seele und eine solche Entfaltung aller in mir schlummernden Kräfte rezeptiv wie produktiv erfahren, daß ich in Wahrheit erst während jener Zeit den Weg zu mir selbst gefunden und mein Wesen verwirklicht und damit den Zweck meines Lebens erfüllt habe", bekennt er in den Memoiren.

29. Januar

Abteilungssitzung, an der auch der Sächsische Bundesratsbevollmächtigte, Hallbauer, teilnahm. Mein Programm zur Erhöhung der Einnahmen der Kreuz-Pfennig-Sammlung (Bedrucken der Kreuz-Pfennig-Hefte mit Inseraten, vermehrte Ausgabe von Kommissionsware an Zeitungen, Papierhändler, Gerichtsdiener, Banken, Buchhändler u.s.w. unter Erhöhung der Provision bis zu 30%, Propaganda in der Presse durch einen von mir verfaßten und auf Wunsch des Vorsitzenden verlesenen Aufsatz) wurde angenommen. Von dem Ertrag der Kreuz-Pfennig-Sammlung (bisher über 1/2 Million M) sollen 400 000 M ausgeschüttet werden. Nach der Sitzung fand eine solche der Abt. 6 statt, zu der auch der Kabinetschef der Kaiserin, Frhr. v Spitzemberg, erschien.

3. Februar

$12°$ Kälte. Es gibt keinen wirklich warm geheizten Raum

1917

mehr, auch nicht in den Cafes. Es fehlt an Menschen, Pferden und Wagen, um die Kohlen zu befördern. An ein richtiges Mittagessen ist garnicht mehr zu denken. Nach den paar Häppchen, die man für schweres Geld bekommt, ist man genau so hungrig wie vorher. Ich würde zum Skelett abmagern, wenn ich mir nicht dank Irmchens Fürsorge meine Abendbrote selbst zurechtmachen könnte.

4. Februar

Mittags im Zoologischen Garten. Ich beschränkte mich, abgesehen von dem großen Raubtierhaus und dem Bärenzwinger, auf das hochinteressante, reichhaltige Aquarium. Abends im Theater an der Königgrätzerstraße. "ERDGEIST", TRAGÖDIE IN 4 AUFZÜGEN VON WEDEKIND. Die Geschichte eines armen Mädchens, das Karriere gemacht hat, einer Schlange in Menschengestalt, namens Lulu, von Maria Orska meisterhaft dargestellt, an deren unverwüstlicher Seelenlosigkeit nach einander drei Männer zugrunde gehen. Das Stück schließt mit der Perspektive auf zwei weitere Opfer. Aber seelenlos wie Lulu ist auch das ganze Drama. Das darf man sagen, wenn es trotz der glänzenden Aufführung und trotz meiner Empfänglichkeit mich kalt gelassen hat. Es ist mit dem Kopf, nicht mit dem Herzen geschrieben. Deshalb wird man auch durch das Schicksal der unglücklichen Opfer nicht erschüttert. Ja man empfindet kaum Mitleid mit ihnen. Die einzelnen Typen sind vorzüglich herausgearbeitet. Aber man geht unbefriedigt weg. Es fehlt das Letzte und Tiefste der Kunst. Nur was von Herzen kommt, kann zum Herzen sprechen.

13. Februar

Von 7-8 Vorlesung bei Dir. DR. ARCHENHOLD in der Treptow-Sternwarte über "DIE STERNBILDER UND PRAKTISCHE ANLEITUNG ZU IHRER AUFFINDUNG". Leider hat Archenhold nicht die Gabe, zu reden und sich verständlich zu machen, aber dennoch interessierte mich der Vortrag riesig. ...

Heute übernahm ich nebenher in Abt. 6 des Zentralkomitees die Bearbeitung der unaufgefordert eingegangenen Spenden. Diese kommen hauptsächlich aus dem neutralen Ausland.

1917

23. Februar

Im Lessingtheater "BAUMEISTER SOLNESS" von Ibsen. ... Das Stück hat mich aufs tiefste erschüttert. Alles, was Ibsen schreibt, ist so stark und gesund. Man steht auf so festem Boden. Er wühlt auf, er geht in die Tiefe, aber er packt, ohne zu quälen. Er zeigt Wunden und deckt sie auf, ohne im Schmerz zu wühlen. Herrlich aufgebaut sind diese Stücke. Felsenfest steht eine Idee darin, aber sie ist von echtem Leben, von höchster dramatischer Kunst umhüllt. Wedekind und Strindberg gebe ich für Ibsen hin. Gespielt wurde über alle Maßen schön. ... Es waren Glanzleistungen im einzelnen wie im Zusammenspiel.

25. Februar

"OTHELLO" im Deutschen Theater. Noch stehe ich unter dem Banne dieser vollendeten Aufführung. Es ist ein Vorzug des Deutschen Theaters gegenüber den Kammerspielen, daß sich Reinhardts Regiekunst nicht so hervordrängt wie dort. Aber man spürt seinen Geist. Das Zusammenspiel war wieder einzig. Eduard v. Winterstein als Jago war unübertrefflich. Aber Wegener als Othello, das muß man gesehen haben. Es läßt sich nicht beschreiben. Unnachahmlich spielt er diesen unglücklichen Mohren, diese Zusammensetzung von Kind und Tier. Wie er das Ursprüngliche, das Explosive, das Unartikulierte dieses Stückes Natur wiedergibt, das ist echteste, höchste Kunst. Er ist in seiner Art vollendet, während man Shakespeare fragen könnte: Gibt es wirklich solche Menschen wie Jago? Ist es nicht auffällig und mußte es nicht selbst eine kritischere Natur als Othello befremden, wie intensiv sich Desdemona für Cassio ins Zeug legt? Entspricht es wirklich ihrer Natur, daß sie immer wieder ihren Wunsch vorbringt, obwohl sie, die feinfühlige Venetianerin, doch merken muß, wie Othello dadurch bedrückt wird? Muß nicht der Verdacht seiner Eifersucht in ihr aufsteigen, noch bevor er ihn ausspricht? Ließe sich das tragische Mißverständnis nicht durch ein paar Worte aufklären? Würde eine Frau, die ihren Mann liebt wie Desdemona ihren Othello, nicht in ihn dringen, eine Aussprache herbeiführen,

1917

kein Mittel unversucht lassen, die Ursache seines plötzlichen Gesinnungswechsels zu ergründen und Klarheit zu schaffen? Denn sie liebt ihn unwandelbar, ihre Neigung zu dem Mohren ist nach Shakespeare keine Laune, keine perverse Anwandlung. Desdemona ist daher in keiner Weise, soweit man ihr Liebesleben beurteilen kann, pathologisch zu bewerten. Und selbst wenn ihrer Liebe eine Perversität zu Grunde läge, würde das an ihrer Beurteilung nichts ändern, denn sie bleibt Othello unverändert treu, und der Verlauf ihrer Liebe ist durchaus normal. ...

27. Februar

Mit Mühe ist es mir gelungen, einen Platz für die TRIBÜNE DES REICHSTAGS zu bekommen. ... Um eine der 40 Karten zu erhaschen, die für das deutsche Volk reserviert sind, muß man natürlich auch stehen. Manche stellen sich nachts an, manche der Sicherheit halber schon am Abend vorher, obwohl die Karten erst vormittag 1/2 11 ausgegeben werden. Alles natürlich nur, wenn ein "großer Tag" ist. Und heute war einer. Eine Rede des deutschen Reichskanzlers, mitten im Toben des Krieges, teils ans Volk, teils an das feindliche Ausland gerichtet, ist immer ein politisches Ereignis. Äußerlich ist das Bild das gleiche geblieben seit der Zeit, als ich hier Bülow und Posadowsky, Bebel und Eugen Richter reden hörte. Andere sind an ihre Stelle getreten. Bethmann-Hollweg ist kein so glänzender Redner wie Bülow, aber dafür um so gründlicher. Seine Persönlichkeit macht einen sympathischen Eindruck. Er spricht fest, sachlich und klar. Viel Erfreuliches brachte er allerdings nicht. Was er über die Neuorientierung sagte, ist durchaus zutreffend, war aber in seinem Munde doch nur eine Verbeugung nach rechts. Die Friedensschalmei ist verstummt. Kämpfen und siegen ist die Losung. Was bleibt auch anderes übrig nach der brüsken Ablehnung des deutschen Friedensangebots. Von dem U-Boot-Krieg sprach er mit fester Zuversicht. Wie dürfte er auch anders. Wer kann wissen, wie es hinter den Kulissen aussieht? ... Wenig sympathisch sieht des Reichskanzlers Nachbar, der Vizekanzler Helfferich, aus. Aber dieser kleine, unschöne Kopf des erst 43 jähr. aus dem Bankfach muß sehr klug sein.

1917

Nachmittag um 6 war ich in Treptow und sah mir das ASTRONOMISCHE MUSEUM an, wo mich besonders die Meteorsteine interessierten. Von 7 bis 8 sprach DR. ARCHENHOLD sehr anregend ÜBER STERNHAUFEN, NEUE UND VERÄNDERLICHE STERNE. ... Welch Unterschied gegen heute Vormittag. Da aktuellste Gegenwart, Echo wilden Kampfgetöses, hier unendliche Weiten, ein Echo aus der Ewigkeit, zeitloses Schauen, ein Herüberklingen der Harmonie des Kosmos.

1. März

"EIN TRAUMSPIEL", PHANTASTISCHES DRAMA VON STRINDBERG mit der Musik von Reznicek. Das Werk steht hoch über der Gespenstersonate. Noch stehe ich ihm sprachlos und fassungslos gegenüber. Es ist etwas Neues, etwas Einzigartiges. Wie Strindberg selbst, so darf man auch seine Werke nicht mit anderen vergleichen. Er ist ein Dichter, er blickt in die tiefsten Tiefen des Lebens, er überschaut mit liebendem Blick die leidende Menschheit, und für das, was er da an Kräften und dunklen Mächten, an bedauernswerten Geschöpfen sieht, die vergeblich an Ketten zerren und sie bis ans Ende mit sich herumschleppen müssen, genügt ihm das althergebrachte Drama nicht. Er will tiefer schürfen, er will nie Gesehenes, nie Gezeigtes herausholen. Neue Formen, neue Ausdrucksmittel ringen sich durch für das, was noch niemand dargestellt. ... Was man bei Andern Theatereffekte nennen würde, gehört notwendig zu Strindbergs Impressionismus. Jedenfalls habe ich einen starken Eindruck empfangen und werde Zeit gebrauchen, um mich innerlich mit diesem Werk abzufinden. Und dennoch möchte ich sagen, man ist durch Strindberg mehr verblüfft als erschüttert. Die Wirkung kommt mehr von außen her als von innen...

6. März

Die furchtbare Kälte hält an. Heute früh wieder 9°. Und dazu die Kohlennot. Nirgends findet man es wirklich warm.

Nachmittags ließ ich mich von Hans * gegen Pocken impfen.

1917

Die Epidemie macht Fortschritte. Infolge der Hungersnot sind die Menschen zu wenig widerstandfähig. Aber viele Ärzte haben keine Lymphe mehr.

16. März

Revolution in Rußland. Die links stehenden Parteien haben sich die durch den Hunger hervorgerufene aufrührerische Stimmung der Massen zu nutze gemacht und die bestehende Regierung gestürzt. Ein unerhörtes Wagnis. Aber sie sind mit Geschick und Energie vorgegangen. Alles ist wohl eingefädelt und vorbereitet. Ein Sonderfriede mit der gestürzten Regierung soll fix und fertig gewesen sein. Nun ist auch diese Hoffnung dahin. Aber auch das russische Volk will Frieden. Wird die neue Regierung es vertrösten und vor allem seinen Hunger stillen können? Wird die Revolution sich ohne Weiteres Halt gebieten lassen? Wird das aufgereizte Volk nicht weiter meutern, auch gegen den Willen der Drahtzieher? Wird die Zarenpartei nicht eine Gegenrevolution inszenieren? Wird dann das mit seinem eigenen Chaos beschäftigte Rußland noch die Möglichkeit haben, nach außen Krieg zu führen?

15. April (Sonntag)

Bedeutsame Erklärung der deutschen und der österreichischen Regierung an die Adresse Rußlands. Man will in Frieden und Freundschaft mit Rußland leben. Aber das Wichtigste fehlt: Die unzweideutige Erklärung, daß man auf Annexionen und auf Kriegsentschädigung verzichte. Und doch liegt eine Friedensstimmung in der Luft. Wehe uns, wenn wir den jetzigen Augenblick verpassen. Nie gab es einen günstigeren. Kommt der Friede jetzt nicht zustande, so geht der Krieg ins Uferlose weiter.

Dr. Hans Mühsam, Vetter und Freund von Kind auf, Bruder Erichs, bekannter Arzt, stark naturwissenschaftlich interessiert und forschend, Freund Einsteins.

1917

18. April

Es ist Ende April, und noch vollständiger Winter. Es ist kalt, stürmisch und regnerisch. Noch nichts Grünes zu sehen. Der Frühling hat Recht, wenn er sich sträubt, zum dritten Mal das Kriegselend zu sehen. Aber die armen Menschen leiden unter der furchtbaren Kohlennot.

Nur in der Ferne leuchtet ein Hoffnungsfunke. Die russische Revolution, die so wohltuend, so befreiend gewirkt hat wie ein erlösendes Gewitter, die mit einem Schlage den überlebten Despotismus zum alten Eisen geworfen und aus dem reaktionärsten Staat den freiheitlichsten gemacht hat, sie wird vielleicht auch uns den Frieden bringen.

6. Mai (Sonntag)

Tagesausflug nach Tegel. Zu Mittag im "Strandschloß". Nachmittag mit dem Dampfer nach Tegelort und zurück. Dann in den Schloßpark. ... Ich ging zum Grabdenkmal und stand voll Andacht vor den Gräbern von Wilhelm und Karoline, Alexander, Adelheid und Gabriele. *

11. Mai

Nachricht von Bürovorsteher Eckartsberg, daß er aus Gesundheitsrücksichten spätestens Pfingsten seine Tätigkeit aufgeben muß. Sofort** nach Hause gereist. Wenn ich keinen Ersatz finde, was in der kurzen Zeit wahrscheinlich, muß ich möglicherweise die Praxis auflösen. In jedem Fall, wie es auch kommt, ein schwerer Schlag. ... Ich würde mich nur sehr schwer entschließen, das Viertel, das von der Friedenspraxis noch übriggeblieben ist, aufzugeben. Denn dann müßte ich nach dem Krieg ganz von vorn anfangen.

14. Mai

Wieder von zuhause abgefahren. Elschen geht nun schon das zweite Jahr in die Schule. Wie schwer ist jedesmal das Scheiden.

Familie v. Humboldt. ** *Spätere Einfügung: am 12.*

1917

Endlich hat der Frühling den schweren dritten Kriegswinter abgelöst, es hält Paul Mühsam nicht länger in der trostlosen Stadt, und an den Nachmittagen zieht er nun in die Kieferwaldungen die Berlin umgeben, an seine Seen. Nach dem lauten Tagesgeschehen nimmt die Einsamkeit von ihm Besitz und führt ihn zu sich selbst. In der Stille des Grunewalds entsteht eine Folge von Aufsätzen in Gestalt von Briefen, die drei Jahre später unter dem Titel "Worte an meine Tochter" erscheinen werden.

"Meinen Töchtern gewidmet, ist es inhaltlich vielleicht das wärmste und innigste meiner Bücher, aber der Form nach das am wenigsten künstlerische. Ich war noch zu erdverbunden, um die Schwingen zum Fluge in den zum ersten Male mir geöffneten Himmel der Kunst zu breiten, noch zu sehr verkrampft durch die Fron der Jahre, in denen Phantasie und Schöpferkraft verschüttet in mir geruht hatten, um alle Hemmungen ausschalten zu können. Aber ich war auf dem Weg zu mir schon bis ganz dicht an die Pforte getreten, die zum Tempel der Seele führt. Noch kämpften Denken und Dichten in mir. Noch wußte ich nicht, daß meine Liebe zu wissenschaftlicher Gelehrtentätigkeit nicht das Letzte in mir war, sondern nur die Vorstufe zur Erfüllung meiner künstlerischen Gestaltungssehnsucht. Das sollte ich erst im nächsten Jahr erfahren. . . ." (Memoiren).

18. Mai

Abends zu einer VORLESUNG VON ELSE LASKER-SCHÜLER aus ihren Werken. Eine eigenartige Persönlichkeit. Etwas Dämonisches schon in ihrem Äußeren, besonders wenn sie die Augenbrauen an den Seiten in die Höhe zieht. Wie ein ungezogenes Kind, wenn sie mit herabgezogenen Mundwinkeln ein Lachen unterdrückt. Die Haare kohlschwarz in Strähnen herabhängend. Am besten sind ihre Gedichte. Ihre Prosa gefällt mir nicht. Viel Gold, mit viel Schlacke vermischt. Viel Schönes, aber auch viel Abstoßendes und Widerliches. Oft ein Aufflammen in edelsten Worten und berauschenden Bildern, bald wieder ausschweifende Fantasie und ein Schwelgen in häßlichen, undelikaten Vorstellungen. Eine starke Natur, die ihren eigenen Weg geht, ohne zur inneren Harmonie zu gelangen.

6. Juni

"DER EINSAME NIETZSCHE" VON ELISABETH FÖRSTER-NIETZSCHE begonnen.

18. Juni

"DER EINSAME NIETZSCHE" zu Ende gelesen. Ein schönes Buch, wenn auch etwas zu persönlich. Die Verfasserin überschätzt in manchem ihren Bruder. Einige Klatschgeschichten sind etwas zu breit gesponnen und mehr pro domo als für den unbeteiligten Leser geschrieben. Ich kann Nietzsches Philosophie nicht bis in ihre letzten Konsequenzen gutheißen. Die Rücksichtslosigkeit, mit der er die Gesunden und Starken über alles Schwache hinweg aufsteigen läßt, mag vielleicht den Vervollkommnungsprozeß der Menschheit in physischer und geistiger Beziehung beschleunigen, aber auf Kosten der Sittlichkeit. Und das bedeutet ein Defizit. Das ethische Moment ist für mich das Wichtigste im Werdegang der Menschheit. Mir ist Nietzsche immer als Dichter lieber gewesen wie als Philosoph. "Zarathustra" ist eine der herrlichsten Dichtungen, das Ganze ein einziger Dithyrambus, ein Hohelied. Durch das Buch der Elisabeth Förster-Nietzsche wird der Philosoph und Dichter aber auch als Mensch nahe gebracht, mit all seinem Zartgefühl, seiner Rücksichtnahme, seiner Vornehmheit, seiner schlichten, einfachen, natürlichen Art und seinem feinen Kultursinn. Er selbst wäre der letzte gewesen, der die praktischen Konsequenzen seiner Lehre hätte ziehen können.

26. Juni

Mit den Ernährungsschwierigkeiten wird es immer schlimmer. Kartoffeln gibt es seit Wochen überhaupt nicht. Das Brot, wie es jetzt gebacken werden muß, mit Kleie, Mohrrüben und wer weiß was noch allem, klebt, wenn es frisch ist, zur Hälfte am Messer und zur Hälfte am Teller fest. Nach zwei Tagen aber ist es schon alt und zerbröckelt vollständig. Doch man ist darauf angewiesen. Obst kommt überhaupt nicht nach Berlin, weil den Erzeugern die Höchstpreise zu niedrig sind; lieber lassen sie das Volk hungern, und da schimpft man auf die Engländer. Wie es diesen Winter mit Kohlen und Nahrungsmitteln werden soll, wenn der Krieg noch weitergeht, weiß kein Mensch.

3. Juli

Die Lektüre von MAETERLINCK, "DAS LEBEN DER BIENEN" beendet. Ein ganz prachtvolles Buch. Ich bin sprachlos vor Bewunderung über das, was er von dem hochentwickelten Leben der Bienen erzählt, und begeistert über die Art, wie er darüber schreibt, nie den Ausblick ins Menschliche und Göttliche aus den Augen verlierend. Nur die Kleinheit der Bienen ist daran schuld, daß die meisten Menschen nichts von ihrer unglaublich hoch entwickelten Intelligenz wissen. Aber in der Natur gibt es kein Groß und kein Klein. Sie wirkt im winzigsten Atom dieselben Wunder wie in unausdenklich großen Welten. Alles Endliche, wie groß oder wie klein es auch sei — — diesen Gedanken habe ich Pascal zu verdanken — — ist gleich weit vom Nichts wie vom Unendlichen entfernt. Nun denke man sich einmal die Bienen in der Größe der Menschen und die Menschen in der Größe der Bienen. Würde dann nicht das emsige Treiben der Bienen auch äußerlich dem bewußten Schaffen des Menschen ähneln? Und würde nicht das ganze Leben und Treiben der Menschen auch nur wie ein buntes, ziel- und planloses Gekribbel aussehen? Aber es kommt hinzu, daß Mensch und Biene meines Erachtens ganz inkommensurabel sind, denn die Fühler und die Facettenaugen der Bienen zeigen ihnen sicherlich die Welt in einem ganz anderen Lichte. Sie leben in einer ganz anderen Sphäre. Sind die Dinge nun so, wie wir sie wahrnehmen, oder wie die Bienen sie wahrnehmen? Wahrscheinlich weder so noch so, die Natur ist unerschöpflich, und die Attribute der Substanz können sich in den Sinnen unzähliger Wesen in unzähligen Formen spiegeln. Wie das Ding an sich, die Substanz selbst, beschaffen ist, können endliche Wesen nicht ergründen.

1917

13. Juli

Der Reichstag hat endlich einmal gezeigt, daß er noch da ist, und einen Vorstoß in der Richtung auf Parlamentarisierung unserer Verfassung gemacht. Aber die Verhältnisse sind noch ganz ungeklärt, die Krise dauert schon seit Tagen an, Alldeutsche, Konservative und Schwerindustrielle arbeiten mit allen Mitteln dagegen. ...

6. August

Lange politische Unterredung mit dem Präsidenten. Auch er hat das Gefühl, daß der Reichstag, der nicht einmal wegen der Neubesetzung der Ämter gefragt worden ist, eine Ohrfeige bekommen hat. ... Ein großer Fehler war die Berufung Hindenburgs, Ludendorffs und des Kronprinzen nach Berlin. Dadurch erscheint der neue Reichskanzler Dr. Michaelis als der Mann der Militärpartei. Vermutlich ist er es auch. Seine erste Rede hat mich enttäuscht. Es fehlt der tiefe sittliche Ernst Bethmann-Hollwegs, der die Zeichen der Zeit verstand. Das ist nicht der Mann, Deutschland einer neuen Zeit entgegenzuführen. Ich halte ihn nur für einen Übergangsreichskanzler. Ende September tritt der Reichstag wieder zusammen; wenn er sich stärker erweist als diesmal, werden wir dem Frieden näherkommen. Wir brauchen die Parlamentarisierung, nicht nur, weil sie uns von der Macht der Militärpartei befreit, sondern auch, um das uns verloren gegangene Vertrauen der Welt zu unserer Regierung wieder herzustellen.

11. August

war ich nachmittags in der Kgl. Akademie der Künste, um die AUSSTELLUNG VON MAX LIEBERMANN anzusehen. Es liegt in der Natur Liebermanns, daß man trotz aller Bewunderung seiner Größe kühl bleibt. Seine Kunst, Maß zu halten, wird ihm erleichtert durch seinen Mangel an Phantasie, der sich schon darin zeigt, daß sich in der ganzen Ausstellung nur zwei Bilder finden, in denen er nicht Gesehenes wiedergibt: der junge Christus im Tempel und Simson und Delila. Aber auch in ihnen erkennt man

1917

nur den genialen Porträtmaler. Der Hintergrund in "Simson und Delila" wirkt direkt ernüchternd. Meisterhaft sind seine Wirklichkeitsbilder, zum größten Teil holländische Motive, und die farbenprächtigen kleinen Pastelle.

28. September

Vom 1. Oktober ab gibt es in den Badeanstalten keine Wäsche mehr, und sie haben nur noch einige Tage in der Woche geöffnet. Seife gibt es ja schon längst nicht mehr. . . . Erschreckend wird die Papiernot. Es darf für den Privatgebrauch Papier nur noch aus altem Papier hergestellt werden. Mit Tinte kann man darauf nicht mehr schreiben, weil es nicht geleimt ist. Furchtbar wird die Kohlennot werden. Schon werden Betriebe, Schulen u.s.w. zusammengelegt. Die Kirchen dürfen diesen Winter nicht geheizt werden. Die Straßen Berlins sind in Dunkelheit gehüllt, ab und zu brennt einmal eine Laterne. Die Nahrungsmittelnot hält unvermindert an. Das Einzige, was es jetzt in Mengen gibt, sind Äpfel. Überall, auf der Straße, in den Elektrischen, im Theater werden sie vertilgt. Alle Menschen leiden an chronischem Hunger. Aber Irmchen sorgt für meine Abendbrote so großartig, daß ich immer alles habe und den Tag gesättigt beschließen kann.

6. Oktober

Im Reichstag wieder heftige Szenen wegen der "Vaterlandspartei". Die Regierung hat nicht den Mut, Stellung zu nehmen. Man hat den Eindruck vollständiger Ziel- und Plan- und Ratlosigkeit. Was mit der einen Hand gegeben wird, wird mit der andern genommen. Was in Noten und Telegrammen feierlich erklärt wird, wird in Reden ignoriert. Was versprochen wird, wird wieder zurückgezogen. Was die Regierung als Richtlinie verkündet, wird von den untergeordneten Instanzen und von der Heeresverwaltung durchkreuzt. Es ist ein Elend, sich das alles mit ansehen zu müssen, und inzwischen verblutet das Land. Die leitenden Männer haben keine Autorität. Man hat den Eindruck, daß ihnen die Verhältnisse über den Kopf gewachsen sind, und daß sie sich, scheu gemacht durch das Geschrei der Alldeutschen, schieben lassen

1917

und selbst nicht wissen, was sie eigentlich wollen. Es fehlt der Mut zur Tat. Könnte man doch den Geist Bismarcks zitieren. Er würde mit einem Schlag Ordnung in das Chaos bringen, nicht ohne zuvor mit einem Donnerwetter gegen seinen kleinen Epigonen losgezogen zu sein und gegen Alle, die uns den Haß der ganzen Welt zugezogen und uns vor die Notwendigkeit gestellt haben, gegen den ganzen Erdball ankämpfen zu müssen.

17.–21. November zu Hause.

Wie lange noch werde ich nur von Zeit zu Zeit wie ein Besuch die Meinen wiedersehn? Es ist eine trostlose Aussicht. Wie ein Traum gingen die Tage vorüber. Die Praxis hat vollständig aufgehört. Bei meiner Rückkehr nachts 1/4 1 standen am Görlitzer Bahnhof, während keine sonstige Fahrgelegenheit vorhanden war, drei Droschken. Nur gegen ein Trinkgeld von 3 Mark ließ sich ein Droschkenkutscher bewegen, mich nach der Wohnung zu fahren. Bei 2 Mark schüttelte er den Kopf. Die Fahrt ging in vierzig Minuten durch zum Teil stockdunkle Straßen. Während der Bahnfahrt las ich BRIEFE, AUFZEICHNUNGEN UND GESPRÄCHE SCHOPENHAUERS, dessen Leben und Art in so krassem Gegensatz zu seiner Philosophie stehen.

17. Dezember

nachmittags in der Geschichte der Philosophie: KANTS KRITIK DER REINEN VERNUNFT. Abends in der VOLKSBÜHNE: Nora. Wie aufregend sind doch die beiden ersten Akte. Der dritte muß dagegen abfallen, denn die Rolle, die Noras Mann darin spielt, ist psychologisch unmöglich. Es entwickelt sich alles viel zu schnell. Und es ist ein unlöslicher Widerspruch, wenn er, obwohl die Kenntnis von der von Nora begangenen Fälschung sofort und in erster Linie den Gedanken in ihm auslöst, sie sei eine Verbrecherin und ihr könne er die Kinder nicht mehr anvertrauen, was übrigens nach den von ihm früher entwickelten Grundsätzen ganz seiner Natur entspricht, trotzdem mit einem Schlage alles verzeiht, als er aus dem zweiten Brief ersieht, daß die Sache

1917

totgeschwiegen werden wird. Unbegreiflich ist es aber auch, daß er diese Frau, mit der er acht Jahre zusammengelebt hat, nun so einfach ziehen läßt, garnicht den Versuch macht, sie umzustimmen, und zu ihrem Entschluß gefaßt die Hände in den Schoß legt. Das ist schon allgemein psychologisch unmöglich und entspricht im besonderen grade seiner Natur am allerwenigsten. Gebühr wußte denn auch im dritten Akt nicht, was er aus sich machen, und wie er sich benehmen solle, während er bis dahin gut gespielt hatte. Lucie Höflich war vorzüglich als Nora; bei der Sorma allerdings, die ich vor fünfzehn Jahren in dieser Rolle im Deutschen Theater sah, sprach die Seele ganz anders mit.

18. Dezember

Mittags im KAISER FRIEDRICH-MUSEUM. ...
Nachmittag KANTS KRITIK DER PRAKTISCHEN VERNUNFT.

21. Dezember

Nachmittag KANTS KRITIK DER URTEILSKRAFT.
Das Jahr geht zu Ende, ohne den ersehnten Frieden gebracht zu haben. Das Leben ist unsagbar trostlos. Wirtschaftlich ist ein ständiger Rückgang zu verzeichnen. Das Elend der Massen nimmt täglich zu, täglich mehren sich die Gewinne der "Kriegsgewinnler", die, fern vom Schuß, hetzen und schüren und den Krieg am liebsten verewigen möchten. Wucher und Schleichhandel blühen immer mehr. Nur zu unerhört hohen Preisen kann man "hintenherum" hie und da etwas Besonderes erlangen. Sonst fehlt es an allem, um mehr als die allernotwendigsten Bedürfnisse zu befriedigen. ... Wenn man früh aufgestanden ist, wäscht man sich mit Kriegsseife, diesem elenden Ascheerzeugnis, das keinen Schaum gibt, nur gegen Seifenkarte zu kaufen und teurer ist als früher die feinste Seife. Nur im Wege des Schleichhandels bekommt man für 5 bis 6 Mark, wenn man Glück hat, einmal ein Stück Friedensseife, die eingetrocknet ist, und an der zwanzig Leute verdient haben.

1917

Mit dem Anziehen fertig, setzt man sich an den Frühstückstisch zum nicht begehrenswerten Frühstück. Kaffee gibt es natürlich überhaupt nicht mehr. Aber auch an gutem Kaffee-Ersatz, den es gegen Kaffee-Ersatz-Karte zu kaufen gab, fehlt es längst. Ein elendes Getränk, aus Gott weiß was für Blättern gebraut, muß man hinunterspülen, braun gefärbtes Wasser. Milch gibt es nicht. Nur kleine Kinder bekommen ein wenig auf Milchkarte zugeteilt. Zucker gibt es jede zweite Woche ein Dütchen für die Person. Saccharin, das es ursprünglich als Ersatz gab, ist vom Markt verschwunden. Brötchen gibt es schon längst nicht mehr. Nur Einheitsbrot, mit Kartoffeln und Rüben gestreckt, darf gebacken werden. Mit dem jetzt wieder auf 1950 gr. erhöhten Brotquantum, das man auf Brotkarte bekommt, muß man für alle Mahlzeiten eine Woche lang auskommen. Mehr wie zwei Schnitten kann man sich da nicht zum Frühstück leisten, sonst reicht das Brot nicht. Zum Schmieren gibt es meistens nichts. Butter bekommt man auf Butterkarte 30 gr. für die ganze Woche. Das reicht kaum für ein Abendbrot. Im Schleichhandel wird Butter jetzt mit 20 bis 22 Mark für das Pfund bezahlt. Marmelade gibt es ungefähr alle halbe Jahr einmal ein Näpfchen voll. Zu Weihnachten soll es ein bischen Kunsthonig geben. Echter Honig ist längst vom Markt verschwunden, wie überhaupt alles Echte. Obst existiert einfach nicht. Nur Äpfel gab es eine Zeit lang in ebenso großer Menge wie schlechter Qualität. Plötzlich verschwanden sie. Ich habe dies Jahr nicht eine einzige Pflaume gesehn. Alles verschwindet unter der Hand. Eier kennt man überhaupt nicht mehr. Eine Zeit lang gab es jede Woche eins, jetzt schon seit Monaten keins mehr. Im Schleichhandel werden 1,10 Mark für das Stück bezahlt. Aber die Eierkarte darf man neben sich auf den Tisch legen. Nach solch herrlichem Frühstück macht man sich auf den Weg. Anstatt seinem Erwerb nachzugehn, um seine Familie zu versorgen, eilt man zu seiner Kriegsbeschäftigung. Der Bürger ist degradiert. Der freie Mann hat seinen Vorgesetzten. Da es längst keine Rohstoffe für Anzüge und Mäntel im Handel mehr gibt, und man einen Bezugschein nur bekommt, wenn man eidesstattlich versichert, daß man nicht mehr als zwei Anzüge und einen Mantel hat — Sommermän-

1917

tel sind überhaupt verboten worden, um Stoff zu sparen — so sieht man reichlich reduziert aus. Man trägt Anzüge und Mäntel, geflickt und gestopft, die man in Friedenszeiten längst verschenkt hätte. Aber selbst das Nähen und Stopfen hat seine Schwierigkeiten. Es gibt kein Garn, kein Zeug, keine Flicken. Für alles werden Fantasiepreise gezahlt. Mit den Stiefeln ist es noch schlechter bestellt. Da es kein Leder mehr gibt, hat man unter den Sohlen Flecken von "Lederersatz" und dasselbe unter den Absätzen. Nur mit Mühe findet man einen Schuhmacher, der einen neuen Flekken aufnagelt. Die wenigen Schuhmacher, die nicht eingezogen sind, sitzen, wie früher auf dem Schemel, so jetzt auf dem hohen Pferd. Man muß bitten und betteln. So ist es bei allen Handwerkern. In der Kriegsindustrie haben sie lohnendere Beschäftigung. Sie brauchen keine Privatkundschaft und behandeln sie dementsprechend. Die Sohlen- und Absatzflecken haben aber ihre Tükken. Bei nassem Wetter rollen sie sich ab. Dann muß man sie ganz losreißen, um nicht zu stolpern. Mit Schrecken sieht man die Sohle dünner werden. Ist sie dahin, so gibt es nur noch die Sohle aus Holz. An neue Stiefel ist überhaupt nicht zu denken. Es darf nur noch der Einheitsstiefel hergestellt werden, aus Holz und Stoff, und auch den bekommt man nur gegen Bezugschein für schweres Geld.

Im Amt angekommen, nimmt man sich seine Reisedecke, denn es darf ja wegen Kohlenmangel nur so wenig geheizt werden, daß man bald anfängt zu klappern, und man ist schon froh, daß überhaupt noch geheizt wird. Von Tag zu Tag erwartet man die gänzliche Einstellung der Heizung, wie jetzt schon in vielen Häusern. Die Beine mit der Reisedecke umhüllt, setzt man sich an den Schreibtisch und schreibt, ängstlich darauf bedacht, Papier zu sparen, denn die Papierknappheit ist groß. Mit Tinte und Feder hat man sich eingedeckt, denn beides verschwindet allmählich vom Markt und wird täglich teurer.

So geht der Vormittag hin. Das elende Mittagessen ist keine erfreuliche Abwechslung. Und wenn man auch zehn Mark ausgeben würde, satt wird man doch nicht. Ich gebe durchschnittlich etwa vier Mark aus, aber das ganze Essen, das man dafür be-

1917

kommt, würde mir früher noch nicht als Vorgericht genügt haben. Besonders schlimm ist es an fleischlosen Tagen, Dienstag und Freitag. ... Hinterher ißt man, um nicht gar zu hungrig aufzustehn, vom Alter steinhart gewordene Kakes, die man sich für teures Geld in einem Delikateßgeschäft erstanden hat. Die Bedienung ist schlecht. Man bekommt das Essen oft kalt und miserabel zubereitet. Man muß aber mit allem zufrieden sein. ...

Dann gehts wieder ins Büro oder nachhause. Hat man irgend etwas zu besorgen, so muß man sich, was es auch sei, anstellen und warten, bis man an die Reihe kommt. Bei schlechtem Wetter fährt eine Elektrische nach der anderen besetzt an einem vorbei. Wagen und Autos gibt es fast überhaupt nicht mehr. Für Autos werden bis zu 50 Mark Trinkgeld bezahlt. Da der Schnee nicht rechtzeitig und genügend gekehrt wird, bilden sich bei Tauwetter förmliche Teiche auf den Straßen, die man aber wegen der mangelhaften Beleuchtung nicht sieht, sodaß man unfehlbar hineintritt. Auch die Hochbahn ist ständig überfüllt. Man muß stehen und sich quetschen lassen. Auf dem Raum eines Quadratmeters stehen bis zu sieben Personen. Es werden soviel Menschen hineingestopft, daß oft die Tür nicht mehr zugeht und einer noch halb draußen hängt, wenn der Zug sich schon in Bewegung setzt. Überall muß man sich herumschlagen. Um ein Billet für die Bahn oder fürs Theater zu bekommen, um irgend etwas zu kaufen, um sich Lebensmittelkarten zu besorgen, um sich anzumelden oder abzumelden, um etwas zu erfragen, um ein Paket oder Geld abzuschikken, bei jeder Gelegenheit muß man sich mit eiserner Geduld wappnen. Stets fängt man als letztes Glied einer langen Kette an. Und alles mit knurrendem Magen und unter Menschen mit dementsprechenden Düften und Gerüchen. Und dazu all der Wucher, mit dem überall die Not des Volkes ausgenutzt wird, das Elend, dem man auf Schritt und Tritt begegnet, die abgehärmten, eingefallenen, gelben Gesichter, die dumpfe Resignation, der trostlose Anblick der Schaufenster der Lebensmittelgeschäfte, in denen es nur noch Schächtelchen und Dütchen mit allerhand "Ersatz" und Pülverchen gibt, Steine für Brot, all die Verwahrlosung im öffentlichen wie im privaten Leben, der Anblick der Frauen, die vor

1917

Kälte zitternd sich beim Bäcker wie überall anstellen, selbst vor den Kohlengeschäften, um ein Körbchen voll Kohlen zugeteilt zu bekommen, der bejammernswerte Anblick der Pferde, denen die Rippen herausstehen, und die wie Skelette aussehen und vor Hunger zusammenbrechen, die große Unsicherheit, die im öffentlichen Leben platzgreift, alles, alles zusammen gibt ein grausiges Bild des Elendes der Zeit. Mit der Post oder mit der Bahn kann man kaum noch etwas verschicken, weil alles gestohlen und beraubt wird. Es gibt ja keine regulären Bahn- und Postbeamten mehr, alles "Ersatz", halbwüchsige Burschen und Mädchen von vierzehn Jahren, von der Straße aufgelesen, kein Lebensmittelpaket, dessen Inhalt nicht durch irgend etwas zu ahnen ist, kommt an. Jeder Koffer wird durchsucht, des eßbaren Inhalts beraubt und wieder kunstgerecht geschlossen. Im Hotel kann man es nicht mehr wagen, Stiefel vor die Tür zu stellen oder den Anzug herauszuhängen. Er wird unweigerlich gestohlen. Die Moral ist in einem Maße gesunken, daß ethische Bedenken überhaupt nicht mehr in Frage kommen. Jeder entschuldigt sich damit, daß er sich selbst der Nächste ist, und Not kein Gebot kennt. Das ist der Krieg als Erzieher. Raub und Mord werden ja durch ihn sanktioniert. Kein Wunder, daß auch die persönliche Sicherheit auf den in Halbdunkel getauchten Straßen erheblich abnimmt. Die Menschen sind verroht. Die ganze Verlogenheit des öffentlichen Lebens, die Pflicht, den Mund zu halten, die Bevorzugung der Agrarier, die Verschiedenheit der Lebensmittelverteilung in den einzelnen Bundesstaaten, die Art, wie sich im einigen Deutschen Reich jede Provinz, ja jede Gemeinde durch Ausfuhrverbote sichert und abschließt, die Tatsache, daß man in Bayern und Württemberg in mancher Beziehung fast wie in Friedenszeiten lebt, reichlich Fleisch und Butter hat, während man in Preußen, abgesehen von den agrarischen Provinzen Pommern und Ostpreußen, die bitterste Not leidet, die Diktatur unserer Militärkaste, die Hetze der Kriegsverlängerer, die ungestraft reden dürfen, während die Zensur den Pazifisten Schweigen auferlegt, der krasse Egoismus und die Gemeinheiten im politischen Leben, das ganze Zurücksinken in mittelalterliche Zustände, die sich als Patriotismus ausgebende

1917

und dadurch noch besonders geschützte Gesinnung der Schwerindustriellen, hinter der sich nichts als schnöde Gewinnsucht versteckt, die Verdächtigungen und Verleumdungen aller Andersgesinnten, die vor dem Wahnsinn dieses Krieges erschauern und der gequälten Menschheit die Wiederkehr dieses Massenelendes für alle Zeiten ersparen möchten, das Wutgeheul der ganzen am Krieg verdienenden Rotte bei den Worten Abrüstung, Schiedsgericht, Verständigung, Worten, die sie um die Zukunft ihrer Pulver- und Panzerplattenfabriken bangen macht, die Ungewißheit, wie lange dieser Krieg noch dauern, wie er enden wird, der gänzliche Verlust der Existenz, die Trennung von der Familie, der Groll und die Erbitterung, die sich anhäufen, alles, alles das macht einem das Leben jetzt mehr zur Last als zur Freude.

In Berlin ist es zweifellos in jeder Beziehung am schlechtesten bestellt, in kleineren Städten kann man eher noch etwas durch Beziehungen erlangen, wenn auch mit viel Geduld. So habe ich dank Irmchens Bemühungen zum Frühstück kondensierte Milch und Kunsthonig, zum Abendbrot Butter, Wurst und Käse, und zwischendurch Äpfel, Feigen, Süßigkeiten, Plätzchen und Selbstgebackenes, alles mit ebenso großer Liebe wie Mühe zusammengetragen, alles Dinge, die sich in Berlin nur der ganz Reiche zu Phantasiepreisen beschaffen kann. So bin ich immer noch viel, viel besser daran als viele Andere. Wehe den Ärmsten, die nichts haben als das kärglich Zugeteilte und nur noch die Sorgen um die Ihrigen, von denen der eine an der Front, der Andere in Gefangenschaft, der Andere verwundet ist, nur noch die Sehnsucht nach denen, die jahrelang schon fort sind, aus friedlicher Arbeit und aus stillem Familienglück herausgerissen, nur noch den Schmerz um die gefallenen Angehörigen.

Erst im Schlaf findet man Ruhe. Und wie Viele müssen schon am Tage schlafen gehen, weil sie kein Gas haben, und es weder Petroleum noch Kerzen gibt. Aber auch sonst wird der Tag zeitiger als in Friedenszeiten beendet. Alle Lokale müssen spätestens 1/2 12 Uhr geschlossen sein, in der Provinz noch früher. Schon eine Viertelstunde vorher macht der Kellner Anstalten, die Gäste an die Luft zu setzen. Die meisten Gashähne werden ausgedreht, die

1917

Stühle auf die Tische gestellt und das Geld einkassiert. Aber man hat dann auch schon genug, denn es ist nirgends genügend geheizt, daß man sich richtig erwärmen könnte, und nirgends hell genug, um lesen zu können, ohne sich die Augen zu verderben. Bei alledem ist es noch ein Glück, wenn man gesund bleibt. Aber auch das wird einem nicht leicht gemacht. Die Menschen sind weniger widerstandsfähig als früher. Der Körper verlangt nach Fett und Eiweiß. Man kann nichts mehr für die Gesundheit tun. Es gibt nichts Kräftigendes mehr. Aber auch mit der Hygiene ist es denkbar schlecht bestellt. Die Wagen aller Verkehrsanstalten sind in einem verschmutzten, elenden Zustand. Nichts kann repariert, nichts erneuert werden. Durch das enge Zusammengepreßtwerden sind die Ansteckungsgefahren erheblich gewachsen. Das Papiergeld, vor allem die Ein- und Zweimarkscheine und in den meisten Städten das Kriegsnotgeld, die Zehn- und Fünfzigpfennigscheine, die man kaum noch anzufassen wagt, sind die geeignetsten Krankheitsüberträger. Die ohne Pneumatik durch die Straßen ratternden Riesenungetüme von Militärlastautos zerrütten die Nerven durch ihr Getöse; durch ihre Schwere machen sie die Häuser bis in die höchsten Stockwerke erzittern. Die Elektrischen verursachen, da es kein Öl zum Schmieren gibt, durch ihr Kreischen ohrenbetäubenden Lärm. ... Alles Metall ist aus dem Verkehr verschwunden. Alles Gold ist bei der Reichsbank. Alles Kupfer, Zinn, Aluminium ist für die Kriegsführung beschlagnahmt, von den Kirchenglocken bis zu den Türklinken. Dinge, die früher etwas Selbstverständliches waren, sind nur noch Begriffe. Man kann kein Paket mehr fest zuschnüren. Es gibt keinen Bindfaden mehr, den Bindfadenersatz kann man mit den Händen zerreißen. Die Verkäufer in den Geschäften sträuben sich gegen das Einpacken. Selbst in Zeitungspapier etwas einzuwickeln, ist ihnen schon ein Entschluß. Fortwährend muß man sich bedanken und entschuldigen. Aber Hurrah schreien darf man. Ja, es ist eine Lust zu leben.

1918

Für die freien Nachmittage und Abende des vierten Kriegswinters — seines zweiten Winters in Berlin — hat Paul Mühsam wieder ein reiches Lernprogramm entworfen: Er ist entschlossen, an Hand der einzigartigen Möglichkeiten, die die Weltstadt bietet, seinen Gesichtskreis zu erweitern, seine Persönlichkeit heranzubilden.

6. Januar (Sonntag)

vormittag den in der Schlacht von Cambrai unversehrt erbeuteten Tank besichtigt. Ein unheimliches Ungetüm mit Kanonen und Maschinengewehren, das sich auf einer endlosen Kette fortbewegt und über Gräben und Böschungen bis 3 1/2 m Höhe klettern kann. Acht Mann sind zu seiner Bedienung in seinem Innern, in dem es wie in einer kleinen Maschinenfabrik aussieht.

Dann im KAISER FRIEDRICH-MUSEUM. Die spanische Schule ... *, die französische Schule ..., die englische Schule ..., die deutschen Maler des 18. Jahrhunderts: ..., und die Italiener des 18. Jahrhunderts angefangen.

7. Januar

im Lesesaal: PAULSEN, SYSTEM DER ETHIK, die Kapitel über Bildung des Willens und Disziplinierung der Affekte über das leibliche Leben.

8. Januar

Mittag im KAISER FRIEDRICH-MUSEUM. Die italienischen Meister der späteren Zeit .... Die altniederländische Schule angefangen. ...

In der Geschichte der Philosophie: Jacobi.

9. Januar

Abends im THEATER IN DER KÖNIGGRÄTZERSTRASSE. Zwei Stücke von Strindberg: "Gläubiger", Tragikomödie in einem Akt und "Das Band", Trauerspiel in einem Akt. ... Beide Stücke

* *folgen Namen.*

1918

geistreich, originell und interessant, aber ohne tiefer zum Gemüt zu sprechen, wie das ja bei Strindberg meist der Fall ist.

10. Januar

Mittag im KAISER FRIEDRICH-MUSEUM. Die neu erworbene Venus von Tizian angesehn. Dann die Niederländer des 16. Jahrhunderts ... und von Deutschen Multscher, Veit Stoß, Peter Vischer und Riemenschneider.—
IN DER GESCHICHTE DER PHILOSOPHIE: Fichte.
Abends LIEDER UND ARIEN VON CLAIRE DUX. ... Sie hat eine wundervolle, umfangreiche, in allen Lagen wohllautende Stimme. ...

11. Januar

In der GESCHICHTE DER PHILOSOPHIE: Herbart.

12. Januar

In der GESCHICHTE DER PHILOSOPHIE: Schelling.
Die Lektüre des Buches: "ALLES ODER NICHTS", Kanzelreden über Henrik Ibsens Schauspiele von Emil Felden, Pastor primarius an St. Martini in Bremen *, beendet. Ich bin begeistert von der Schönheit und Tiefe dieser Predigten, von diesem großen Glauben und Verstehen und fühle mich den Idealen und der Weltanschauung des Verfassers aufs innigste verwandt. Aber zugleich, das Lebenswerk Ibsens überschauend, stehe ich in unbegrenzter Bewunderung vor dem Genius dieses begnadeten Dichters und Menschen, der eine ganze Welt erschuf in seinen Werken.

13. Januar (Sonntag)

Vormittag im KAISER FRIEDRICH-MUSEUM die deutschen Meister des 15. und 16. Jahrhunderts ...

Paul Mühsam kam mit ihm in schriftliche Beziehung. Später begegneten sie sich auch persönlich, als Pastor Felden in Görlitz einen Vortrag hielt und bei Mühsams zu Gast war.

1918

Abends im LESSINGTHEATER ZUM 1. TEIL VON "NACH DAMASKUS" von Strindberg. Ein ergreifendes Werk voll Tiefe und Schönheit, das einen vollständig in seinen Bann zieht, ähnlich wie das Traumspiel in Anlage und Durchführung. Es hat mir Strindberg wieder näher gebracht, in dem eine vulkanische Kraft tätig ist, die hinuntersteigt in die Abgründe der Seele und, alles Unwesentliche ausschaltend, immer nur den Kern der Sache packt. ...

14. Januar

Im DEUTSCHEN THEATER "DON CARLOS". Wie anders wirkt dies Zeichen auf mich ein. Wie erhebend wirkt dies edle Pathos gegenüber dem aufwühlenden Mystizismus Strindbergs. Beide, Schiller und Strindberg entfernen sich von der Realität, aber jener steigt zur Höhe, dieser in die Tiefe, jener befreit, dieser rüttelt nur auf. Es wurde vollendet gespielt. Die Jamben wurden durch lebendige Sprache so verwischt, daß man den Eindruck der Prosa hatte, und dadurch wirkte das Ganze durchaus modern. Und obwohl, im Gegensatz zu den jetzigen Stücken, Theater gespielt wurde, erweckte doch nichts die Vorstellung des Veralteten. Leider war Moissi verhindert, und so gab Winterstein den Posa, dem diese Rolle des Schwärmers aber nicht so liegt. Wegener war wieder unvergleichlich als König Philipp, in Wort und Bewegung ganz Majestät, sehr gut auch die Heims als Königin und die Fein als Eboli.

15. Januar

Mittag im KAISER FRIEDRICH-MUSEUM. Van Dyck und Frans Hals, holländische Meister des 17. Jahrhunderts.
In der GESCHICHTE DER PHILOSOPHIE: Fichte.

16. Januar

In der GESCHICHTE DER PHILOSOPHIE: Hegel.
Im Lesesaal: PAULSENS ETHIK, das Kapitel über das wirtschaftliche Leben und den Beruf.

1918

Von 8 – 1/2 10 erste VORLESUNG BEI DR. COHN-WIENER über Kunstgewerbe. Besprochen wurden Truhe, Schrank, Stollenschrank und Tisch.

17. Januar

In der GESCHICHTE DER PHILOSOPHIE: Schleiermacher, Beneke, Conte, Schopenhauer, Fechner, Lotze, v. Hartmann und Wundt und damit das schön, klar und anschaulich geschriebene Buch von Schwegler beendet.
Abends VORLESUNGEN BEI PRIVATDOZENT DR. DAUN von 7 – 8 über Große deutsche und holländische Meister vom Mittelalter bis zum Barock, von 8 – 9 über Moderne deutsche Maler des 19. und 20. Jahrhunderts.

21. Januar

PAULSEN, EINLEITUNG IN DIE PHILOSOPHIE: Geschichte und Wesen des Materialismus.
Abends 1/2 9 bis 10 VORLESUNG BEI DR. DAUN über berühmte Bildnismaler. Besprochen wurden Dürer, Holbein, Leonardo.

22. Januar

Mittag in der NATIONALGALERIE. . . .
In der Philosophie: KRITIK DES MATERIALISMUS.

23. Januar

In der PHILOSOPHIE: Allbeseelung als metaphysische Konsequenz der parallelistischen Theorie.
Im LESESAAL über holländische Meister des 17. Jahrhunderts nachgelesen.
. . .
Von 8 bis 1/2 10 VORLESUNG BEI DR. COHN-WIENER. Besprochen wurden Truhe, Cassapanka, Tisch und Stuhl seit der Renaissance bis zum Biedermeier.

1918

24. Januar

In der PHILOSOPHIE: Über Seele und Seelenleben.
Von 8 — 9 bei DR. DAUN: Rethel.

26. Januar

In der PHILOSOPHIE: Nach Beendigung des ontologischen das kosmologisch-theologische Problem angefangen. Atomismus und Theismus, Kritik des teleologischen Beweises.
... Abends in der PHILHARMONIE zum Konzert des Violinvirtuosen Franz von Vecsey mit dem philharmonischen Orchester.
... Ich stand wieder ganz in seiner Nähe. Es waren Töne einer anderen Welt, die er hervorzauberte, und man konnte das Elend der unsrigen vergessen. ...

28. Januar

WALTHER RATHENAU, "ZUR MECHANIK DES GEISTES" angefangen.

31. Januar

Heute beendete ich auch die Repetition des 3. BUCHES DES BÜRGERLICHEN GESETZBUCHS (Sachenrecht).

7. Februar

In der PHILOSOPHIE: Die Erkenntnistheorie Kants und ihre kritische Würdigung. Damit habe ich die "Einführung in die Philosophie" von Paulsen beendet. Daß das Buch mich so ungemein gefesselt hat, liegt in erster Linie an der Materie, denn es gibt nächst künstlerischem Schaffen nichts Schöneres, mehr Herz und Geist Befriedigendes, die Sinne Beruhigendes als das stille Sichversenken in das ewige Sein, das schweigende Anschauen des All-Einen, das Sichabwenden von dem sinnlosen, unheiligen Treiben der Welt zu der erhabenen Majestät der göttlichen Idee; in zweiter Linie liegt es an der klaren und anschaulichen Darstellung und endlich an der sympathischen Persönlichkeit des Verfassers, dessen Weltauffassung so sehr mit der meinigen übereinstimmt, und an

1918

seinem abgeklärten Urteil und immer sich wieder zurechtfindenden gesunden Sinn, der in dieser Gedankenwelt reichlich für den Mangel an Originalität und genialen Eruptionen entschädigt. Mein ganzes Interesse ist der Metaphysik gewidmet, die Erkenntnistheorie tritt ihr gegenüber wesentlich zurück. —

9. Februar

Das Buch von RATHENAU "ZUR MECHANIK DES GEISTES" zu Ende gelesen. Ein gedankenschweres Buch, in das man sich erst hineinlesen muß. Es wimmelt von Fremdwörtern und von Bildern und Vergleichen aus der Technik, der Integral- und Differentialrechnung, der Physik und der Kunst. Ein wenig Affektiertheit ist zweifellos mit im Spiele, aber der Hauptsache nach wird man davon ausgehen müssen, daß Walther Rathenau, hervorgegangen aus einer Sphäre hoher geistiger Bildung und auf das Sorgfältigste in allen Künsten und Wissenschaften erzogen, deren Grundbegriffe zum selbstverständlichen Handwerkszeug geworden sind. Trotzdem spürt man überall den Techniker und Mathematiker heraus, der verstandesmäßig aufbaut und jedem möglichen Einwand von vornherein vorbeugt. Dadurch verliert das Buch an natürlicher Frische, und man muß die Seele, die er als das zu Erstrebende fordert, erst aus dem Schutt der Konstruktionen und Reflexionen hervorziehen. Die Sprache ist gedrängt und knapp, der Gesichtspunkt universal, alle Art geistigen Lebens ist von der Warte einer höheren Einheit erfaßt, aber die Konstruktionen sind oft nicht von innen heraus gebaut, nicht aus dem Wesen der Dinge abgeleitet, sondern willkürlich diktiert und an die Dinge herangetragen; die Logik des auf diese Weise subjektiv Zurechtgelegten ist nicht immer zwingend und überzeugend genug.

Aber das Buch ist von einem hohen sittlichen Ernst getragen und idealer Gesinnung entsprungen. Das zeigt sich vor allem im dritten Teil, der Evolution des praktischen Geistes. In der "Ethik der Seele" ist der Ballast des Verstandes am meisten abgestreift, und es spricht Herz zum Herzen. Die "Ästhetik der Seele" ist voll hoher Gedanken, und in der "Pragmatik der Seele" wird aufs

1918

trefflichste unserem seelenlosen, "mechanisierten" Zeitalter ein Spiegel vorgehalten.

17. Februar

Abends in den KAMMERSPIELEN. Die "Koralle", Schauspiel in 5 Akten von Georg Kaiser. Ein geschickt aufgebautes, gut durchgeführtes, wirksames Stück mit zum Teil packenden Szenen, das nur daran leidet, daß es sich auf einer Unmöglichkeit aufbaut, nämlich der vollständigen äußeren und inneren Gleichheit zweier Menschen. Im Verhältnis zu den eigenen Kindern des Milliardärs kann der Dichter auch nicht einmal die Illusion einer solchen Gleichheit vom Zuschauer verlangen. Dieser Mißklang führt wiederholt zu wunden Punkten, von denen aus die ganze Frage nach der Identität durch wenige Worte gelöst werden könnte, und wodurch die Gegenüberstellung mit den Kindern zu etwas durchaus Unbefriedigendem wird. Ohne diese Illusion aber würde das ganze etwas zu künstlich konstruierte Stück in sich zusammenfallen. Psychologisch nicht zu halten ist auch die Figur des Milliardärs. Ist schon der Gedanke, sich eine fremde Vergangenheit gleichsam wie ein Hemd anzuziehen, absurd, so wäre es der Gipfel des Fanatismus und der Seelenverfeinerung, für diese Möglichkeit sein Leben zu opfern. Der Milliardär ist aber nach seiner ganzen Laufbahn weder ein solcher Trottel, um sich selbst mit dem Gedanken, er könne sich durch das Anhängen der Koralle zu einem Menschen mit anderer Vergangenheit machen, zu betrügen, noch ein solcher Idealist, um dafür sein Leben hinzugeben. Er ist der Tiefe entflohen und ist auf der Flucht vor dem Leben der Beladenen angsterfüllt selbst über Leichen hinweggestiegen, und man wird ihm auch den Mord an seinem Sekretär zutrauen können; ganz unglaubwürdig ist es aber, daß, wenn er wirklich der Idealist ist, um für einen Glauben sein Leben preiszugeben, ihn dieser Mord nicht im mindesten belastet und seine Gemütsruhe in keiner Weise stört. Der Dichter darf nicht glauben machen wollen, daß man Seelenfrieden mit einem Mord erkaufen könne. Konnte er keine andere Lösung finden, durch die er den Milliardär in den Besitz der Koralle bringen konnte, so hätte er ihn nur nach Sühnung dieses Verbrechens innerlich genesen lassen dürfen oder ihn daran zugrunde gehen lassen müssen.

Das Gegenstück zu dem Milliardär, der Herr in Grau, ist eine groteske Figur nach Wedekind'scher Art. Gespielt wurde vorzüglich. Wegener als Milliardär ist natürlich die Seele des Ganzen.

19. Februar

Der Friede mit Rußland war eine Täuschung, der Krieg fängt auch im Osten aufs Neue an. Eine heillose Verwirrung herrscht. Das polnische Problem wird noch verwickelter. Die Schwierigkeiten türmen sich; alles eine Folge der Annexionssucht, ohne die wir längst Frieden haben könnten. Einen annexionslosen Frieden mit den Bolschewiki zu schließen, wäre ein Leichtes gewesen. Aber durch die Art, wie wir das Selbstbestimmungsrecht der Völker auslegten, machten wir es ihnen unmöglich, weiter mit uns zu verhandeln, und verscherzten uns den Rest von Vertrauen der Welt. Die Polen haben wir vor den Kopf gestoßen, indem wir Cholm der Ukraine überließen. Gärung und nationaler Trauertag in Polen waren die Folge, Anschluß an die Bolschewiki zur Wiedergewinnung von Cholm wird die Folge sein. Jetzt schreien angeblich die Estländer, Livländer und Kurländer nach unserer Hilfe. So schaffen wir uns den Vorwand, dort einzurücken und dann zu annektieren. Über diesem Streben nach Erweiterung der Hausmacht verblutet das Volk, für das jede Annexion wertlos ist. Aber der gleiche scharfe Kurs im Innern. Abrücken von jedem Anschein der Demokratie ist die Devise. Trotz des Königswortes soll das gleiche Wahlrecht für Preußen verstümmelt werden. Die Reaktion gegen diesen Kurs wird nicht lange auf sich warten lassen; sie wird um so krisenhafter kommen, je mehr jetzt gesündigt wird. Aber erst sie wird uns den Frieden bringen. In dem Bestreben, ihre Macht sich nicht entreißen zu lassen, greifen die Konservativen, unbekümmert um das Wohl des Staates und das Schicksal des Volkes, zu jedem Mittel, und die Regierung ist zu schwach, ihnen Widerstand zu leisten. Wie richtig war das kluge Einlenken Bethmann-Hollwegs, der die Zeichen der Zeit verstand. Die Weltgeschichte wird ihm recht geben.

1918

24. Februar

Abends in der VOLKSBÜHNE zu "Hanneles Himmelfahrt" von Gerhart Hauptmann. Genau wie vor zwanzig Jahren, als ich das Stück bald nach seinem Erscheinen zum ersten Mal im Stadttheater in Zittau sah, hat es auch diesmal einen aufs Tiefste erschütternden Eindruck auf mich gemacht. Seit langem war ich nicht von einer Vorstellung so bewegt und ergriffen. Das ist eine Dichtung, die nicht nur, wie so viele von Hauptmann, nur an die Nerven geht, sondern in die verborgensten Wurzeln des Gemüts.

Vollendet war die Thimig als Hannele, vollendet Moissi als Lehrer Gottwald und vollendet Jannings als Maurer Mattern.

27. Februar

Buch von MAX NORDAU: "DIE KONVENTIONELLEN LÜGEN DER KULTURMENSCHHEIT" angefangen.

8. März

Abends VORLESUNG VON GERHART HAUPTMANN aus seinen Werken in der Singakademie. Er trug das erste Kapitel eines noch nicht veröffentlichten, spannenden Romans "Merlin", zwei Szenen aus einem noch unveröffentlichten Drama "Der weiße Heiland" und ein vor 40 Jahren entstandenes Gedicht "Die Mondbraut" vor. Das Drama behandelt Cortez, der in Mexiko als Heiland angesehen wird. Es ist nicht möglich, aus den beiden Szenen auf das Ganze zu schließen. Hauptmann erinnert in Figur und Kopf zweifellos etwas an Goethe. Hauptsächlich die hohe Stirn trägt dazu bei. . . . Sein Organ ist laut und wohlklingend. Er gibt in Allem ein Bild kraftvollen Willens, und man fühlt, daß er Dramatiker, nicht Lyriker ist.

11. März

Lektüre des Buches von NORDAU "DIE KONVENTIONELLEN LÜGEN DER KULTURMENSCHHEIT" beendet. Ein Buch von befreiender Offenheit und berechtigtem Spott, das, wenn es auch bisweilen schief und verzerrt, doch im Großen und Ganzen den Nagel auf den Kopf trifft, die Dinge beim rechten Namen

Paul Mühsam (ganz rechts) mit seinem Vetter Erich Mühsam (neben ihm) und dessen Geschwistern Charlotte und Hans (1895).

1918

nennt und der Menschheit recht eindringlich einen Spiegel vorhält.

17. März (Sonntag)

vormittag in fast zwei Stunden von Steglitz nach dem Grunewaldsee gegangen und um ihn herum bis Kolonie Grunewald. Ein Frühlingstag, die Sonne brannte, die Menschen saßen und lagen im Freien.

6. April

"DAS BÜCHLEIN VOM LEBEN NACH DEM TODE" VON GUSTAV THEODOR FECHNER gelesen. Mit seiner Ausstrahlungstheorie stimme ich ganz überein, nicht aber damit, daß der Summe der von einem Menschen ausgehenden Wirkungen nach dem Tode Individualität zuzuschreiben ist.

Die Frage des individuellen Weiterlebens nach dem Tode hat Paul Mühsam sein ganzes Leben tief beschäftigt, immer von neuem hat er sich mit ihr auseinandergesetzt. Und immer wieder kommt er zu dem Schluß, daß er ein individuelles Weiterleben nicht annehmen könne. In den Memoiren wie in den rein weltanschaulichen Schriften hat er seine Gedankengänge ausführlich entwickelt. *

11. April

Nachmittag im Grunewald. Meine "Gespräche mit Gott" angefangen.

An seine Frau Irma schreibt er: "So wie Du Dich auf das Kind freust, so ich mich auf mein neues Buch. Ich weiß auch noch nicht, wie es im einzelnen sein wird, aber ich trage es schon in mir und spüre sein Leben."

* s. Tagebucheintragung zu Fechners "Zend-Avesta" vom 24.9.1921.

1918

19. April

Nachmittag mit Silbergleit * zusammen. Seine Legende erscheint jetzt im Verlag von Kurt Wolff. Er glaubt nicht, daß sie genügend anerkannt werden wird, da die jetzige Zeit nicht dazu angetan ist. "Wenn ich kaputt bin, werde ich entdeckt werden" sagt er resigniert, an sein baldiges Ende glaubend. In der Tat ist er augenblicklich in einem sehr elenden Zustand und schleicht, obwohl erst 32 Jahre alt, wie ein alter Mann herum. Herzerweiterung, Rheumatismus und das Leiden, wegen dessen er jetzt in der Klinik ist, um eine Kur durchzumachen. Mit neuem Schaffen will er warten, bis er wieder zu Kräften gekommen ist. Er empfindet diese Ruhepause wegen seiner Schwäche angenehm und liest viel. Sein Lieblingsdichter ist Jacobsen, dessen Niels Lyhne er vielleicht schon sechzig Mal gelesen hat, ein Dichter, der nach seiner Ansicht das Feinste leistet, weil er mit den Nerven schreibt.

Betreffs meiner "Briefe" ** steht Silbergleit auf dem Standpunkt, daß sie im Sinnlichen zu allgemein gehalten sind, zu wenig ins Besondere gehen, nicht das Letzte der Erscheinungen erschöpfen. Aber er erklärt das Buch mit seiner Verbindung von Ethik, Lyrik und Pädagogik für einzig in seiner Art, erkennt voll den hohen ethischen Wert und die Schönheit der Sprache an, die ihn da, wo sie dithyrambisch wird, bisweilen an Schiller erinnert habe.

21. April

Nach den hochsommerlichen Tagen ist es wieder Winter geworden. Gestern Schneegestöber, heute Regen. Ich habe das Buch von FECHNER "ÜBER DIE SEELENFRAGE" beendet. Ich stimme allem zu, was er über die Pflanzenseele und über die Seele der Weltkörper sagt. Alles baut sich wundervoll stufenförmig auf und fügt sich in das große Ganze der Weltseele ein. . . .

** *Arthur Silbergleit, schlesisch-jüdischer Lyriker, im dritten Reich umgebracht, vergessen. Mühsam schloß in Berlin mit ihm Freundschaft.*
** *"Worte an meine Tochter".*

1918

Die Frage, woher das Übel kommt, beantwortet Fechner meines Erachtens nicht richtig. Er fragt:
1) Hat Gott das Übel mit Willen geschaffen?
2) Hat er es willig zugelassen?
3) Liegt es in einer unwillkürlichen Seite seiner Existenz?
Fechner bejaht die dritte Frage. Er mindert damit, und zwar mit Bewußtsein, Gottes Allmacht. Danach besteht also das Übel ohne Gottes Willen, und Gott hat nur die Tendenz, es zu bessern. Aber diese Lösung kann ich nicht gelten lassen, denn Gottes Allmacht verträgt keine Minderung nach der Richtung, daß etwas ohne seinen Willen existieren könnte. Die zweite Frage kommt nicht in Betracht, denn woher sollte das Übel kommen? Was man zuläßt, muß von außen kommen. Woher aber sollte das sein? Alles ist in Gott, und was in ihm ist, ist entweder mit seinem Willen in ihm oder, wie Fechner annimmt, eine unwillkürliche Seite seiner Existenz. Da ich letzteres nicht für richtig halte, bleibt nur übrig, daß das Übel mit Gottes Willen da ist. Er ließ es mit Willen in sich werden als weltbewegendes Agens, weil nur im Kampf des Bösen mit dem Guten die Welt, d.i. er selbst zur Entfaltung und Erlösung kommen kann. Hierbei verstehe ich böse und gut körperlich und geistig und setze das Böse gleich dem Negativen, dem Abstoßenden, dem Zentrifugalen, dem Haß, dem Egoismus, das Gute gleich dem Positiven, dem Anziehenden, dem Zentripetalen, der Liebe, dem Altruismus. *

3. Mai

JAKOB BÖHME, VOM ÜBERSINNLICHEN LEBEN (Gespräch eines Meisters mit seinem Jünger aus "Weg zu Christo") gelesen. Mit Recht stellt Jakob Böhme der göttlichen Liebe den göttlichen Zorn gegenüber, denn die Liebe muß an etwas leiden, um erkannt zu werden, muß sich an etwas entzünden, um um sich zu greifen und wirken zu können. Nur finde ich den Ausdruck

---

Das Böse in der Schöpfung bezeichnet Mühsam später als dasjenige philosophische Problem, mit dem er am längsten gerungen habe (Memoiren).

1918

Zorn nicht gut gewählt, denn ich sehe in diesem der Liebe entgegengesetzten Element nur eine von Gott bewußt gesetzte Negation, die er als notwendig erkannt hat zur Entfaltung der Welt und Erlösung seines Ich. Inwiefern also Zorn? ...

8. Mai

Elschens Geburtstag und fern. Nachmittag im Grunewald (Paulsborn). Gespräch eines Armen mit Gott geschrieben.

18. Juni

Die "Gespräche mit Gott" schreiten gut voran. Aber sie bieten manche Schwierigkeiten, denn es ist nicht immer leicht, abstrakte philosophische Begriffe und Gedanken in eine Form zu kleiden, die auch ästhetischen Genuß bietet. Aber es gibt keine größere Künstlerfreude, als mit der Form ringend, den Stoff zu bezwingen und zu meistern, daß er wie weiches Wachs sich kneten läßt.

21. Juni

"DER TOD IN VENEDIG", NOVELLE VON THOMAS MANN, gelesen. Ein ebenso inhaltlich wie sprachlich äußerst feines Buch, das in die tiefsten Tiefen der Künstlerseele hineinleuchtet. Meisterhaft ist das allmähliche Hinübergleiten der rein künstlerischen Freude am Ästhetischen in das Erotische geschildert, das aber nur traumhaft aus dem Unterbewußtsein heraufsteigt und kaum die Schwelle überschreitet.

Abends mit Silbergleit zusammen. Er las mir die nun beendete Novelle vor, die, etwas an "Der Tod in Venedig" erinnernd, weniger Handlung gibt, dafür aber reicher und blühender im Schauen und Bilden ist und wie ein versonnener Sommernachtstraum dahinfließt. Die Sprache ist hochpoetisch. Manches, was mir nicht gefiel, änderte er. ...

Ich las ihm das Gespräch eines Kindes und das Gespräch einer Jungfrau mit Gott vor. Er war über die Maßen begeistert davon, findet die Gespräche stellenweise berauschend schön und in jedem Fall bedeutender als die "Briefe" und prophezeit großen Erfolg.

1918

... Silbergleit findet auch, daß wir Ähnlichkeit in unserem künstlerischen Schaffen haben. Aber die Art seines Produzierens ist eine andere. Er malt seine Bilder gleich mit aller Farbenglut, während ich erst die Skizze zeichne und dann die Farben auftrage. Bei ihm aber sowohl als bei mir ist die Geburt leicht.

24. Juni

Kein Ende des Krieges abzusehen. Schon fast anderthalb Jahre von Hause fort. Das eigne Heim nur noch eine Erinnerung. Die Kinder wachsen heran. Man verzehrt sich in Sehnsucht. Ohne Existenz, denn die Praxis deckt nicht einmal mehr die Bürokosten. Das Leben in Berlin jeden Tag teurer. Schleich- und Schieberhandel, Wucher und Demoralisation mit jedem Tag größer. Verzweifelte Stimmung. Möchte fort von hier und bin angekettet.

5. Juli

WERFEL, DIE VERSUCHUNG, gelesen. Es ist ein zwar nur kurzes Gespräch des Dichters mit dem Erzengel und Luzifer, aber auch um die kurze Zeit ist es schade. Es ist unbegreiflich, daß ein guter Verleger solchen Schund drucken kann, und daß ein Dichter wie Werfel so wenig Selbstkritik hat, diesen in der Bierlaune hingeschmierten Schmarren der Öffentlichkeit zu übergeben.

19. Juli

Silbergleit unterscheidet optische, musikalische und seelische Dichtungen und verlangt von den ersteren Farbenfülle, von den zweiten Schönheit, von den letzteren Erschütterung.

20. Juli

"EFFI BRIEST", ROMAN VON FONTANE, gelesen. Spannend, aber nichts als Unterhaltungslektüre.

25. Juli

Meine "Gespräche mit Gott" beendet.

1918

1. August

Es ist jetzt in ganz Berlin eine furchtbar gedrückte Stimmung. Das Mißglücken unserer Offensive, auf die Alle ihre Hoffnung setzten, hat den Anstoß dazu gegeben. ... Wir müssen uns auf die Defensive beschränken, da wir uns sonst aufreiben. Die Unsrigen werden immer weniger, in Frankreich aber landen jeden Monat Hunderttausende von Amerikanern. Die Regierung ist hilflos, der Reichskanzler zu alt, die Militärpartei übermächtig. Im Osten gärt es. Wir müssen alles über uns ergehen lassen, was trotz des Friedensschlusses noch von dort kommen wird. Denn wir können keine Truppen im Westen entbehren. Amerika wird den Krieg entscheiden. Jetzt fängt man an zu begreifen, wie verhängnisvoll der U-Bootkrieg war, der uns nichts genützt und uns die Feindschaft Amerikas zugezogen hat. Jetzt, da es zu spät ist. Allgemein sieht man die große Katastrophe voraus. Lange können wir es mit unseren unsagbar elenden wirtschaftlichen Zuständen nicht mehr aushalten. Und in Österreich ist es noch schlimmer. Aber die Alldeutschen konnten ja nicht genug Feinde haben. Sie haben es glücklich erreicht, daß die ganze Welt unser Feind ist. Aber das ganze Volk muß dafür büßen.

10. August

Beginn des vierwöchigen Sommerurlaubs. *

17. August

Mit Bernhard ** zusammen in Bautzen. Ein schöner Tag, an dem wir uns wieder mal über acht Stunden lang aussprechen konnten.

Mühsams verbringen ihn teils in Bühlau bei Dresden, wo Irma Mühsams Eltern leben, teils zuhause.

** *Bernhard Jacubowsky, der Freund seines Lebens seit der Zittauer Schulzeit, Rechtsanwalt und Notar in Dresden. Auch seine Frau Luise und Irma Mühsam sowie beider Kinder sind befreundet (s. auch 31.3.33).*

1918

21. August

Mit Else "Hamsterfahrt" zu Frau Lehmann in Spree. Bis Hähnichen mit der Bahn, von da zu Fuß eine halbe Stunde. Wie wenig merkt man auf dem Lande vom Krieg. Trotz der fleischlosen Woche bekamen wir Schinkenschnitten, mit Butter gestrichen, Rührei dazu und Milch, alles ohne Marken. Wir nahmen unsere zwei Rucksäcke gefüllt mit Weizenmehl, Roggenmehl, Haferflocken, einem Stück Butter, etwas Schinken, Speck und 15 Eiern mit nach Hause, alles zu Preisen, die man in Berlin für vorsintflutlich halten würde.

5. Oktober

reiste ich nach Bühlau, wo Irma mit Hilde zur Erholung bei ihren Eltern ist. Hervorgerufen durch das bei der jetzigen unzureichenden Kriegskost doppelt angreifende Nähren, hat sich eine Psychose bei ihr gebildet. Die Kriegsmiseren sind ihr über den Kopf gewachsen, sie lebt im Zwang der Gedanken, daß sie uns nicht mehr ernähren könne, daß es an Kartoffeln, an Gemüse, an Kohlen u.s.w. fehlen werde. ... An die Rückreise ist noch nicht zu denken.

30. September

Ein Sturm, wie ich ihn hier noch nicht erlebt habe, jagt durch die Straßen. Symbol des Lebens? Es sieht trübe aus. Bulgarien löst sich los, die Westfront ist erschüttert. Die Türkei ist in Nöten. Kursstürze an der Börse. Der letzte der apokalyptischen Reiter ist gekommen: die Cholera hat in Berlin ihren Einzug gehalten.

Ich bin in düsterer Stimmung. Die Kinder in Görlitz sich selbst überlassen, nur in der Obhut der Mädchen, Irmchen in seelischer Depression, mit angegriffenen Nerven in Bühlau in ärztlicher Behandlung. Das Alleinsein drückt mich nieder. Was wird dieser Krieg noch alles bringen? Die Geister der Hölle sind losgelassen und lassen sich nicht mehr einfangen. Graf Hertling hat abgedankt. Es wird eine Regierung der nationalen Verteidigung gebildet mit dem Eintritt von Sozialdemokraten. Hoffentlich ist es nicht zu spät.

1918

9. Oktober

fing die Schule der Kinder wieder an. Mit dem Ranzen auf dem Rücken zogen sie los, und ich blieb allein am Kaffeetisch übrig. Es ist furchtbar, nur alle paar Monate einmal einen Blick auf die Kinder werfen zu dürfen. Dazu die verwaiste Praxis. Das Heim, kaum begrüßt, wieder verlassen. Und jetzt noch die Sorge um Irmas Gesundheit. Die Aussicht, heute wieder in Berlin schlafen zu müssen. Alles vereinigte sich, um mir das Gefühl grenzenloser Verlassenheit und Traurigkeit zu geben, und ich konnte den Tränen nicht wehren.

16. Oktober

Die Grippe grassiert in furchtbarer Weise in ganz Deutschland, besonders in Berlin. In vielen Fällen kommt Lungenentzündung dazu mit tödlichem Ausgang.

24. Oktober

Die Antwort von Wilson eingetroffen. Er gibt nun das Waffenstillstandsangebot an seine Verbündeten ab, verlangt aber Garantieen, daß Deutschland nicht wieder zu den Waffen greifen kann. Die Demokratisierung Deutschlands ist ihm noch nicht genügend verankert. Nun fragt es sich, ob Frankreich und England entehrende Bedingungen für den Waffenstillstand stellen werden.

Ich glaube, der Kaiser wird zu dem Entschluß kommen, dem Thron zu entsagen. Dann ist das Haupthindernis für den Frieden beseitigt.

2. November

Viel Sorgen und Gedanken stürmten in den letzten Wochen auf mich ein. Es kam so Vieles zusammen, wovon schon ein einzelnes genügt hätte, die Nerven zu zermürben. Die Sorge um Irmas Gesundheit, die Notwendigkeit ihres Aufenthalts im Sanatorium, * während ihre Eltern in unserer Wohnung schalten, die Vernachläs-

* *in Kreischa bei Dresden.*

1918

sigung der Erziehung der Kinder, die Befürchtung, daß ich noch zum nationalen Verteidigungskampf werde eingezogen werden, und wie dies auf Irma in ihrem jetzigen Zustand wirken würde, meine Krankheit * und all die Miseren, die in solchem Fall das Alleinsein mit sich bringt, das Suchen einer neuen Wohnung ** und das Umziehen bei den jetzigen erschwerten Verhältnissen, dazu das ganze Elend des Berliner Lebens, alles vereinigte sich, um mich aufs tiefste niederzudrücken. Die politische Atmosphäre wird immer schwüler. Ich war schon seit Wochen der Ansicht, daß wir alle Bedingungen der Gegner werden anerkennen müssen, doch die Stimmen mehrten sich, die von einem Freiheitskrieg unter Zusammenfassung aller nationalen Kräfte als etwas Selbstverständlichem sprachen, und einen Untergang in Ehren einem Weiterleben in Schande vorzogen. Aber so darf ein Volk, das Zukunftsaufgaben hat, im Interesse seiner Kinder und Enkel nicht sprechen. Und würden wir denn jetzt, nach einem vierjährigen Kampf gegen fast die ganze Welt, voll Heldenmutes ohnegleichen, in Schanden untergehn? Etwas anderes wäre es, wenn wir Aussicht hätten, durch eine Fortsetzung des Krieges unsere Lage wesentlich zu verbessern. Dann würde ich bereitwillig mitmachen im Interesse der Zukunft. Aber grade im Gegenteil, wir würden unsere Lage nur noch mehr verschlechtern und zu den Millionen Opfern noch Hunderttausend nutzlos hinzufügen.

Ich war während der ganzen letzten Wochen in beständiger Unruhe, war auch nicht imstande, etwas zu lesen. Am 26. Oktober ging ich nach dem Reichstag, um der Sitzung beizuwohnen, in der über die Unterstellung der Kommandogewalt unter die Zivilregierung beschlossen werden sollte. Es war mir aber nicht möglich, einen Platz zu bekommen, dagegen unterhielt ich mich etwa eine Stunde lang mit unserem Görlitzer Abgeordneten Taubadel (So-

---

* *Ein gefährliches, sehr schmerzhaftes Furunkel in der Nase, das einen Eingriff erforderlich macht. Auch in den folgenden Jahren wird P. Mühsam immer wieder von Furunkulose befallen.*

** *Seine Berliner Wirtin, am Ende ihrer Kraft, konnte ihre Wohnung nicht mehr versorgen.*

zialdemokrat). Er hält die bevorstehende Abdankung des Kaisers für selbstverständlich und glaubt, daß auch die Dynastie fallen werde. Er ist fest überzeugt, daß wir alle Bedingungen annehmen werden, weil es uns ganz unmöglich ist, den Krieg fortzusetzen. ...

Mit Dr. Adolf Mühsam, den ich aufsuchte *, war ich vor etwa zwanzig Jahren einmal einen Abend in Gesellschaft von Hans im Gartenlokal von Bötzow in der Friedrichstraße zusammen gewesen. Wir sind nur sehr entfernt verwandt, aber eigenartig berührte es mich doch, als ich bei ihm seinen Stammbaum hängen sah, in dem kein mir näher Verwandter vorkommt, und dessen Wurzel dennoch von meinem Vorfahren Pappenheim gebildet wird, dem im Jahre 1785 von Friedrich d. Gr. der Name Mühsam verliehen wurde.

7. November

Die Umwälzung hat begonnen. Die Offiziere der deutschen Flotte haben, sicherlich nicht ohne Wissen des Hauptquartiers, einen Putsch gegen die englische Flotte geplant. Die ganze Friedensaktion der Regierung wäre dadurch durchkreuzt worden. Die Matrosen in Kiel haben sich geweigert, mitzumachen und nach russischem Muster einen Arbeiter- und Soldatenrat gebildet. Sie sind in Kiel im Besitz der Macht. Der Kommandant ist erschossen worden.

9. November

Auch in Dresden ist gestern Abend die Revolution ausgebrochen, nachdem bereits in Leipzig ein Arbeiter- und Soldatenrat sich gebildet und die Macht an sich gerissen hat. In München ist die Republik ausgerufen, das Haus Wittelsbach gestürzt. ...

Am Nachmittag wird bekannt, daß der Kaiser abgedankt hat. Es war die allerhöchste Zeit. Möge Deutschland nun vor weiteren Umwälzungen bewahrt bleiben. Aber sämtliche Dynastien werden verschwinden, und ihnen weine ich keine Träne nach. Das alte Ge-

* *Zur Behandlung des Furunkels*

mäuer stürzt zusammen und die Luft der Freiheit weht über die Ruinen hin als Geist einer neuen Zeit.

Er beschließt, seine Frau vom Sanatorium abzuholen und sie schnellstens nach Görlitz zu bringen.

10. November

In Dresden, wo wir zwei Stunden Aufenthalt hatten, ging ich durch einige Straßen. Es ist alles ruhig. Alle Zivil- und Militärbehörden haben sich dem A. und S.Rat unterstellt. Alle Soldaten sind entwaffnet. . . . Auf der Weiterreise erfuhren wir die entsetzlichen Waffenstillstandsbedingungen.

11. November

In Berlin haben sich die Mehrheitssozialisten und die Unabhängigen geeinigt und gemeinsam die Regierung übernommen. Ihre erste traurige Amtshandlung war die Annahme der Waffenstillstandsbedingungen und eine Bitte an Wilson, auf ihre Milderung hinzuwirken, da bei Auslieferung der verlangten Lokomotiven und Wagen, bei der Verpflegung der Besatzungstruppen und gleichzeitiger Fortdauer der englischen Blockade Millionen von Männern, Frauen und Kindern dem Hungertod preisgegeben würden. Soweit ist es gekommen. Aber selbst wenn an diesen Bedingungen noch etwas zu ändern wäre, hat es den Anschein, als gehen wir dem Chaos entgegen. Äußerst bedrohlich ist der Kampf der radikalen Spartakusgruppe gegen die Regierung. Dieser Kampf vollzieht sich hauptsächlich in Berlin, wo noch in allen Stadtteilen geschossen wird. Die Seele dieser bolschewistischen Gruppe, die den Massenterror und die Diktatur des Proletariats herbeiführen will, ist Liebknecht, mit dem ich einmal als Referendar in meiner Eigenschaft als Offizialverteidiger, während er schon Rechtsanwalt war, einen ganzen Tag zusammen im Schwurgericht in Moabit so friedlich verteidigt habe.

Paul Mühsam entschließt sich, noch am selben Tag nach Berlin zurückzukehren, um seine Dienstentlassung zu erwirken und endgültig heimkehren zu können.

1918

... Glücklicherweise schon unterwegs hörte ich, daß in Berlin kein Mensch Abends nach 8 Uhr ohne Bescheinigung des A. und S. Rates die Straße betreten darf. ... Trotz der Zugverspätung kam ich 3/4 8 nach der Wohnung, aß zu Abend und trat meinen Stubenarrest an. In der Zeitung las ich, daß die Truppen von der Front chaotisch zurückströmen. Wenn das wahr ist, bedroht uns die größte Hungersnot. Tiefschwarz liegt die Zukunft vor uns. Furchtbar sind die Aufregungen dieser Tage. Fast bereue ich es, Irma und die Kinder verlassen zu haben. Ich wollte bis Sonnabend in Berlin bleiben, beschloß jedoch schon in der Bahn, nur bis Mittwoch oder Donnerstag zu bleiben, um die Meinigen nicht in solcher Angst und Unruhe zu lassen. Aber ich eile noch schneller fort. Der Bürgerkrieg droht. Während ich die Zeitung lese, fängt eine Schießerei an, ganz nahe, anscheinend am Wittenbergplatz. ... Möglicherweise verkehren schon in den nächsten Tagen keine Bahnen mehr. Dann sitze ich in Berlin und kann nicht nach Hause. Ich überlege, ob es nicht möglich ist, schon morgen abzureisen. Die Knatterei auf der Straße geht weiter. Durch die Jalousien sehe ich, daß es etwas regnet. Es ist totstill draußen, die Schüsse sind das einzige Geräusch. ... O welch trostlose Zeiten. Wie schwer, leben zu müssen; nur die Pflicht gegen die Kinder gebietet es uns. Der Krieg geht zu Ende. Das System, das ihn erzeugte, aufgebaut auf Heuchelei und Brutalität, ist, faul und morsch bis ins Innerste, wie ein Kartenhaus zusammengestürzt. Aber Schlimmeres noch steht uns vielleicht bevor.

12. November

Nachdem ich nachts meine Sachen gepackt hatte, ging ich Vormittag, nachdem ich mich zuvor mit Hallbauer telefonisch verständigt hatte, nach der Kreuzpfennigsammlung, über deren Einstellung ich eine längere Konferenz mit Hallbauer und Dase hatte. ... Um 3/4 3 reise ich nach Hause. Der Zug war ungeheizt und überfüllt, da sich die meisten Soldaten einfach selbst demobilisieren und abreisen, viele auch schon entlassen oder bis zur Entlassung vom A. und S. Rat beurlaubt sind.

1918

Trotz aller Miseren der Gegenwart und Zukunft reiste ich mit einem unbeschreiblichen Glücksgefühl der Heimat entgegen. Der Weltkrieg liegt hinter uns, und ich habe ihn lebend und mit heilen Gliedern überstanden und mich den Meinigen erhalten. ... Wohl weiß ich, was ich dem unfreiwilligen, fast zwei Jahre währenden Aufenthalt in Berlin zu danken habe, welche Bereicherung mein Inneres in Kunst und Wissenschaft dadurch erfahren hat, daß er die Erfüllung eines seit Jahren gehegten, unausführbar scheinenden Wunsches mir gebracht hat, einmal losgelöst von meinem Anwaltsberuf eine Zeitlang meinem eigentlichen Beruf leben und ungehemmt schaffen zu können, wohl weiß ich, daß ich die "Briefe an meine Tochter" und die "Gespräche mit Gott", an denen mein Herz so sehr hängt, wie an meinen leiblichen Kindern, sonst niemals geschrieben hätte, aber dennoch war es eine schwere Trennungszeit, und nur an den Tagen, an denen ich, des Gottes voll, mein Innerstes niederschreiben konnte, sind keine Seufzer aufgestiegen aus gequälter Brust.

14. November

Zum ersten Mal wieder auf dem Gericht. ... Grau liegt die Zukunft vor mir, und schwere Sorgen drücken mich nieder. Weltkrieg, Hungersnot, Revolution, Enteignung, es ist zuviel für eine Generation. ... Wo sind die Zeiten, die längst entschwundenen, da es eine Lust war, zu leben? Jetzt ist es ein Elend, leben zu müssen.

31. Dezember

Das schwere Jahr geht zu Ende, aber der Himmel bleibt umwölkt, und ein vielleicht noch schwereres steht uns bevor. Es sieht furchtbar aus in Deutschland. Die Revolution brodelt weiter. Berlin ist ein Hexenkessel. Die "Unabhängigen" sind aus der Regierung ausgetreten und zur Opposition übergegangen. Das Schlimmste aber ist, daß die Spartakusgruppe, die Partei der Bolschewisten, die nach russischem Muster und mit russischem Geld arbeitet, weiter um sich greift. Ihr Ziel ist zunächst Chaos und Anarchie, und das sucht sie durch Streiks und Terror zu errei-

1918

chen. Sturz der Regierung und Diktatur des Proletariats ist das, was sie zur Verwirklichung ihrer Pläne anstrebt. Menschen, die nichts zu verlieren haben, und denen es ganz gleichgiltig ist, was aus Deutschland wird, sind ihre Anhänger. Hunderttausende von Brot- und Arbeitslosen warten nur auf das Zeichen zur allgemeinen Plünderung. Mord und Raub lauern versteckt im Hinterhalt. Die Straße ist der Tummelplatz dieser Bande, die sich mit Revolvern und Handgranaten legitimiert, leider sehr wirksamen Argumenten. Die blutigen Straßenkämpfe in Berlin und anderen Großstädten sind ihr Werk. Die Nationalversammlung bekämpfen sie als ihren schlimmsten Feind, und den Mehrheitssozialisten, die jetzt die Regierung bilden, haben sie den Tod geschworen. Es ist außer Zweifel, daß sie die Nationalversammlung sprengen werden, ganz besonders, wenn sie etwa eine bürgerliche Mehrheit ergeben sollte. Das war auch in Rußland der Anfang ihrer Schreckensherrschaft. In den Kohlenrevieren streiken, dank ihrer Agitation, die Bergarbeiter. Sie verlangen Löhne und Gratifikationen, deren Bewilligung zum Ruin führen würde. Geht es nur noch kurze Zeit so weiter, so ist das ganze deutsche Wirtschaftsleben vernichtet. Ohne Kohlen kann keine Industrie weiterarbeiten. Dann können wir auch nichts mehr exportieren und müssen verhungern, denn wir haben nichts, um die Lebensmittel des Auslandes zu bezahlen. Die Löhne, die die Industrie jetzt zu zahlen gezwungen ist, sind überdies schon so, daß Deutschland längst nicht mehr konkurrenzfähig auf dem Weltmarkt ist. Nur in der Hoffnung aber auf Versorgung durch die Entente ist tiefer in die Nahrungsmittelbestände gegriffen worden, als verantwortet werden kann. Die Regierung muß ja Brot schaffen, wenn sie sich halten will. Aber im März, April ist der Vorrat zu Ende. Kommt dann die Hungersnot, dann kommen auch Plünderungen, und alles stürzt zusammen. Das Reich droht auseinander zu fallen. Die Polen haben Posen besetzt und strecken ihre Hand nach Danzig aus. Die Tschechen stehen sprungbereit vor den Toren Sachsens, um in die Lausitz einzufallen. Englische, französische und amerikanische Truppen halten den Westen und Südwesten Deutschlands besetzt. Und überall dieselbe Diktatur, dieselbe Demoralisation, dieselbe elende

1918

Verpflegung, dasselbe Darben und Vegetieren. Furchtbar erhebt auch der Antisemitismus sein Haupt, denn die Juden müssen wieder einmal als Prügelknabe herhalten. Auf sie versuchen die Alldeutschen und Militaristen ihre schwere Blutschuld abzuwälzen, um die Aufmerksamkeit von sich selbst abzulenken. Mit den gemeinsten Lügen wird das Volk aufgehetzt, und in Berlin rechnet man mit den blutigsten Pogromen. Eine Selbstwehr hat sich bereits gebildet. So sieht das Deutschland von heute aus. ... Der Bürger ist zum Proletarier geworden. Mein kleines Vermögen ist infolge der Kursstürze auf die Hälfte herabgesunken. Davon wird nun noch eine Vermögensabgabe zu entrichten sein, und der klägliche Rest wird Gegenstand einer hohen Besteuerung. So bin ich nur noch auf den Ertrag meiner Arbeit angewiesen, den zu steigern es für den Anwalt kein Mittel gibt, und der durch die niedrigen Gebühren niedergedrückt wird und wenn er selbst auf die Höhe steigt, die er vor dem Krieg erreicht hat, jetzt bei den enorm gestiegenen Preisen der Haushaltung nur noch die Hälfte meines Bedarfes deckt. Warum wird jetzt, in einer Zeit, in der alles reformiert wird, nicht endlich auch an eine Reform des Armenrechtes gegangen? Es ist eine schreiende Ungerechtigkeit, daß ein einzelner Stand gezwungen wird, die dem Staat obliegende Fürsorge für das Recht der Armen, die NB oft mehr Vermögen und Einkommen haben als ich, zu übernehmen. 3/4 meiner Sachen sind jetzt Armensachen, die ich nicht nur unentgeltlich bearbeiten muß, sondern für die ich auch noch die baren Auslagen für Porto, Papier, Briefbogen, Couverts u.s.w. habe, was bei den jetzigen Preisen ganz erheblich ins Gewicht fällt.

Einigemal in der letzten Zeit war ich mit Herrn Schmidt zusammen, der jetzt ganz in seinem Element ist. Er ist "Unabhängiger". Er hat ebenso wie ich und wie alle Pazifisten vorausgesehen, wie alles kommen mußte. Ich habe ihn veranlaßt, wieder eine Ortsgruppe der Deutschen Friedensgesellschaft in Görlitz ins Leben zu rufen. Ich selbst habe die bisherige Ortsgruppe, die nicht mehr lebensfähig war, aufgelöst. Die Zentrale in Stuttgart war darüber betrübt, und ein Vorstandsmitglied aus Berlin besuchte mich. Ich halte die Tätigkeit der Friedensgesellschaft zur Zeit

1918

überhaupt nicht für dringlich, da die jetzige Regierung vollständig ihr Programm vertritt. Ich selbst kann jetzt auch nicht den Vorsitz einer Ortsgruppe übernehmen, denn erstens ist mir alles, was an Politik streift, zum Greuel geworden, zweitens liegt mir die Tätigkeit einer Vereinsleitung überhaupt nicht, und wenn ich etwas freie Zeit hätte, denn - und das ist das Dritte - ich muß jetzt meine ganze Kraft für die Ernährung meiner Familie einsetzen. ...
Aber meine Begeisterung für den Pazifismus hat in nichts nachgelassen.

1919

24. Februar

Erich ist einer der Führer der Münchener Kommunisten und hat die Räterepublik Mannheim ausgerufen. Charlotte * ist demokratische Abgeordnete im Bürgerausschuß in Lübeck geworden.

9. März

Allgemein furchtbar pessimistische Stimmung. Vor den Toren Ostpreußens steht eine Bolschewistenarmee von 1 Million 600000 Mann, bereit, in Ostpreußen einzufallen und Deutschland zu überschwemmen. .. Täglich sterben schon 800 Menschen in Deutschland an Hunger. Gearbeitet wird überhaupt nicht mehr, die meisten Betriebe stehn still. ... Allenthalben im Reich wird geraubt, gemordet und geplündert. Es wäre ein Wunder, wenn es anders wäre, nachdem das Volk über vier Jahre durch den blutigsten aller Kriege geschleift und belogen und betrogen worden ist. Was wird werden?

14. April

Endlich am Ziel meiner Wünsche.
Irmchen hat Fräulein Ebhardt, der Schwester von Bodo Ebhardt, dem Restaurator der Hochkönigsburg, die selbst Dichterin

* *Charlotte Landau, Hans und Erich Mühsams Schwester.*

1919

und kunstverständig ist, aus meinen Manuskripten "Briefe an meine Tochter" und "Gespräche mit Gott" vorgelesen *. Fräulein Ebhardt, begeistert davon, hat Anderen daraus vorgelesen. Es verbreitete sich schnell, immer mehr Kunstbeflissene wünschten daraus zu hören, und so entwickelte sich eine Gemeinde von Menschen, die..., wie mir Irmchen immer wieder schrieb, aufs tiefste ergriffen und überwältigt waren. Fräulein Ebhardt, die mit einem Verleger Rödel in Dresden assoziiert ist, ließ mich bitten, diesem die Manuskripte einzusenden. ... Heute erhielt ich ein Schreiben folgenden Inhalts: "Hochverehrter Herr Doktor! Es ist uns eine außerordentliche Freude, Ihnen mitteilen zu können, daß wir Ihre beiden Manuskripte gern in Verlag nehmen werden. Ich persönlich habe selten etwas derart Schönes gelesen. Wir würden uns sehr freuen, wenn Sie gelegentlich Ihres Hierseins uns mit aufsuchen würden. Zweck unseres heutigen Schreibens soll nur sein, Ihnen unsere Freude zum Ausdruck zu bringen, daß Sie uns die beiden Sachen zum Druck geben wollen. Es erscheint uns von vornherein als ein Erfolg..."

19. April

Vormittag bei Herrn Rödel und Fräulein Ebhardt. Lange Besprechung. ... Beide sind des Erfolges ganz sicher und werden die erste Auflage in 3000 Exemplaren herstellen, außerdem 200 numerierte Exemplare in Luxusausgabe. ... Die "Briefe an meine Tochter" sollen etwas später erscheinen.

17. Mai

"DIE ERHEBUNG", Jahrbuch für neue Dichtung und Wertung, herausgegeben von Alfred Wolfenstein, gelesen. Eine interessante Übersicht über die Bestrebungen der Jüngsten, der Aktivisten, die Kunst und Politik verwechseln, das völlige Aufgehen in die Menschheit predigen und doch wieder das eigene Ich zur Gottheit erheben.

* Im Sanatorium Kreischa, wo Irma Mühsam sich ein zweites Mal aufhält, um die Psychose vollständig zum Abklingen zu bringen.

1919

Das Buch enthält einen Aufsatz von
Oskar Schürer in schwülstiger, gesuchter Sprache, betitelt "Gruß an die Feinde".
Kurt Heynicke "Diese Tage", Worte eines ehrlich Suchenden. Ein tief empfundener Aufschrei aus blutender Seele, im Kriege geboren, stark und echt.
Albert Ehrenstein "Dem ermordeten Bruder". Haarsträubendes Machwerk. Ein aufbegehrender Wille, aber keine Spur von dichterischem Gefühl und Schönheit, die für mich untrennbar zur Kunst gehört, auch wenn diese nur Willensausdruck sein will.
Arthur Drey "Der Himmelflieger". Empfindung und einiges Gefühl für Schönheit, aber noch zu wenig gereift.
Karl Lorenz "Der Landstreicher". Unglaublich gesucht.
Adolf von Hatzfeld "Frühlingsmond". Schön und empfunden.
Emil Alfons Rheinhardt "Magie des Todes". Gesucht, schwülstig und dunkel.
Oskar Loerke "Huldigung". Ebenso.
Rainer Maria Rilke, Ein Fragment, Gedankentief und schön.
Franz Werfel "Gesang einer Frau". Die Sprache nicht rein und schön genug, aber er weiß etwas zu sagen.
Paul Adler "An die Altersgenossen". In Gärung begriffen.
Reinhard Sorge, "Der Dichter" (Szene aus dem 4. Akt des "Bettler".) Bacchantische Sprache.
Ernst Toller, "Totentanz". Durch den Krieg aufgewühlte, an Wahnsinn grenzende Fantasie. Alle Schrecken des furchtbaren Erlebens spiegeln sich wider.
Johannes R. Becher, "Ikaros", dramatisches Gedicht in drei Teilen: die furchtbare Leidenszeit des Krieges schreit daraus hervor, die elementare Sehnsucht nach Befreiung aus unentrinnbar scheinenden Fesseln.
Paul Zech, "Empor", ein dramatisches Gedicht. Wundervolle Dichtung, herrliche Sprache, von einwandsfreier Schönheit.
Paul Kornfeld, "Himmel und Hölle", Tragödie in 5 Akten und einem Epilog. Ein außerordentlich schönes Drama, sowohl inhaltlich wie sprachlich, nirgends an Unwesentlichem haftend, gedankentief. Der Geist Wedekinds und Strindbergs schwebt darüber,

aber Kornfeld ist seelenvoller und wärmer als ersterer, verständlicher als letzterer.
Ludwig Meidner "Mondsichelgesang". Plastische Darstellungsweise. Humor. Kann etwas.
Theodor Däubler, "Die blaue Blume". Geziert und matt.
Albert Steffen, "Die Traum-Ehe". Unbedeutend.
Jesa d'Ouckh, "Das Fest". Gesucht.
Hanns Braun, "Feuersbrunst". Starke Gestaltungskraft, die auch ein weniger sensationelles Geschehnis, ein inneres Erleben mit Seele wiedergeben könnte.
Alfred Neumann: "Wendelin". Eine Groteske, inhaltlich und bisweilen auch sprachlich gesucht.
Rudolf Blümel, "Eine Sonate". Ungenießbarer Wortschwulst.
Martin Buber "Geschichten vom Berdyczewer und vom Apter". Schön, tief empfunden.
Martin Gumpert: "Heimkehr des Herzens". Gewaltig und packend, nur manchmal sich in Bildern bewegend, auf die unwahre Farben aufgetragen sind (Bläue braust nicht, Wind strahlt nicht, Lust und Trauer können nicht quer, schrill in der Luft stehen. Das sind tönende Worte ohne Sinn, also Phrase).
Gottfried Kölwel: "Das Herz". Plastische Schilderung.
Ernst Weiß: "Der Arzt". Nichts Hervorragendes.
Fritz von Unruh, Stücke (aus seinem Werk "Ostergang"). Diese Schilderung übersteigt nicht das Durchschnittsmaß. Wie viel mehr kann er.
Alfred Wolfenstein: "Der menschliche Kämpfer". Danach ist der Beruf des Dichters Tat, nicht Träumen. Nicht sein Ich, sondern Alle solle er umfassen. Statt Romantik Aktion. Dies Alles ist mit viel Schwulst und Phrase dargelegt. Aber es ist nicht wahr, daß die Kunst Sache des Willens sei wie die Politik. Der Dichter soll an die Wurzeln der Seele rühren. Das kann er durch den Sturm der Leidenschaft, aber ebenso durch den Frieden der Schönheit.
Arthur Holitscher: "Eine leuchtende Spur". Eine Verkündung der Weltrevolution in ungekünstelter, einfacher Sprache.
Friedrich Burschell, "Die Einfalt des Herzens". Schöne Sprache und Darstellung.

1919

Gustav Landauer, "Eine Ansprache an die Dichter". Erguß einer stürmisch gärenden Natur über den Beruf des Dichters. Einer der Edles wollte und, als er vor wenigen Tagen beim Sturz der Münchener Räteregierung getötet wurde, sicher als Märtyrer der Kunst zu sterben glaubte und doch nur als Politiker starb.

Alfred Kurella: "Körperseele". Eine sehr überflüssige und langweilige Auseinandersetzung über den selbständigen Wert körperlicher Gefühlsteilnahme, die nicht nur als sexuelle Vorstufe gewertet werden dürfe.

Wilhelm Hausenstein: "Über Zweidimensionalität in der Malerei". Interessante Abhandlung über die Ersetzung der Dreidimensionalität durch andere Mittel der Plastik in der jüngsten Malerei.

Max Picard, "Expressionismus". Ein furchtbares Wortgeschwafel.

Otto Flake: "Souveränität". Charakterisierung der heutigen Kunst, die sich nicht in die Außenwelt verliere, sondern subjektiv sei, eine Wertung.

Zweifellos hat unsere heutige Kunst insofern Ähnlichkeit mit der Romantik, als auch diese weltflüchtig war. Aber sie war eine Gefühlskunst, unsere heutige Kunst ist eine Kampf- und Willenskunst.

Rudolf Kayser: "Subjektivismus". Er sagt sehr anschaulich: "Darin trennen wir uns von den Romantikern des Gefühls: daß wir uns beim Besitz des Erlebnisses nicht beruhigen. Das Haben muß zum Tun werden, das Entflammen der Gefühle zum Entfachen der Ideen." Der Subjektivismus des modernen Dichters "ist nicht Vitalität, sondern Produktion; nicht Schau, sondern Absicht."

Leo Matthias: "Der Stierkampf". Er verlangt von der Tragödie Beflügelung des Willens. Änderung des Menschen, Schaffung des heroischen Optimismus, d.i. einer Gesinnung, die nicht verzweifelt, weil sie weiß, daß der Feind außerhalb zu suchen ist, und es daher keine Schuld gibt, sondern nur Unglück.

Kurt Hiller: "Ortsbestimmung des Aktivismus". Die erste klar und geistvoll geschriebene Abhandlung über Bedeutung und Ziele des Aktivismus in logischer Entwicklung. Danach will der Aktivismus nicht Hinnahme des Schicksals, sondern Auflehnung dagegen. Der Wille Einzelner vermag aber wenig, der Wille Verbundener alles; daher Sozialismus im Sinne des Eingestelltseins auf Brüderlichkeit. Es kann auch aristokratischer Sozialismus sein. Das Ziel ist: das Glück Aller im Diesseits. Daher Kampf; wenn nötig, Kampf auf Kosten des eigenen Glücks. Der Aktivist denkt nicht kausal, sondern teleologisch, also nicht nach Ursache und Wirkung, sondern nach Mittel und Zweck. Er ist nicht Empirist, sondern Rationalist, doch so, daß die Erfahrung der Stoff ist, den die Vernunft zu bearbeiten hat. Vernunft aber im Sinne von ratio, nicht kalter Verstand. Die Quelle dieser ratio ist nicht wissenschaftliche Einsicht, sondern der Wille, ihr tiefstes Wesen ist daher nicht quasi mathematisch erfaßbar, sondern mystisch. — Der Aktivist ist nicht Optimist und nicht Pessimist, sondern Meliorist. Er bekämpft im Geistigen nicht den Idealisten, sondern nur den unrealisierenden Idealisten, im Politiker nicht den Praktiker, sondern den ideenlosen Praktiker. Sein Wollen geht auf Realisierungspolitik, und zwar auf radikale. Denn die Idee muß sich in ihrer Reinheit, in aller Strenge und Durchgeführtheit propagieren; die Hemmungen kommen schon von selbst durch die Trägheit des Widerstandes, also durch die Gegenkraft der Materie. — Der Aktivist verlangt vom Politiker nicht, daß er aufhöre, Interessen zu vertreten, aber er soll nicht berufliche und ständische Interessen vertreten, sondern menschliche und vitale. Kein Imperialismus; denn das ist Bedrohung der anderen Völker. Nur Verständigung der Nationen, Abgabe eines Teiles der eigenen Souveränität an die Gesamtheit, also die höchste Souveränität der Gesamtheit der Nationen. Der Aktivist ist somit Pazifist. Er verlangt aber Kampf für den Pazifismus. Und außerdem ist er Politiker gegenseitiger Hilfe, der gerechten Verteilung der Lasten, der gerechten Zuweisung des Arbeitsertrages, größtmöglicher Freiheit vom Staate. Nicht das ist das Ziel, sein Ich zu erlösen, sondern die Welt.

Hier liegt meines Erachtens der wunde Punkt. Ich und Welt sind keine Gegensätze. Das Ich ist Teil der Welt, und Ziel ist Erlösung der Welt durch Erlösung des Ich. Die Erlösung des Ich begreift aber den Kampf für die leidende Menschheit in sich, denn sie ist Entfaltung nicht nur durch höchste geistige Vervollkommnung, sondern auch durch höchste seelische Veredlung, also ethischen Aufstieg.

Arthur Holitscher: "Opfer". Er verlangt mit Recht mehr Ehrfurcht vor der Existenz des Mitmenschen.
Alfred Döblin: "Jenseits von Gott". Eine unsympathische Abhandlung über Gott und Religion.
Kurt Pinthus: "Rede für die Zukunft". Eine Darstellung des Wesens unserer heutigen Kunst, die aus der Stille der Natur in die rhythmisch bewegte Stadt einkehren, statt in die Vergangenheit zu blicken, die Zukunft gestalten, statt Gottes den Menschen suchen und das Wesen der Dinge erfassen soll.

26. Mai

WALTER RATHENAU, "DER NEUE STAAT", gelesen.
Ein ausgezeichnetes, klar geschriebenes Buch über das, was dem deutschen Volk nottut, um zu einer neuen Form der Lebensgemeinschaft zu kommen. Warmes Mitgefühl für den armen, solange geknechtet gewesen und um jede Lebensfreude betrogenen vierten Stand spricht aus dem Buch, der tief enttäuscht über den Verlauf der Revolution sich aufs neue, und diesmal durch seine eigenen früheren Standesgenossen, betrogen fühlt. Wie wohltuend, einmal von hoher Warte aus diese Fragen beleuchtet zu sehen. Für den Spießer liegen alle diese Dinge ja so furchtbar einfach. Für ihn bedeutet das alles nur das Erscheinen einer Rotte, die seinen Geldbeutel bedroht, also sein Heiligstes antastet. Das genügt, um ewige Fehde zu schwören, und jemanden, der so etwas wagt, an die Wand zu stellen. Gerechtigkeit? Ewige Menschenrechte? Ach Unsinn, der Mann will mir ans Portemonnaie. Das steht höher als Gerechtigkeit und Menschenrechte, notabene wenn es sich um das eigene Portemonnaie und um fremde Menschenrechte handelt. Darin sündigen sie Alle, von den Deutschnationalen bis zu den Mehrheitssozialisten. Nun schießen Einwohnerwehren und Freiwilligenkorps aus der Erde. Ein gefährliches Beginnen, den Militarismus neu zu beleben, der endlich mal tot und begraben schien. Und gegenüber den Massen nichts als eine Provokation. Sie kämpfen einen gerechten Kampf und werden nur noch mehr erbittert, wenn man ihren Menschheitsforderungen Maschinengewehre entgegenstellt. Ihnen ist es gleich, ob Wilhelm II. oder Ebert I. auf

1919

dem Thron sitzt, wenn sie jetzt so wenig Anteil an den Gütern und Freuden des Lebens haben wie früher. Sie sind im Begriff, Deutschland zu ruinieren mit ihren Streiks und den Kampfmitteln, die sie anwenden, aber man gehe auf ihre Forderungen ein, verständige sich mit ihnen über eine organische Eingliederung der von ihnen gewünschten Räte, und Deutschland wird nicht ruiniert werden. Sie überschwemmen das öffentliche Leben mit ihrer Unkultur, aber die menschliche Gesellschaft erntet nur die Früchte ihrer Politik, denn sie gab ihnen nicht die Möglichkeit, sich zu bilden. Drum reden und handeln sie jetzt, so gut sie es können, aber wenn sie durchdringen, so wird die Bildung nicht mehr an den Besitz von Geld geknüpft sein, und schon die nächste Generation wird höhere Kultur zeigen.

Es ist schamlos und unwahrhaftig zugleich, wenn die bürgerlichen Parteien der Masse vorhalten, die Revolution sei nur dadurch möglich und erfolgreich gewesen, daß sie mitgemacht hätten, in ihren Stellungen und Ämtern auch nach Sturz der Monarchie verblieben wären, anstatt Widerstand oder wenigstens passive Resistenz zu leisten. Es ist schamlos, denn das haben sie nicht zum Besten der Masse oder im Interesse der Revolution getan, sondern zum Teil in erbärmlicher Charakterschwäche, aus Opportunitätsgründen, um Amt und Stellung nicht zu verlieren und den Anschluß an das neue Regime nicht zu verpassen. Es ist unwahrhaftig, denn der Staat wäre noch nicht gleich kaputt gegangen, wenn zunächst einmal die Masse auf sich allein angewiesen gewesen wäre. Denn wo ein Wille ist, ist auch ein Weg, und Revolutionen sind Sache des Willens.

Der Unterschied zwischen Reich und Arm wird nicht aufhören und wird sich auch im Lande Utopia immer neu bilden, und er soll nicht aufhören, denn auf der Differenzierung beruht die Kultur, und auch die Natur nivelliert nicht, sondern verteilt wahllos ihre Gaben. Was aber aufhören muß, sind die schreienden Gegensätze von Luxus auf der einen und Elend auf der anderen Seite, denn Luxus ist mehr kulturschädlich als kulturfördernd, Elend aber in jedem Fall menschenunwürdig, sodaß unbedenklich dem, der zu wenig hat, aus der Fülle dessen gegeben werden kann und muß, der zu viel hat.

31. Mai

begann ich ein neues Buch zu schreiben, das das Erleben des Krieges behandeln soll.

19. Juni

Furchtbare Aufregung in ganz Deutschland. Wenn wir den Friedensvertrag nicht unterschreiben, geht in einigen Tagen der Krieg wieder los, indem die Franzosen von Westen, die Polen von Osten und die Tschechoslovaken von Süden eindringen, die Engländer unsere Nordküste bombardieren und die Blockade wieder eröffnet wird. Der Friedensvertrag erwürgt uns, aber es wäre Wahnsinn, nicht zu unterschreiben. Ganz zweckloses Opfer. Denn nach wenigen Wochen schon würden wir um Frieden jammern, und dann würden die Bedingungen noch schlimmere sein. Wir sind besiegt und müssen uns damit abfinden. Schließlich muß eben mal liquidiert werden, so schmerzlich das auch ist. Das Glück von Generationen ist vernichtet durch ein Würfelspiel, nicht unterschreiben in der vagen Hoffnung auf irgend ein Wunder hieße noch einmal ein Würfelspiel wagen. Ich habe genug davon.

20. Juni

Wie ein Blitz aus heiterem Himmel traf mich die Nachricht, daß Fräulein Ebhardt gestorben ist. Sie war als die Geldgeberin die Hauptinhaberin der Firma Roedel & Co. Was wird nun werden? Mein armes Buch.

21. Juni

Nachricht von der Breslauer Dichterschule, daß am 18. meine "Briefe an meine Tochter" unter allgemeinem Beifall von Frau Stieler-Marshall vorgelesen worden sind.

12. Juli

reiste ich nach Schwarzbach im Isergebirge, um mein Buch

1919

"Aus dem Schicksalsbuch der Menschheit" zu vollenden. ... Im Gegensatz zu den "Gesprächen", die ein stilles Buch sind, ist es in erster Linie ein Kampfbuch. ... Tiefe Sehnsucht erwachte in mir, wieder ein reines, tendenzloses Schönheitsbuch zu schreiben, in die ungemessenen Tiefen zu tauchen. Hoffentlich nächstes Jahr. ... Auch über mich habe ich nachgedacht. Man kennt kaum sich selbst. Wie soll man Andere kennen? Ich bin sicher kein Dramatiker, aber ich glaube, auch kein Lyriker. Mir scheint, ich gehöre zu der seltenen Gattung der Dichterphilosophen, Klasse I b 3 ß des homo sapiens.

26. August

WALTHER RATHENAU, "KRITIK DER DREIFACHEN REVOLUTION" UND "APOLOGIE" gelesen. Letztere gewährt einen Einblick in sein persönliches und Seelenleben, das in manchem ganz anders ist als man es vermuten könnte. Aber auch die "Kritik der dreifachen Revolution" enthüllt mehr von seinem großen Herzen als die anderen Schriften von ihm, die ich gelesen habe. Seine Sprache, messerscharf und zweckhaft, erhebt sich zum Schluß zu dithyrambischem Schwung. Die Gedanken sind, wie immer bei ihm, kristallklar. Es ist nichts mehr von Gesuchtheit in diesem Buch. Je mehr man von Rathenau liest, desto mehr kommt er einem menschlich nahe. Ich bewundere ihn, wenn ich mir auch nicht verhehle, daß ein Teil der Bewunderung auf das Konto der vollständigen Wesensfremdheit zu setzen ist, die sich zwischen mir und ihm wie eine Kluft auftut. Es ist in diesem Menschen etwas für mich Unverständliches, das wie ein Fremdkörper von mir abprallt, und etwas Durchdringendes, das mich anzieht. Bevor ich an ein Buch von ihm mich heranwage, geht es mir wie einem Hund, der bellend und heulend am Ufer eines Sees hin und her läuft, hineinspringen möchte und sich nicht dazu entschließen kann, und wenn er es riskiert hat, wohlig darin herumplätschert und doch gleichzeitig schon wieder nach dem Ufer sieht.

27. August

Besuch bei Rödel. Er ist begeistert von meinem "Schicksalsbuch". Er will die erste Auflage in Höhe von 5000 Exemplaren herausgeben. Das Buch soll bereits Anfang Oktober erscheinen. Von den "Gesprächen" sind bereits 800 Exemplare verkauft worden. In Dresden liegt es in fast allen Buchhandlungen aus.

1. September

Abends zu einer Aufführung am Ufer der Neiße. "DIE FISCHERIN" VON GOETHE mit der Musik der Corona Schröter. Stimmungsvolle Darstellung dieses lieblichen Singspiels. Welcher Kontrast zu unserer schweren, sorgenumdüsterten Zeit.

4. September

"DER HEILIGENHOF", ROMAN VON HERMANN STEHR in 2 Bänden, gelesen. Bilderreiche, hochdichterische Sprache, die aber nur Mittel zum Zweck, selbstverständliche Ausdrucksweise ist. Das Werk hat den tiefen Sinn, daß das wahre Menschentum nicht mit dem Denken des eigenen Denkens, nicht mit dem verstandesmäßigen Zurechtstutzen des Gefühls, nicht mit der Isolierung und der Anbetung und Beobachtung des eigenen Ich vereinbar ist, sondern reflexionsloses Sichhingeben, Sichverschenken verlangt. Die Bauerntypen dieses Romans sind elementar, wie erdgewachsen, und doch von einer gradezu unwahrscheinlichen Feinnervigkeit. Über das Ganze ist trotz aller, oft recht derben Realistik im Einzelnen, ein mystischer Schleier gebreitet. Der Roman ist bisweilen nicht spannend, aber nie ermüdend. Das Meiste, was sich ereignet, spielt sich im Seelenleben ab, das tiefgründig ist bis ins Unwirkliche.

20. September

Ich komme immer mehr zu der Überzeugung, daß ich mich in keine politische Parteischablone zwängen kann. In manchem stimme ich mit den unabhängigen Sozialdemokraten, in manchem mit den Demokraten, in manchem mit den Deutschnationalen überein. ... Der Demos in seinem jetzigen Tiefstand ist ungeeignet zur Herrschaft. Diejenigen, die nach mehreren Generationen Kul-

1919

turreife erlangt haben werden, gehören nicht mehr zu ihm. Trotz der Revolution bedeutet die jetzige Regierung weniger einen System- als einen Personenwechsel. Ich glaube, am besten wäre eine Räteregierung, hervorgegangen aus berufsständischen Vertretungen — — Beruf im weitesten Sinne des Wortes — — durch mittelbare Wahlen, in pyramidenförmigem Aufbau, wodurch die Wahl der Tüchtigsten am besten gewährleistet. Nach ihren Direktiven ausführend eine Aristokratie, ein Stand durch Generationen gezüchteter Kulturträger, gipfelnd in einer Repräsentationsmonarchie. Wesen der Regierung: sozial und freiheitlich im Innern, pazifistisch nach außen. Grundsatz: pro patria per orbis concordiam. Die Aristokratie also nur als Kulturfaktor, die Monarchie als Symbol, als Gemütswert, als Verkörperung der Nation, als Mittel- und Sammelpunkt, politischer Macht durch die Räteregierung, militärischer durch die Abschaffung des stehenden Heeres und die pazifistischen Prinzipien entkleidet.

1. Oktober

Besuch von Herrn Rödel. Der Hofschauspieler Bruno Iltz wird diesen Monat an verschiedenen Orten aus meinem "Schicksalsbuch" vorlesen, mehr aus Begeisterung als um Geld.

15. Oktober

In der Stadthalle AUSSTELLUNG DER BILDER VON NEUMANN-HEGENBERG * angesehen, der, vor vier Jahren noch Impressionist, jetzt ganz und gar Expressionist geworden ist. Wenn auch Abänderungen der Natur zum Ausdruck eines Gefühls erlaubt sind, so sind sie doch in manchen Bildern so willkürlich und übertrieben, daß die Grenzen der Ausdrucksmittel der Malerei überschritten sind. Aber die meisten sind farbenschön und stimmungsvoll.

Von den verschiedensten Seiten höre ich, daß Bruno Walter Iltz, der Mann der Elena Forti, einer der hervorragendsten und

---

* 1924 gest. Gehörte mit Johannes Wüsten (s. 19.7.26) und Bô Yin Râ (s. 23.10.21) führend der Görlitzer Künstlerschaft an.

1919

bekanntesten Schauspieler Dresdens ist.* Auf seinen Wunsch tragen alle Plakate, die jetzt in Dresden an den Litfaßsäulen seine Vorlesung am Freitag aus meinem Schicksalsbuch ankündigen, in großen Buchstaben die Überschrift "Krieg dem Kriege". Mir wird mein Buch dadurch zu sehr zu einem politischen gestempelt. Ich bin Künstler, aber nicht Politiker. Es gibt mir zwar eine unendliche Befriedigung, der Sache des Pazifismus dienen zu können, aber Pazifismus ist mir kein bloß politischer Begriff, sondern Weltanschauung. Und wenn mein Buch auch eine Tendenz hat, so will ich es doch in erster Linie künstlerisch bewertet wissen, obwohl mich selbst es nach dieser Richtung nicht befriedigt. Aber es geht ihm wie allem, was in die Welt der Tatsachen herunterreicht. Der Sturm des Tages umweht es. ...

Meine "Gespräche" finden ihren Weg. Tausend Exemplare sind in den ersten acht Wochen verkauft worden, ohne Reklame und ohne Besprechungen. Aus ganz Deutschland und der Schweiz gehen bei Rödel, den ich telefonisch sprach, täglich Bestellungen ein.

17. Oktober

fuhren wir Mittag mit dem Schnellzug nach Dresden. Während Irmchen zu Ilse Maron** fuhr, ging ich zu Rödel, mir unterwegs die großen gelben Plakate an den Litfaßsäulen ansehend, die als Motto in durchaus nicht auffallender Schrift die Worte "Krieg dem Kriege" trugen. Dann ging ich zu Bernhard und mit ihm zusammen um 7 nach dem Künstlerhaus, wo seine Frau und ihre Mutter schon waren. Iltz hatte sein ursprüngliches Programm wieder geändert und trug anstelle des Gesprächs mit dem Satan aus den "Gesprächen mit Gott" "Gott und der Gefallene" aus dem

---

* *Später Generalintendant in Gera, Städt. Bühnen Düsseldorf, Wien, Nürnberg, Staatstheater Braunschweig, Oper Düsseldorf. 1965 gest.*
** *Tochter von Geh. Kommerzienrat Georg Arnhold in Dresden, mit der und deren Geschwistern Irma Mühsam von Kindheit an befreundet war.*

1919

Schicksalsbuch vor. ... Der Saal war fast ausverkauft, es werden 3 bis 400 Menschen gewesen sein. Die Auswahl, die Iltz getroffen hatte, war nicht durchaus nach meinem Geschmack. Aber er trug wundervoll vor, besonders "Mann gegen Mann", "Die beiden Hyänen", "Vision" und "Der Heilige". Und es war ein sehr großer Erfolg. ... Bei "Mann gegen Mann" fing das Publikum Feuer und klatschte nach jedem Stück, am meisten und immer wieder am Schluß. Ich wurde glücklicherweise nicht erkannt. ...

19. Oktober

Die Dresdner Neusten Nachrichten bringen eine gehässige, die Nachrichten eine schlechte, der Anzeiger und die Sächsische Staatszeitung eine sehr gute Besprechung. ...

Trotz dieser beiden für den Anfang glänzenden Besprechungen und trotz des Applauses, der mir noch in den Ohren hallt, bin ich tief mißgestimmt und kann, so sehr mich auch der Gedanke befriedigt, als Fackelträger an dem großen Werk der Völkerversöhnung mitgewirkt zu haben, das zerknirschende Gefühl nicht los werden, daß ich an der reinen Kunst Verrat geübt habe. Darüber muß ich erst hinwegkommen. ...

18. November

Rödel teilte mir telefonisch mit, daß Geheimrat Arnhold 50 000 Exemplare vom Schicksalsbuch gekauft hat, die als Volksausgabe erscheinen werden und an die Schüler der drei oberen Klassen der Gymnasien verschenkt werden sollen. Miss Eckstein, von dem Buch begeistert, will es ins Englische übersetzen und hat sich mit einem Verlag in New York in Verbindung gesetzt.

Am 9. November, zur Feier des Revolutionsjahrestages, ist in Dresden an vier Stellen aus dem Buch vorgelesen worden, hauptsächlich von Schauspielern des Alberttheaters.

1. Dezember

Früh nach Kohlfurt gefahren. Von dort 3/4 7 in den erwachenden Morgen hinein durch die heilige Stille des Waldes in 1 1/4

1919

Stunden nach Rothwasser gegangen. Herrlicher Sonnenaufgang. In Rothwasser Gerichtstag.

11. Dezember

Schöne Besprechung meiner "Gespräche mit Gott" von Hanna Gräfin v. Pestalozza in der "Täglichen Rundschau". Sie würdigt das Buch fast ausschließlich in philosophischer Beziehung, sagt aber zum Schluß: "Das starke kosmische Gefühl des Dichters gibt den Zwiegesprächen zwischen Geschöpf und Schöpfer einen eigenen Zauber von Poesie, die sich schönes Wort und schöne Bilder leiht."

15. Dezember

Wegen des Tiefstandes der deutschen Valuta sind die Preise in Berlin horrend. * Ein Mittagessen, wie man es vor dem Kriege für eine Mark bekam, ist unter zwanzig Mark kaum zu haben. Im Hotel bezahlte ich für ein Zimmer, das vor dem Kriege 4 Mark gekostet hätte, 17,50 Mark. ...
Wenigstens weiß man jetzt, wem man all das Elend zu verdanken hat. Und doch erkennt die große Menge noch nicht das Verbrechen, das Ludendorff am deutschen Volk begangen hat. Aber Wilhelm ist gerichtet. Seine jetzt veröffentlichten Randbemerkungen lassen seine Gesinnung im hellen Lichte erstrahlen. So also sah es hinter den Kulissen des majestätischen Nimbus aus. ... So also wurde Politik gemacht in unserem konstitutionellen Staat.

16. Dezember

DR. FRITZ KAHN, "DIE ZELLE" gelesen. Riesig interessant. Über das, was sich in der Unendlichkeit des Kleinsten abspielt, muß man fast noch mehr staunen als über die Unfaßlichkeit der Weltsysteme. Für das All bedeutet es keinen Unterschied. Eine Zelle ist ein Milchstraßensystem, der Andromedanebel nicht größer als eine Zelle.

* *Besprechung im Justizministerium wegen Notariatsgesuchs.*

1919

28. Dezember

OTTO BRAUN, AUS NACHGELASSENEN PAPIEREN EINES FRÜHVOLLENDETEN, gelesen.

Otto Braun, der Sohn von Lily Braun, in dessen Adern christliches und jüdisches, demokratisches und königliches Blut floß, ist 1897 geboren und 1918 gefallen. Er war ein Genie und wäre ein Führer geworden, wahrscheinlich als Staatsmann und Dichter, auf jeden Fall ein Großer. Er ist früh Höhenpfade geführt worden, schon als kleines Kind, aber er ist mit tiefem Verständnis gefolgt. Nur die beste Nahrung ist ihm gereicht worden, aber er hat auch die edelsten Säfte daraus gezogen. Erstaunlich ist die Sicherheit seines Urteils, die Reife der Anschauung, wunderbar seine Formgestaltung, Verstand und Gemüt sind in gleicher Weise harmonisch gebildet. Unerhört, wie sein starker Wille alles Unedle, Niedrige abschüttelt, mit welcher Zielsicherheit er seinen Weg geht, wie er schon als Kind aus dem Vollen schöpft. Die Harmonie seines Wesens und die Art, wie er sein Leben gradezu als Kunstwerk betrachtet, das es zur Vollendung zu führen gilt, erinnert an Goethe. Ein heiliges Feuer durchglüht ihn, und aus Tagebuch und Gedichten leuchtet ein flammender Geist. An diesem Menschen hat die Welt viel verloren.

1920

1. Januar

besuchte mich der zwanzigjährige Maler Martin Neumann aus Nechern, ein Bauernsohn, dessen Bilder neulich hier in der Ruhmeshalle ausgestellt waren und jetzt an einer Anzahl anderer Orte ausgestellt werden, und der mit Aufträgen überhäuft wird. ... Alles in der Natur sieht er belebt. Er hat eine blühende Fantasie und einen für sein Alter erstaunlichen Humor. Er ist vollständig Autodidakt. ...*

* *Heute Nationalpreisträger der DDR. Lebt nach wie vor in seinem sorbischen Heimatort Nechern bei Bautzen.*

1920

13. Januar

fand abends in Dresden im Künstlerhaus ein Paul Mühsam-Abend statt, veranstaltet von der Sozialistischen Jugend Groß-Dresden. Iltz trug aus dem Schicksalsbuch vor, wir wollten dazu hinfahren, erfuhren aber am Bahnhof, daß der Schnellzug nicht mehr geht, und hatten keine Möglichkeit mehr hinzukommen.

15. Januar

Der Saal war ausverkauft, der Beifall enorm. Die Unabhängige Volkszeitung hatte schon am Sonntag drei Proben aus dem Schicksalsbuch gebracht, das sie als eigenartig zarte und zugleich packend erschütternde Menschheitslyrik bezeichnet, und berichtet über den Abend, daß Iltz vor einem begeisterten Auditorium den Gedichten die Feuer seelischen Miterlebens geliehen und prachtvoll plastische Gebilde der Menschheitsverbrüderung und des ewigen Friedens geschaffen habe.

21. Januar

Heute erhielt ich meine Ernennung zum Notar.

15. Februar

Besuch von dem Theosophen Schuhmacher Schmeitz. Einstündige Unterredung. Ich setzte ihm auseinander, warum ich die Lehre von der Seelenwanderung ihm Sinne der Theosophie ablehne

13. März

Staatsstreich des Generallandschaftsdirektors Kapp, der sich zum Reichskanzler ernannt, und des Generals v. Lüttwitz, der an der Spitze von zwei Reichswehrbrigaden in Berlin einrückt. Es ist unerhört, daß dieselbe Clique, die Deutschland in so unsagbares Elend gestürzt hat, wieder so dasteht, daß sie aufs neue ein solches Verbrechen am deutschen Volk begehen kann.

14. bis 16. März

Drei Tage Generalstreik und Bürgerkrieg. Auch der hiesige

1920

Kommandeur des Freikorps hat den Eidbruch seines Vorgesetzten nachgeahmt und unter dem Vorgeben, für Ruhe und Ordnung zu sorgen, eine Militärdiktatur zu Gunsten der neuen Regierung errichtet. Mit Flammenwerfern und Maschinengewehren die Stadt durchzogen. Geschossen. Tote und Verwundete. In Berlin Barrikadenkämpfe. Endlich Sieg der bisherigen Regierung. . . . Nur der Arbeiterschaft gebührt das Verdienst, Kapp und Lüttwitz gestürzt und ihren Schurkenstreich abgewendet zu haben. Das Bürgertum hat versagt und nicht begriffen, um was es sich handelt.

20. März

Die letzten Korrekturbogen von "Worte an meine Tochter" erhalten. Die "Höhenwege" * sind beendet.

5. April

fing ich einen Gedichtzyklus "Künstlers Erdenwallen" an. Es drängt mich zur reinen Lyrik. Da brauche ich wieder den Reim, der dem Rhythmus erhöhte Wärme verleiht.

26. April

hielt ich abends in der Aula des Gymnasiums eine von der literarischen Gesellschaft veranstaltete Vorlesung.
Es waren über hundert Zuhörer, die andachtsvoll lauschten. Zwischen den einzelnen Abschnitten herrschte lautlose Stille. Der Beifall war stark und echt.

28. April

Sehr feine Besprechung des Schicksalsbuches durch Herz** in den Mitteilungen der "Sächsischen evangelischen Vereinigung".

Buchtitel "Auf stillen Wegen".
**D. theol. Johannes Herz, "einer der besten und treuesten Freunde" aus der Zittauer Schulzeit. Pfarrer an der Christuskirche in Leipzig-Gohlis, Professor für Sozialethik und Sozialpädagogik, Präsident des evangelisch-sozialen Kongresses. Verständnisvoller*

1920

9. Mai

machten wir einen Ausflug nach Schwarzbach. Am Bahnhof sahen wir plötzlich Gerhart Hauptmann mit seiner Frau. Ich faßte mir ein Herz und sprach ihn an. Ich stellte mich vor und sagte ihm, daß ich ihm im Sommer meine Gespräche mit Gott übersandt hätte. Meine Absicht war, ihn zu bitten, einen Blick hineinzuwerfen. Aber er kam mir zuvor, bedankte sich und sagte, er habe sie mit Teilnahme gelesen. Er habe mir schreiben wollen, aber anderes sei dazwischen gekommen. Er sprach sich lobend über das Buch aus und wiederholte nochmals, daß er es mit Teilnahme gelesen habe. ... Er gab mir die Hand und sah mich mit einem durchdringenden Blick seiner hellblauen, klaren Augen an. Sein Gesicht ist schon faltig, die Kopfform erinnert an Goethe. Er ist nicht groß, seine Figur hatte ich mir wuchtiger vorgestellt, sie ist eher zierlich und elastisch. Seine Frau, die einen ganz und gar exotischen Eindruck macht nach Gesicht, Haar und Kleidung, hatte abseits gestanden. Er war anscheinend aus Berlin von den Proben zum "Weißen Heiland" gekommen, hatte in Görlitz übernachtet und fuhr nach Agnetendorf zurück. Die Begegnung war mir ein Erlebnis.

Gerhart Hauptmanns Dramen haben schon früh tiefe Erschütterung in ihm ausgelöst. Seine Verehrung für Hauptmanns Werk ist groß, woran die Feststellung von gelegentlich weniger Gelungenem nichts mindert. Auch in Israel, wohin Felix A. Voigt (s. 21.9. 24) ihm später seine Neuerscheinungen über Hauptmann schickt, über ihn berichtet, nimmt Paul Mühsam mit unvermindertem Interesse an Hauptmanns Werk teil.

18. Juni

Besuch von Arthur Silbergleit. Von 1/2 4 bis 11 Uhr in ange-

Verehrer von Paul Mühsams Büchern, die er in Arbeitsgemeinschaften las und durchsprach. Ein aufrechter Mann, der auch im Dritten Reich Gefährdung nicht scheute, an P. Mühsam in Palästina schrieb und offene Worte sprach.

1920

regter Unterhaltung zusammen. Ich las auch einiges vor. Meine "Höhenwege" hält er nach den vier Proben, die ich daraus vortrug, für das Beste, was ich bisher geschrieben, und war begeistert davon. Wir sprachen über Viele der lebenden Dichter. Er hat über Alle ein feines Urteil. Wir sprachen auch lange über die Anschauungsweise von Benn, in dessen Psyche sich hineinzudenken sehr schwer ist.

4. Juli

früh Abreise nach Schwarzbach.

6. Juli

Ich bin vorzüglich verpflegt bei Frau Gebauer, die eine unverfälschte Bäuerin ist. Milch gibt es im Überfluß. Eine derbe, gesunde Lebensweise. Gegessen wird in der Bauernstube. Nur Frühstück und Nachmittagkaffee nehme ich allein auf meiner Veranda zu mir, von Frau Gebauer mit dem Wunsche "gesegnet' Frühstück" und "gesegnet' Vesper" bedient. So reichlich es auch Kartoffeln zum Mittagessen gibt, sie wird nie versäumen zu fragen: "Will noch eens Kartuffeln?" Und wie freut sie sich, wenn man zulangt. . . .

Das Haus Silberblick liegt ziemlich hoch, dem Dreßlerberg, auf dem ich das Schicksalsbuch der Menschheit schrieb, gegenüber, ebenfalls am Fuß eines bewaldeten Berges, der noch viel ruhiger ist als der Dreßlerberg, und den ich allnachmittaglich . . . mit meiner Hängematte stürme, da keine Bänke da sind.

7. Juli

Einen Appell an die im Materialismus versunkene Welt angefangen, zu dem mich schon lange eine innere Stimme mahnte. Ich schreibe nieder, was mir in den Sinn kommt, und habe noch nicht einmal die Form gefunden, in die ich es kleiden werde. Ich hatte in den letzten Monaten beruflich so viel zu tun, daß ich nicht eine Stunde dazu kam, über Großes und Schönes nachzudenken. O Sünde wider den heiligen Geist! Und nun stellt mich mein Daimonion vor eine Aufgabe, die mir ins Innerste greift und zu der ich mich erst sammeln muß. Meine Absicht, "Künstlers Erdenwallen" zu beenden, also rein lyrisch mich zu betätigen, hat das Schicksal damit durchkreuzt, und ich muß mich fügen.

20. Juli

STEFAN GEORGE, DER TEPPICH DES LEBENS UND DIE LIEDER VON TRAUM UND TOD gelesen. Sprache, Stil, Rhythmus, Stimmungsmalerei und Klang sind meisterhaft. Ein ästhetischer Genuß, aber nichts anderes, soll ja auch nichts anderes sein. Ein Buch für Feinschmecker, für Aristokraten. Ein ganz enger Ausschnitt des Lebens stilisiert. Eine blutleere Kunst. Zugeschnittenes Gefühl. Kunst als Selbstzweck. Alle Feuer ausgelöscht. Eine kühle Kunst. Eine Kunst, die nie erschüttern kann, weil sie an den großen Fragen, die die Welt bewegen, vorübergeht. Auch Schönheit veredelt, aber mehr noch Schönheit im Bunde mit Wahrheit. Ist aber die Kunst dazu berufen, mitzuwirken an der Aufwärtsentwicklung der Menschheit, so soll sie alles geben, was sie kann. Und sie kann die Wahrheit erfühlen, bevor der Gelehrte sie mit Forscherblick gefunden — Nicht nur säuseln soll der Dichter, er soll auch etwas sagen.

31. Juli

"Mehr Mensch" im zweiten Entwurf, an dem nur noch Unwesentliches zu ändern ist, fertig.

7. August

Meine "Gespräche" * im literarischen Echo von Guido K. Brand heruntergerissen. Aber es berührt mich nicht, da die Kritik nicht sachlich, sondern gehässig im Ton ist und daher nicht mich, sondern den Kritiker richtet.

21. August

BÔ YIN RÂ, DAS BUCH VOM JENSEITS, gelesen. Indische

* *"Gespräche mit Gott"*.

1920

Philosophie. Ganz einverstanden. Nur das i n d i v i d u e l l e Weiterleben nach dem Tode ist mir zweifelhaft. Und die Halbgeister, die, dem Menschen unsichtbar, in der physischen Welt leben, sind einigermaßen mysteriös.

28. August

Wie im vorigen Jahr die "Gespräche", so hat Professor Müller in diesem Jahr das Schicksalsbuch in der "Oberlausitzer Heimat" sehr lobend besprochen.

10. September

Reise mit Irmchen ins Riesengebirge. In Hirschberg zu Mittag. In Brückenberg Wohnung genommen im "Haus am Stirnberg". . . Nachmittag nach den Baberhäusern.

11. September

Vormittag nach Kirche Wang, wo wir beide vor 26 Jahren schon einmal, ohne uns zu kennen, waren.

13. September

Wagenfahrt nach der Schlingelbaude. Von da zu Fuß nach dem kleinen Teich. Grandioser Anblick. Wie Wächter der Ewigkeit hochragende Felsenwände. Eigenartige Herbstfärbung, grün, rot und gelb. Wunderbares Farbenspiel im Wasser. Auf der der Teichbaude gegenüber gelegenen Seite zwei Kühe, zur Landschaft gehörig. Von da zur Hampelbaude und zurück zur Schlingelbaude. Mit Wagen wieder nach Brückenberg.

15. September

Heimfahrt. Wieder mit Autoomnibus nach Krummhübel. Eine wohlgelungene Reise, vom Wetter begünstigt. Nach Regenwochen Nachsommer.

8. Oktober

In Zittau. Der Abschiedsfeier zum Auszug aus dem alten Gebäude des Johanneums in der Aula beigewohnt. ... Dann begleitete mich Rüffer ... durch die Stadt, und wir besprachen die Vorbereitungen zu einer Feier der 25jährigen Wiederkehr unseres Abiturientenexamens Ostern nächsten Jahres, wie wir es vor 25 Jahren auf einem Spaziergang in Aussicht genommen hatten. Hierauf ging ich nach dem Friedhof.

30. Oktober

Eine merkwürdige Entdeckung! In dem Gedicht "Abenddämmerung" spricht Heine von den "neugierklugen Augen" und den "horchenden Herzen" der Kinder, genau wie ich im letzten Satz von "Spiele mit Kindern" in meinen Worten an meine Tochter.

17. November

Abends Vorlesung von Silbergleit im Saal von "Stadt Dresden".

18. November

war abends Silbergleit bei uns. Er las "Orpheus" vor; das hält er für sein bestes Werk.

28. November

THEODOR HERZL, DER JUDENSTAAT, gelesen.

In zunehmendem Maße beschäftigt Paul Mühsam die Frage nach dem Sinn Ahasvers. Dies ist auch aus seiner Lektüre ersichtlich. Drei Jahre später wird die Antwort reif sein und in die dramatische Dichtung "Der Ewige Jude" münden.

2. Dezember

Nach Berlin gefahren. Abends im Schauspielhaus "KÖNIG RICHARD III." Kortner als Richard III. eine Glanzleistung. Er hat mit seinem glühenden Temperament, seiner phänomenalen Stimme und seinem fabelhaften Mienenspiel etwas Ähnlichkeit mit Wegener. Ich rechne das Stück nicht zu den stärksten Shakes-

1920

peares. Das ausschließlich Böse erweckt kein Interesse und gibt dem Herzen keine Nahrung. Das Massenmorden stumpft ab. Das Schicksal des Helden erregt weder Furcht noch Mitleid. ...

5. Dezember

"BRENNENDE ERDE", Gedichte von Erich Mühsam gelesen. Ein nach Form und Inhalt künstlerisches Buch, das meine Ansicht über das Können dieses konsequenten Schwärmers erheblich geändert hat.

1921

16. Februar

Abends HAASS-BERKOW-SPIELE. Eine Wiedererweckung mittelalterlicher Spiele, dargestellt von Haaß-Berkow und Studenten und Studentinnen. Zuerst das Paradeisspiel, dann, aufs tiefste ergreifend und aufrüttelnd, Totentanz. Rhythmische, bildhafte Darstellung, an Holzschnitte von Dürer und Holbein erinnernd. Der Abend war ein großes, starkes Erlebnis.

17. März

gingen wir zu dem früh 1/2 5 Uhr hier durchkommenden Abstimmungszug, der die Abstimmungsberechtigten aus Deutsch-Österreich und vom Balkan nach Oberschlesien brachte, in der Annahme, daß sich Tante Rosalie * in demselben befinden würde. Sie ist aber anscheinend mit einem anderen Zug gefahren. Es war riesiges Leben an der Bahn, Kaffee, Zigarren, Apfelsinen, Zeitungen u.s.w. wurden als Liebesgaben verteilt. Die Musik spielte. Der Zug enthielt hauptsächlich Nonnen, die ihr Mutterhaus in Oberschlesien haben.

20. März

HUGO V. HOFMANNSTHAL, GESAMMELTE GEDICHTE,

* *Schwester des Vaters.*

gelesen. Nicht so ungetrübter ästhetischer Genuß wie die Lektüre der schlackenlosen Gedichte Georges. Zwar einige wenige diesen überragend, aber viele andere unter dessen Niveau sinkend. Diese wenigen prägen sich allerdings ein, nicht zuletzt wegen ihres tiefen Inhalts. Die Gedichte Georges, so hoch auch der Genuß des Augenblicks sein mag, zerrinnen zum größten Teil wie Schaum unter den Händen; die edle Form steht bei ihnen meist in einem Mißverhältnis zu dem wenig sagenden Inhalt.

24. März

Abends in der literarischen Gesellschaft Vorlesung von BÖRRIES FRH. VON MÜNCHHAUSEN. Tadellose Erscheinung, Kavalier. Er trug zu meinem Entsetzen nichts als in Verse gesetzte Begebenheiten vor. Im ersten Teil, der auf Stoffe der Vergangenheit zurückging, war noch einigermaßen äußerlich der Balladenton gewahrt; im zweiten Teil, der sich auf den Weltkrieg und die Folgezeit bezog, trug er lediglich gereimte Phrasen und sentimentalen Kitsch vor, mit dem er sich, soweit er an Revanchegelüste appellierte und auf die Tränendrüsen drückte, billigen Beifall bei der großen Menge erwarb, der aber mit Kunst auch nicht die entfernteste Ähnlichkeit hatte.

17. April

STEFAN GEORGE, DER SIEBENTE RING, gelesen. Unter manchem Mittelmäßigen, manchem Wertlosen, manchen nicht restlos reinen Klängen einige wenige Perlen, die Vieles aufwiegen.

24. April

Seit drei Tagen und noch auf zwei Wochen ohne Bürovorsteher, der erkrankt. Ersaufe in elender, nutzloser Arbeit, in Kleinkram.

30. April

RAINER MARIA RILKE, NEUE GEDICHTE, gelesen. Sie lassen mich kühl wie die Gedichte Stefan Georges, mit dem er viel

1921

Ähnlichkeit hat, aber ich bewundere die hohe Kultur seiner Sprache und Gedanken.

6. Mai

Politisch sieht es trübe aus. Die Entente hat ein Ultimatum gestellt. Wird es abgelehnt, besetzt Frankreich das Ruhrgebiet. Gleichzeitig aber rücken die Polen in Oberschlesien ein, womit sie bereits den Anfang gemacht haben, und die Tschechoslovaken, die schon bereit an der Grenze stehen, während die schlesische Reichswehr probemobilisiert, nach Niederschlesien, aller Voraussicht nach zuerst nach Görlitz.

12. Mai

Irmchens Abreise.* Ich machte mich über die Disposition zu einer dramatischen Dichtung her, in der die ersten Menschen als Repräsentanten des Menschengeschlechts erscheinen sollen.

15. Mai

Vormittag mein Mysterium angefangen.
Unangenehme Nachricht bekommen, daß Rödel in Konkurs gegangen. Was wird aus meinem armen Schicksalsbuch und den Worten an meine Tochter werden? Wird Grunow sie übernehmen?
Nachmittag nach Ilmenau.

19. Mai

Wie Grunow erfahren hat, ist Rödel flüchtig. Grunow wird vielleicht meine Bücher übernehmen.**

---

*Die ersten Tage der diesjährigen Schaffensreise nach Elgersburg verbringt seine Frau mit ihm in Thüringen.
**Auf dringende Empfehlung von Hanns Martin Elster, dem derzeitigen Lektor, übernimmt der Verlag von Fr. Wilh. Grunow in Leipzig die bisherigen sowie künftige Bücher Paul Mühsams. "Ich betrachtete es als großes Glück, daß der sehr angesehene alte Verlag bereit war, mir seine Pforten zu öffnen...".
(Erinn., Betrachtg., Gestalten).

1921

26. Mai

Wird das Werk gelingen? Ich ringe Tag und Nacht. Hymnischer Überschwang und zweifelnder Kleinmut in ständigem Wechsel.

16. Juni

Mein Werk beendet! "Der Hügel" soll es heißen, ein ernstes Spiel in 16 Bildern. Ich glaube, daß mir der Wurf gelungen ist. Es ist noch manches daran umzumodeln und zu feilen, aber es ist da. Es hat Leben. *

23. Juni

Früh um 8 reiste ich ab, . . . und machte in Weimar Station. Durch die Straßen geschlendert. Das Goethe-Schiller-Archiv wieder einmal besichtigt. Fundgrube. Brief der Frau Rat an ihren Sohn. Kleist an Goethe, Übersendung des 1. Heftes des Phoebus. Clemens Brentano an Goethe. Heine an Goethe (Ich hätte hundert Gründe, E. E. meine Gedichte zu schicken. Ich will nur einen erwähnen: Ich liebe Sie. Ich glaube, das ist ein hinreichender Grund. Meine Poetereien, ich weiß es, haben noch wenig Wert — — Ich war lange nicht einig über das Wesen der Poesie. Die Leute sagten mir: Frage Schlegel. Der sagte mir: Lese Goethe. — — Ich küsse die heilige Hand, die mir und dem ganzen deutschen Volk den Weg zum Himmelreich gezeigt hat). . . .

*". . . *Die Zeit des Geschehens ist so weit gespannt, wie es überhaupt nur möglich ist, denn sie reicht von der Weltenschöpfung bis zur Weltendämmerung. Als handelnde Personen treten hauptsächlich auf: Gott, die Erdseele, der Satan, der Tod, die Sünde, Adam, Eva und Abel, sowie ein Gegenpaar mit seinem Sohn. . . . Und gerade dieses Werk, das mir am besten gelungene und am künstlerischsten gestaltete, ist bis jetzt nicht im Druck erschienen. Wie sehr habe ich gerade seine Veröffentlichung immer gewünscht. Aber was soll ein Verleger mit einem Mysterium anfangen?" (Memoiren).*

1921

20. August

JAKOB BÖHME, MORGENRÖTE IM AUFGANG, gelesen. Ein feines Buch dieses tiefen Philosophen, Ethikers und Dichters. In Gott ist alles und Gott ist selber alles. Er ist allgegenwärtig. Daher ist "der rechte Himmel allenthalben, auch an dem Orte, wo du stehst und gehst." Da Gott überall ist, ist er auch in uns; dort müssen wir ihn suchen, dort können wir ihn finden. Auch Jakob Böhme sieht daher alles als belebt an, auch die Erde. "Wenn du sagen wolltest, es sei kein Leben in der Erde, so redest du blind, du siehst ja, daß Kraut und Gras daraus wächst." Und Tiere und Menschen, hätte er hinzufügen können.

22. August

JAKOB BÖHME, VON DEN DREI PRINZIPIEN, gelesen. Ich fühle mich Jakob Böhme tief verwandt. Es ist erstaunlich, was alles man bei ihm schon findet. "Wenn wir anschauen den gestirnten Himmel, die Elemente, die Kreaturen, das Holz, das Kraut, das Gras, so sehen wir in der materiellen Welt ein Gleichnis der unbegreiflichen Welt" (Goethe: Alles Vergängliche ist nur ein Gleichnis). Der Mensch ist ein Gleichnis Gottes! Welch wunderbarer Gedanke!

Zum ersten Mal finde ich meine Überzeugung ausgesprochen, daß auch nach dem Erlöschen der Weltkörper alles Geschehene, Gedachte, Gefühlte, Gewirkte unverloren bestehen bleibt. "Alle Sterne treten am Ende wieder in ihr Element, in ihre Mutter, und da wird erscheinen, wieviel Gutes sie hier getan haben in ihrem Wirken. Denn aller Wesen Schatten und Bildnisse werden im Element vor Gott erscheinen und ewig stehn." Er glaubt an ein individuelles Weiterleben, denn er fährt fort: "Du wirst alle deine Werke darin sehen" und ist der Ansicht, daß die erlittene Trübsal dort in Freude verwandelt wird. Alle Werke folgen dem Menschen nach, er hat sie ewig vor Augen, darinnen lebt er. Aber er kommt in das Reich Gottes nur, wenn er im diesseitigen Leben die Tore der Tiefe zersprengt und wiedergeboren wird, d.h. zu Gott durch eine neue Geburt eindringt. Und wieder die Allgegenwart Gottes: "Darum bedarf die Seele keiner weiten Fahrt, wenn sie vom Leibe scheidet; an der Stelle, wo der Leib stirbt, ist Himmel und Hölle, ist Gott und Teufel, ein jedes in seinem Reiche." — Das Böse ist Jakob Böhme ebenfalls ein Notwendiges, wie mir. "Wenn kein Grimm wäre, so wäre auch keine Beweglichkeit in der Ewigkeit." "Ohne den Grimm gäbe es keine Empfindung, es wäre ein Nichts." ...

26. August

JAKOB BÖHME, VOM DREIFACHEN LEBEN, gelesen. Ein Buch, in dem man nicht nur den Philosophen kennen, sondern auch den hochstehenden Ethiker lieben lernt. Schlichtheit des Gemüts ist wertvoller als aller Verstand. Mit Recht stellt Böhme den Hirten, der ganz kindlich in den Tempel geht, über den Hochgelehrten, der sich erst eine Würde aufsetzt und überlegt, in welcher Meinung er in den Tempel gehen will. (Ähnlich Angelus Silesius: Die Liebe geht zu Gott unangesagt hinein, Verstand und hoher Witz muß lang im Vorhof sein).

...

Die ganze Schöpfung ist zunächst wie eine unsichtbare Figur in der göttlichen Weisheit gestanden, so wie sich ein Baumeister erst ein Modell macht. Schöpfen nennt Böhme daher "in den Willen fassen, was in der Figur im Willen steht." —

...

Wie schön die Worte: "Was wir uns selber untereinander tun, das tun wir Gott, wer seinen Bruder und seine Schwester sucht und findet, der hat Gott gefunden"... Wie verwandt fühle ich mich Böhme, dasselbe habe ich in "Mehr Mensch" ausgesprochen. Auch die öfter wiederkehrende Ermahnung zur Demut macht ihn mir wert. ...

Nicht einverstanden bin ich mit der Auffassung, daß die Seele von der Gottheit nur durchleuchtet werde wie ein an sich finstres Eisen vom Feuer, und sie deshalb auch nicht begreifen könne. Sie ist ein Teil Gottes und dies ist auch zugleich der Grund ihrer Unfähigkeit, Gott zu begreifen, denn ein Teil kann nie das Ganze verstehen. Ferner erkenne ich keinen qualitativen, sondern nur

1921

einen quantitativen Unterschied zwischen Tier- und Menschenseele an. . . .

4. September

DIE BRIEFE VON KARL LIEBKNECHT aus dem Felde, aus der Untersuchungshaft und aus dem Zuchthaus gelesen. Welch ein für Natur, Kunst, Literatur und Musik begeisterter, edler, tief empfindender, das Beste wollender, für die Menschheit sich opfernder Mensch. Was verschlägt es, daß er einen — vielleicht, wer weiß es? — falschen Weg ging. Auf die Gesinnung kommt alles an. Wie tief unter ihm steht der satte Philister, der, seinen Geldsack hütend, die ganze Menschheit für seine kleinen Interessen stets zu opfern bereit, kläffend diesen Feuergeist herunterzerren, wohl gar mit einem mitleidigen Lächeln abtun zu können glaubt. Seinen Körper konnte er meuchlings "auf der Flucht" erschlagen, den Menschheitsgedanken nicht. Als ich Karl Liebknecht vor etwa zwanzig Jahren kennen lernte, war er noch nicht der Fanatiker seiner letzten Jahre, sein Gesicht war edel und harmonisch wie das eines griechischen Jünglings. So hat er sich mir eingeprägt. Als kühner Kämpfer ist er gestorben.

24. September

FECHNER, ZEND-AVESTA, gelesen.

Seit Jahren habe ich kein Buch gelesen, das mich so gefesselt und angeregt hätte. Es ist so ganz meinem Denken angepaßt, daß es mir beim Lesen war, als ob Wellen von gleicher Länge miteinander schwängen oder Räder gleichmäßig ineinander griffen. In einem Punkt hat das Buch meine Überzeugung in einen unerschütterlichen Felsen verwandelt, in dem Punkt der Allbeseelung und insbesondere der Vorstellung der Weltenkörper als beseelter und gegenüber den Menschen höherer Organismen. Mir ist das eine Selbstverständlichkeit und unumstößlicher Besitz. Ich kann schon seit langem nicht mehr anders denken und empfinden als kosmisch. Gott der Inbegriff alles Seins, die Weltenkörper selbst bewußte Teile von ihm, alle innig miteinander durch die Gravitation verbunden, alle irdischen Wesen von der Erde als ihrer Mutter geboren. Ein Pantheismus, der sich vom Hegel'schen dadurch unterscheidet, daß dieser alles Bewußtsein in das einer Vielheit von Einzelgeschöpfen aufhebt, während es für Fechner und mich in einem einheitlich bewußten höchsten Wesen gipfelt. Die ganze Natur ist ein einziges Wesen, vom Standpunkt der Selbstbetrachtung aus ein Geist, vom Standpunkt der Teile aus zum Ganzen oder zu anderen Teilen betrachtet, ein Leib. Geist und Materie sonach zwei Erscheinungsformen desselben Wesens, somit jeder geistige Vorgang zugleich ein körperlicher und umgekehrt, jedoch in der Weise, daß die geistigen Vorgänge umfassender sind und daher eine Anzahl körperlicher Vorgänge in sich begreifen, ein großer Teil der Materie sonach nur Mit träger eines seelischen Vorganges.

In einem Punkte hat mich Fechner nicht überzeugen können, im Punkte des individuellen Weiterlebens nach dem Tode. Fechner ist ebenso wie ich Spinozist, insofern als Geist und Körper für ihn nur zwei Seiten desselben Wesens sind, von verschiedenem Standpunkt aus betrachtet, vom Spinozismus nur dadurch unterschieden, daß nach Fechner der Kausalablauf innerhalb der materiellen Betrachtung willkürlich in den innerhalb der ideellen übergehen kann und umgekehrt, jenachdem der Standpunkt geändert wird, von innen geschaut: Geist, von außen geschaut: Körper, während ein solcher Übergang bei Spinoza nicht statthaft ist. Es gibt somit keinen Geist ohne Körper, und Fechner fragt mit Recht bei der Betrachtung des Lebens nach dem Tode in erster Linie nach dem körperlichen Substrat. Er findet es in den Wirkungen und Werken, die vom Menschen in seinem irdischen Leben ausgehen. Diese Wirkungen und Werke bewirken zweifellos materielle Veränderungen an der Erde, und diese materiellen Veränderungen sind für Fechner das körperliche Substrat der Seele nach dem Tode. Ganz folgerichtig erklärt er daher, die ganze Erde sei der Träger der Seele des Menschen nach dem Tode und zwar für jede Seele in gewissen Beziehungen, nämlich soweit die durch sie im Leben hervorgerufenen Veränderungen greifen. Nun ist es aber an sich schon nicht recht angängig, ein fremdes Wesen, auch wenn

1921

es die Mutter ist, als Substrat der Seele anzusehen, was doch eigentlich für ein Aufgehen der Seele in die Erdenseele und ein Aufgeben des Selbstbewußtseins spricht, doch ganz und garnicht zwingend ist der Schluß, den Fechner zieht, daß die Einzelseele, weil sie solchergestalt in der Erde fortlebt, ein Individuum mit einheitlichem Bewußtsein bleibe. Woraus soll das folgen? Die Tatsachen, die Fechner anführt, beweisen nichts anderes, als daß der Mensch auch nach dem Tode einheitlich als Erinnerungskomplex im Bewußtsein der Erdseele weiterlebt, aber nicht auch, daß er sich selbst erinnere. Es ist ein begreiflicher Wunsch des Menschen, seine Individualität auch mit dem Tode nicht zu verlieren, aber darf dieser Wunsch so sehr sein Denken beeinflussen, daß er ihn auf logische Abwege führt? Ich halte das individuelle Weiterleben für möglich, weil ich in Gott alles für möglich halte; ich würde mich auch außerordentlich freuen, wenn ich nach dem Tode feststellen würde, daß Fechner Recht hat, aber bis jetzt ist es mir durch keine Schlußfolgerung wahrscheinlich gemacht, und ich kann es auch nicht einmal glauben. Wäre es der Fall, so läge auch kein Grund vor, das Weiterleben irgend einmal, etwa mit dem Aufgehen der Erde in die Sonne, das ja ihre Individualität dann konsequenterweise ebenfalls nicht auslöschen würde, als beendet anzusehn. Jeder Mensch würde also bis in alle Ewigkeit a l s I n d i v i d u u m weiterleben. Und in welchem Zustand? Er würde nicht die Möglichkeit haben, sich weiter auszuwirken (oder doch? Selbst Fechner nimmt es nicht an). In dem Zustand, wie er das Leben verlassen hat, wäre er verurteilt weiterzuschwingen. Tatenlos. Nachsinnend? In Erinnerung lebend, wie Fechner glaubt? Und das in Ewigkeit? Der eine mit dem Bewußtsein eines Kindes, der andere mit dem eines Blöden? Und was vom Menschen gilt, müßte logisch auch vom Tier und von den Pflanzen gelten, da ja alle Unterschiede nur quantitativ sind. Sie alle sollten individuell weiterleben? Und wie soll man es sich vorstellen, daß das vor dem Tode geschwundene Bewußtsein wieder auflebt? Unser Bewußtsein ist nun einmal an unser Gehirn gebunden. Mit seinem Zerfall als Materie zerfällt auch seine geistige Seite. Was ein Wesen gewirkt hat, bleibt erhalten, es lebt auch einheitlich im Bewußt-

1921

sein Gottes weiter. Auch seine Atome bleiben bestehn, in anderer Gestalt, und bilden den Baustoff für neue Wesen. Aber mit dem Selbstbewußtsein, so will es mir scheinen, ist es ein für allemal vorbei. Möglich, daß ich mich irre. Möglich auch, daß ich mich noch einmal durch schlagendere Gründe überzeugen lasse. Fechner jedenfalls hat mich in diesem Punkt nicht zu überzeugen vermocht. Hier ist es auch, bei der Besprechung des Lebens nach dem Tode, wo sich Fechner ins Dunkel verliert und von Träumen treiben läßt. Gibt es ein individuelles Weiterleben nach dem Tod, so wird das körperliche Substrat wohl am ehesten noch in einem Astralleib des Menschen bestehn, sodaß das ihn umgebende Fluidum erhalten bleibt.

Macht mich der Gedanke, meine Individualität mit dem Tode zu verlieren, unglücklich? Nicht im geringsten. Ich sehe eine so unfaßliche Weisheit in der Schöpfung und allem Weltgeschehen walten, daß ich mein Schicksal unbesorgt in Gottes Hände lege. Wie es beschlossen ist nach seinem Willen, so nur kann es für mich und die Welt am besten sein. In unwandelbarem Vertrauen lasse ich mich von seiner Liebe führen.

In einem andern Punkt hat Fechner meine seit vielen Jahren festgewurzelte Ansicht über den Haufen gerannt. Er hat mich zum Indeterministen gemacht. Ich stehe jetzt auf dem Standpunkt der Willensfreiheit. Eine Umgruppierung meiner Gehirnmoleküle. Aber diese neue Überzeugung macht mich aufatmen. Ich hielt den Willen bisher für unfrei, weil ich keinen Ausweg aus dem Labyrinth der Gehirnwindungen fand, aber es widerstrebte mir innerlich. In den "Gesprächen mit Gott" habe ich den Willen für unfrei und für frei nur, wenn auch in des gebundenen Wesens Schranken, die Phantasie erklärt, denn es wollte mir nicht in den Sinn, daß auch die Phantasie und damit das künstlerische Schaffen unfrei sein sollte. Aber eine Ausnahme von solchem Grundsatz zu machen ist unlogisch. Ich hielt aufgrund der Willensunfreiheit das ganze Weltgeschehen bis in Ewigkeit für apriori errechenbar und somit voraussehbar. Läßt man aber nur eine einzige Ausnahme zu, so ist das nicht mehr der Fall. Denn Phantasie, Traum und künstlerisches Schaffen greifen auch und oft sogar sehr machtvoll in

1921

das Weltgeschehen ein. ... Ich verkannte, daß nicht die Gehirnwindungen das Bestimmende sind, sondern die Bewegungen innerhalb des Gehirns, und übersah, daß nach dem Grundsatz der Wesensidentität von Geist und Körper nicht nur die Bewegungen der Gehirnatome den Gedanken formen, sondern ebenso auch Gedanken auf die Bildung des Gehirns und die Bewegungen in ihm form- und richtunggebend einwirken können. Und so bin ich, dem die Allbeseelung oberstes Gesetz ist, ... von der quälenden Anschauung befreit, daß ein Teil des allmächtigen Wesens, das unbegrenzt frei ist, soweit es sich nicht selbst bindet, absolut unfrei sein sollte. Selbstverständlich ist er auch nicht absolut frei. ... Er wird außerordentlich eingeengt durch Erziehung, Milieu und Gewohnheit. Aber auf das Prinzip kommt es an. Er ist von Natur frei. Ich hielt den Lauf des Willens für eine genau vorgezeichnete Linie. Jetzt weiß ich, daß er ein Strom ist, der frei dahinflutet, und daß Selbsterziehung, fremde Erziehung und die Einflüsse des Lebens nur die Ufer bilden, die seinen Lauf zu beiden Seiten einengen und ihm seine Schranken setzen. ...

... In einem Punkt ist die Betrachtung Fechners unzulänglich, inbetreff des Bösen. Es ist richtig, daß, wenn Gott das Übel als ungewollt zugelassen hat, obwohl er es hätte verhindern können, er kein allweiser Gott wäre, und, wenn es gegen seinen Willen geworden sein würde, er kein allmächtiger Gott wäre. Aber nicht richtig ist, daß, wenn er das Übel gewollt hat, er kein allgütiger Gott ist. Nach Fechner ist das Übel in niederen Willensströmungen Gottes vorhanden, nicht bewußt geschaffen. Hierin hat Fechner nicht zu Ende gedacht. Das Übel ist mit aller Weisheit von Gott gewollt, weil es der Wecker des Guten, daher zum Aufstieg notwendig ist. Es ist aber auch vom Standpunkt Gottes aus, also im Zusammenhang des Ganzen, nichts Böses, sondern erscheint nur den Teilwesen so. Durch das von ihm gelöste Gute wird es ausgeglichen. Es ist im höchsten Sinne ebenso ein Gutes wie alles Weltgeschehen.

1921

5. Oktober

Besuch von Fritz Neumann-Hegenberg, der mich über die Ziele des Jakob Böhme-Bundes unterrichtete.

9. Oktober

BISMARCK, GEDANKEN UND ERINNERUNGEN, 3. BD. gelesen. Ebenso lehrreich wie die beiden ersten Bände, die ich vor sechs Jahren gelesen habe. Welch große Rolle spielen Haß und Neid nicht nur in der äußeren, sondern auch in der inneren Politik. Wie oft wird das Persönliche über das Sachliche, Ressorteifersucht und Ehrgeiz über das Wohl des Ganzen gestellt. Wilhelm II., von einem Zürnenden, aber nicht gehässig geschildert, schneidet schlecht ab.

11. Oktober

FECHNER, DIE TAGESANSICHT GEGENÜBER DER NACHTANSICHT, gelesen. ... Zu meinem größten Erstaunen stellte ich fest, daß Fechner in diesem Buch des Alters zum Deterministen geworden ist. Aber ich vermag, nachdem ich, angeregt durch den Fechner des Zend-Avesta mich zur Willensfreiheit bekehrt habe, dem Fechner der Tagesansicht in seiner Wandlung nicht zu folgen. Der Unterschied zwischen Willensfreiheit und -unfreiheit ist, ich möchte sagen quantitativ, nicht so sehr erheblich. Denn auch vom Standpunkt der Willensfreiheit muß man für endliche Wesen eine ungeheure Einschränkung derselben durch die Einwirkungen von Erziehung und Milieu auf das Gehirn anerkennen, und zu Unrecht sagt Fechner, es gebe keine Beschränkung indeterministischer Freiheit; entweder lasse sie die gleiche Möglichkeit der Entscheidung nach zwei Seiten, dann sei sie ganz da, oder es überwiege ein Bestimmungsgrund nach einer Seite, dann sei sie garnicht da. Dies stimmt nicht, denn es können starke Motive nach der einen Seite ziehen und doch kann der freie Wille aus sich heraus die Motive verwerfen, nicht infolge überwiegend eines anderen Motives, sondern kraft der Souveränität des Willens. Der wesentliche Unterschied, sozusagen der qualitative, be-

1921

steht darin, daß die Willensfreiheit eine letzte freie Entschließung offenläßt als Äußerung des göttlichen Funkens im Menschen. ...
Das Wesen Gottes ist Freiheit. Er hat sich selbst durch Gesetze gebunden. Soweit die Bindung nicht reicht, bleibt die Freiheit, und so ist in allem Weltgeschehen die Gesetzlichkeit nur der Rahmen, innerhalb dessen die Freiheit sich betätigen kann. Die Weltkörper sind nach außen hin zwecks Aufrechterhaltung des Kosmos aufs strengste gebunden, in der Hervorbringung ihrer Geschöpfe haben sie volle Freiheit, beeinträchtigt nur (durch) die allgemeinen physikalischen, chemischen und sonstigen Gesetze. Es wird daher die Frage zu prüfen sein, ob nicht überhaupt Gesetz und Freiheit dasselbe sind, nur von verschiedenem Standpunkt aus gesehen, ebenso wie Stoff und Geist, sodaß die Dinge, soweit sie, von außen betrachtet, sich als Stoff darstellen, gesetzlich gebunden, soweit sie, von innen sich betrachtend, sich als Geist darstellen, frei erscheinen. So würde auch der Dualismus zwischen Gesetz und Freiheit, der Fechner stört, beseitigt werden und zwar auf dieselbe Weise wie der zwischen Materie und Geist. Danach würde es verständlich sein, daß der Lauf der Weltkörper bis auf die Sekunde errechenbar und daß der Mensch als Materie allen physikalischen und sonstigen Gesetzen so unterworfen ist, daß jede Äußerung seines Körpers nur im Einklang mit den Weltgesetzen geschehen kann, während im Innern die Weltkörper und die Menschen die gleiche Freiheit der Betätigung haben. —...
Die Frage der Willensfreiheit ist eine der schwierigsten und auch folgenschwersten der ganzen Philosophie, und noch oft fühle ich den Boden unter mir schwanken. ...

In späteren Jahren kommt Paul Mühsam auf diese ihn immer weiter beschäftigende Frage zurück: "Ich sehe davon ab, die Phasen meiner Entwicklung zu schildern, die ich vom Determinismus zum Indeterminismus durchgemacht habe. Man kommt zu der Überzeugung von der Willensfreiheit, sobald man aufgehört hat, Gott und Mensch einander gegenüberzustellen, und erkannt hat, daß der Mensch wie alles Seiende Gott selbst in einer bestimmten Besonderung ist. ..." (Memoiren).

1921

23. Oktober

Halbstündige Unterredung mit Schneiderfranken (Bô Yin Râ)* am Ufer der Neiße über Willensfreiheit.

16. November

Heute Sozietätsvertrag mit Gerichtsassessor Dr. Alfred Kunz zur gemeinsamen Ausübung der Anwaltstätigkeit abgeschlossen.

21. November

DR. TISCHNER, MONISMUS UND OKKULTISMUS, gelesen. Tischner ist Dualist, wenigstens nicht Monist in dem Sinne, daß er Geist und Materie als Erscheinungsformen desselben Wesens ansähe. Wohl aber nimmt er eine Wechselwirkung zwischen beiden an. Es seien jedoch zwei grundsätzlich verschiedene Reiche ganz verschiedener Ordnung. Er macht auf folgende Unterschiede aufmerksam: Psychische und physische Vorgänge spielen sich in der Zeit ab, im Raum dagegen nur die physischen. Das körperliche Geschehen ist kontinuierlich, anders das geistige. In der geistigen Welt gibt es eine unaufhebbare Unverträglichkeit des Inhalts, z.B. ein logischer Widerspruch, während in der körperlichen die Überwindung jedes Widerstandes möglich ist. Tischner bekämpft Ostwalds Energetik. Das vollständige Korrespondieren der psychischen und physischen Prozesse ist ihm ein ganz magisches Geschehen. Das ist es aber nicht, wenn man beides als zwei verschiedene Ausdrucksformen desselben Geschehens ansieht.

Bei der Besprechung von Telepathie und Hellsehen kommt er auf die meines Erachtens allein richtige Theorie zu, daß es sich hier, ebenso wie bei der tiefsten Hypnose, um Schichten handelt, die nicht mehr dem individuellen Seelischen angehören, sondern einem übergeordneten Bewußtsein, das alle individuellen seelischen Splitter umfaßt, verbindet und überragt. Wir sind eben doch nur Momente der Gottseele, ja selbst der Erdseele.

Tischner neigt der Ansicht zu, daß die Verbindung mit der Ma-

---

* *Dichter, Philosoph, Maler. Lebte einige Jahre in Görlitz.*

1921

terie eine wesentliche Vorbedingung der Individualisierung ist und daß deshalb nach der Auflösung des Körpers auch das seelische Individuum dem Untergang geweiht ist.

Sehr anschaulich macht Tischner die Möglichkeit des Bestehens einer vierten Dimension, indem er zum Vergleich das Eindringen eines Körpers in die Welt hypothetisch zweidimensionaler Wesen ausmalt.

Mit Recht betont er, daß unsere Welt der Erscheinungen nur eine verzerrte Spiegelung der wirklichen ist.

23. November

las ich abends auf Einladung des Schwesternvereins der Fraternitasloge in Dresden vor etwa 200 Zuhörern vor. Es war zu heiß und nicht die richtige Ruhe. Das fortwährende Beifallsklatschen störte mich, besonders nach jedem Gedicht.

26. November

Besuch von Dr. Walter Schimmel, der jetzt im Iserverlag unter dem Namen Schimmel-Falkenau eine Novelle "Beata Abigail" und einen Gedichtband "Wir sind Menschen" herausgibt. Für letzteren wollte er eine Besprechung von mir haben. Er hat erhebliche Fortschritte gemacht. Die Gedichte sind gut in der Form und tief empfunden. Er ist jetzt Bibliothekar des Freiherrn von Buddenbrock auf Schloß Pläswitz Kr. Striegau und führt ein märchenhaftes Leben. Er verwaltet die Bücherei (50 000 Bände), unterrichtet den Sohn in Deutsch und Literatur und berät die Freifrau von Buddenbrock, die über nicht weniger als 16 Schlösser verfügt, in ihrer Lektüre.

1922

5. März

Abends VORLESUNG VON HERMANN STEHR.

Wir waren hinterher mit ihm zusammen, Neumann-Hegenberg belegte ihn aber vollständig mit Beschlag. Ich sprach nur etwa zehn Minuten mit Stehr allein. Ich bin sicher, daß wir in puncto Philosophie uns vollständig verstehen würden. Künstlerisch sind wir aber ganz verschieden geartet, denn er als Epiker schöpft aus der Wirklichkeit und geht wie ein Maler beobachtend durchs Leben. In der Unterhaltung zu Dreien sprachen wir u.A. auch von dem nächtlichen künstlerischen Schaffen. Ich führte die Fruchtbarkeit desselben auf die Stille und das anregende geheimnisvolle Rauschen zurück, Neumann-Hegenberg auf das Stehen aller Gehirne, Stehr auf die Vergiftung während des Tages. Nach Stehr ist das nächtliche Schaffen leidenschaftlicher, das am Vormittag reiner.

16. März

Abends wundervoller VORTRAG des Universitätsprofessors Geheimrat Dr. Kühnemann über RABINDRANATH TAGORE.

24. März

Begeisterter Brief von ... Dr. Kühnemann, dem ich aus Dankbarkeit für seinen Vortrag "Mehr Mensch" geschickt hatte. ...: "Und ein solcher Hörer war also in dem dicht gedrängten Saal. Das ist mir nachträglich ein Gefühl des Glücks."

25. März

Hervorragende Besprechung meiner Bücher durch Dr. Loevy * in der Allgemeinen Zeitung des Judentums. Er vergleicht sie mit den schönsten und erhabensten biblischen Schöpfungen.

11. April

Es ist merkwürdig, mit welcher Liebe grade die "Worte an meine Tochter" von allen Kritikern besprochen werden. Das ist nur aus dem Ethos zu erklären, denn künstlerisch sind sie das schwächste meiner Bücher.

* *Rabbiner in Berlin.*

1922

28. April

Antritt meiner Frühlingsreise. Früh Abfahrt.

29. April

Früh auf die Rudelsburg. Frühlings- und Freiheitserlebnis. Sonnenschein, Saalestrand. Vormittag nach Weimar. Nach dem Mittagessen im Fürstenhof am Schillerhaus vorbei zum Haus am Frauenplan. Weihe zum weiteren Schaffen. Nachmittag nach Erfurt. Den herrlichen stolzhohen Dom wieder angesehn. Im Reichshof übernachtet.

30. April

Früh nach Elgersburg. . . .

2. Mai

Ein Spiel vom getreuen Tod angefangen, das mich schon lange innerlich beschäftigt.

Hierzu der Brief an seine Frau vom 4. Mai:
". . . Erfüllter, als ich es ahnte, bin ich hierhergekommen. Welch ein Erlebnis die Haass-Berkow-Spiele für mich waren, sehe ich jetzt daran, daß sie unbewußt in mir weitergewirkt haben, das eine sich im vorigen Jahr zum "Hügel" gestaltet hat und das andre jetzt, natürlich wieder gänzlich umgewandelt, mir entsteigt. Ich schreibe ein Spiel vom getreuen Tod. Es muß schon unterbewußt in mir fertig gewesen sein, denn ich schreibe es so selbstverständlich nieder und habe nur wenig daran zu ändern. Das liegt aber auch mit an der Form. Es ist zwar inhaltlich ein Gegenstück zu den Gesprächen mit Gott, aber sprachlich diametral entgegengesetzt. Es schwebt mir im Gegensatz zu den reich beladenen Gesprächen so prunklos und naiv vor, daß mich fast ein Naturgesetz dazu zwingt, es in einer dem Idiom des Mittelalters angenäherten Sprache zu schreiben. Obwohl ich nur die letzten Wochen vor meiner Abreise ein paar kleine Schriften in dieser oder wenigstens ähnlichen Sprache gelesen habe, macht es mir nicht nur keine

1922

Schwierigkeit, sondern fällt mir spielend leicht, und ich bin immer aufs neue beglückt über die ungeahnten Möglichkeiten in Reimen, Klängen und Rhythmen, die sich mir eröffnen. Vor dem Auge eines Philologen würde die Sprache natürlich nicht stichhalten, aber das soll sie auch garnicht. Es ist meine eigene Sprache, die ich rein intuitiv aus dem Geist der damaligen Zeit mir bilde."

In den Memoiren fügt er ergänzend hinzu:
"... Erst später, als mein Buch bereits geschrieben war, wurde mir auch der innere Zusammenhang klar, als ich aus der Geschichte der Familie Wallach* erfuhr, daß einer meiner Ahnen in der Sprache seiner Zeit denselben Stoff gestaltet hatte. Mein Vorfahre, der 1632 verstorbene R. Eisik Wallich Parnes in Worms, ein Nachkomme des gelehrten Joseph ben Meir Walch, eines Arztes mit dem Beinamen Phöbus medicus, hat Gedichte geschrieben, die in mehreren Büchern hinterlassen sind, und in einem derselben genau das Gleiche dargestellt, wie ich in einem Kapitel meiner Dichtung, nämlich wie es einem reichen geizigen Mann ergeht, wenn plötzlich der Tod an ihn herantritt und er nun zu spät erkennt, wie sehr er sich durch sein Hängen am Gold betrogen hat. Sein Gedicht schließt mit der Strophe:

"Ich welt mich geren stellen ganz wild,
Muß über mein Dank sein gestilt,
Es hilft mich doch kein spreißen.
Alle Menschen müssen auch davon,
Wenn es Gott der Allmechtig wil hon.
Spricht Eisuk Wallich Wirmeißen."

Das war auch ungefähr die Sprache, in der ich aus dem ererbten Geist meines Ahnherrn heraus meine Dichtung geschrieben hatte, eine Sprache, die sich, mir selbst fast unbewußt, mit unheimlicher Sicherheit mühelos formte, ohne daß ich mir Rechenschaft darüber ablegen konnte, woher sie mir zuströmte. ..."

* *Familie der Mutter.*

1922

3. Mai

Vormittag durchs Moortal und über Roda nach Ilmenau gegangen. Grimme Kälte. Zunehmender Schmerz durch die Furunkel. Lasse mich nicht anfechten. Gestern der Tod und die kranke Maid, heute der Tod und der Dichter.

7. Mai

Über Schöffenhaus und Schwalbenstein (Goethehäuschen) nach Ilmenau.

9. Mai

Der Tod und der Zweifler.

10. Mai

Der Tod und der Verzagte.
Über Schöffenhaus und Schwalbenstein nach Ilmenau. Im Goethehäuschen der Tod und die Mutter angefangen.

13. Mai

Schneegestöber. Der Tod und der Trotzige und der Tod und der Weise im Entwurf beendet. Nachmittag nach der Carl-Eduard-Warte auf dem Hohewartskopf.

15. Mai

Endlich Frühling. Grünen und Blühn.

16. Mai

Über die Marienquelle nach dem Mönchshof. Zurück die Salzmannstraße. Mit dem Spiel vom getreuen Tod im Entwurf fertig. Heute vier Gottgedichte, wie von selbst hintereinander.

20. Mai

Das Spiel vom getreuen Tod beendet.

1922

21. Mai

Ein Prosabuch "Vom Glück in dir" angefangen. Ethik, aus philosophischen Voraussetzungen entwickelt.

26. Mai

Nachmittag über Schöffenhaus, Schwalbenstein nach Ilmenau. Die letzten vier Tage erdrückende Hochsommerhitze.

27. Mai

"Vom Glück in dir" im Entwurf beendet.

28. Mai

Nachmittag über Roda nach Ilmenau und von da an der Ilm entlang nach Manebach gegangen. Gottgedichte.

30. Mai

Vormittag bei dem Dichter Ernst Ludwig Schellenberg.* "NEUE GEDICHTE" von ihm gelesen. Sehr tiefempfundene, stimmungsvolle und formschöne Poesie. Unser Berührungspunkt ist die Mystik. Nachmittag auf dem Hohewartskopf. Gottgedichte.

1. Juni

Nachmittag über Manebach nach Ilmenau. Gottgedichte. Ein unaufhörlich fließender Quell.

2. Juni

Irmchens Ankunft!

Weimaraner, (gest. 1964), lebte einige Jahre mit seiner Frau, der Schriftstellerin Elisabeth Schellenberg, in Elgersburg, wo P. Mühsam in anregendem Gedankenaustausch mit ihm stand. Von seinen Büchern seien vor allem "Die deutsche Mystik" und das "Buch der deutschen Romantik" genannt.

1922

9. Juni

Abfahrt Mittag Weimar. Tagung der Goethe-Gesellschaft. Wohnung bei Frau Pastor Krämer * im Haus Burgplatz 1, in dem Goethe 1776-77 gewohnt hat. Abends im NATIONALTHEATER "CLAVIGO". ...

10. Juni

Vormittag Vortrag des Universitätsprofessors Hartung aus Kiel über Goethe als Staatsmann. Nachmittag Ausflug nach Dornburg im Sonderzug mit etwa 350 Teilnehmern zur Besichtigung der Schlösser.

8. Juli

Nachmittag mit Irmchen auf Einladung der Frau v. Roon ** auf Schloß Krobnitz. Bis Reichenbach Bahnfahrt, von da mit Wagen in 1/2 Stunde nach Krobnitz. Nach dem Tee Spaziergang durch den Park, am Mausoleum vorbei, wo auch der Generalfeldmarschall Graf Roon beerdigt ist. ... Herrliches altes Schloß, vornehmste Kultur, Weihe der Tradition.

18. August

Irmchens Reise nach Fischbach im Riesengebirge, meine nach Hiddensee.

* *Mennonitin. Ihr Mann war evang. Pastor gewesen. Mühsams Quartier bei seinen Aufenthalten in Weimar.*

** *Carola v. Roon, Erbherrin auf Krobnitz und Döbschütz, geb. Freiin v. Seckendorf, mit Mühsams befreundet. "Eine begnadete Dichterin, religiös bewegt und von gleicher metaphysischer Weltanschauung und kosmischem Empfinden, alles vom Zentrum her sub specie aeternitatis betrachtend wie Paul, Autorin einer Anzahl von Gedichtbänden." (Mühsams redakt. Anm. zu einem Brief an seine Frau vom 29.4.22).*

1922

20. August

Wiedersehn mit dem Meer gefeiert nach langer Trennung. Herrliches Stück Erde. Einzig schön diese Verbindung von Wald, Wiesen, Berglandschaft und Ozean. In Haus Wieseneck Zimmer gemietet. Vormittag nach Sitte gegangen, Feldweg hin, Strand zurück. Nachmittag Dornbusch und Strandweg bis zur Hucke.

13. Dezember

Endlich mit meinem Buch "Vom Glück in dir" fertig. In Elgersburg in einer Woche entworfen, in Hiddensee geformt, hier * gefeilt.

1923

14. Januar

ABENDS VORLESUNG VON ELSE LASKER-SCHÜLER. Sie las ungefähr dasselbe wie am 18.5.1917, als ich sie in Berlin hörte, aus ihren hebräischen Balladen und den Scheich und Abigail aus dem Prinzen von Theben. Ich kann auch mein damaliges Urteil nur aufrecht erhalten. Nach der Vorlesung waren wir mit ihr zusammen, zugleich mit Dr. Meyer** und Frau, bei denen sie

---

* *in Görlitz.*
** *Dr. Andreas (Andre) Meyer, Rechtsanwalt, feinsinnige, philosophisch angelegte Persönlichkeit, als Kulturzionist schon frühzeitig Palästina zugewandt. Mitbegründer und Mitarbeiter an der von Fritz M. Kaufmann 1913 begründeten Zeitschrift "Die Freistatt", einem Forum für die dem deutschen Juden damals kaum bekannte ostjüdische Dichtung und Folklore. Freund Else Lasker-Schülers, über die er mehrfach geschrieben hat. Nach schweren Jahrzehnten in Palästina-Israel arbeitet er seit Jahren an einem großen Werk über Kulturschwund, vollendete 1976 eine kurze Biografie über den Dichter Ludwig Strauss.*

1923

wohnt, Neumann-Hegenberg und Frau und Ludwig Kunz.*
Eine unbürgerliche Frauengestalt. Sie gibt ihre Kunst, wie ein Vulkan seine Lava auswirft, aber man hat den Eindruck, daß ein angespanntes Ringen in ihr ist. Das künstlerische Formgefühl scheint ihr ebenso angeboren wie die Tiefe des Empfindens. Die Unterhaltung blieb seicht. Bezeichnend ist, daß sie gern ins Kino geht, selbst in kitschige Stücke, und bezeichnend ist auch ihre Äußerung, sie könne nicht verstehn, wie sich jemand für Anderer Gedichte interessieren könne.

14. Februar

Das zweibändige Werk von MAX BROD: HEIDENTUM CHRISTENTUM JUDENTUM, gelesen. Ein mit Begeisterung geschriebenes anregendes Buch, das aber doch mehr zum Verstand als zum Herzen spricht. Vieles hat sich Brod zurechtgelegt und ausgeklügelt und trägt es mit größter Eindringlichkeit vor, oft sich wiederholend, in anschaulicher, nicht immer schöner, bisweilen trivialer Sprache. Man hat oft das Gefühl, daß die Probleme einfacher und schlichter liegen und er zuviel in die Dinge hineinträgt, wie z.B. auch in das Hohelied. Der Unterschied zwischen edlem und unedlem Unglück (wobei er unter ersterem das niederdrückende Gefühl des Menschen gegenüber dem Unendlichen, Göttlichen, also auch Gottesfurcht und Gottesliebe, unter unedlem Unglück das irdische Leid versteht) ist die Grundvoraussetzung, auf der sich das ganze Buch aufbaut. Ebenso die Unvereinbarkeit dieser Gegensätze und ihre Lösung durch Gnade. Fiele einer dieser von ihm aufgerichteten Pfeiler, so würde das ganze mühsam ersonnene Gebäude ins Wanken geraten.

Treffend bezeichnet Brod das Christentum als Diesseitsvernei-

---

* *Herausgeber der Flugblätter "Die Lebenden" (1923-31), die 1967 als Faksimile-Druck im Limmat Verlag, Zürich, in Buchform erschienen, in denen er junge Dichter des Spätexpressionismus zu Wort kommen ließ, bildende Künstler vorstellte. In Holland, wohin er 1938 flüchtete, diente er weiterhin unermüdlich der Vermittlung avantgardistischer Kunst. Gest. Juni 1976.*

nung, das Heidentum als Diesseitsbejahung. Im Judentum findet er die Vereinigung beider Grundanschauungen. Es gibt sich nicht weltabgewandt nur der göttlichen Schau hin, sondern bereichert die Gottheit durch tätiges Leben, Eingreifen in das Gebiet des "unedlen Unglücks", sozial und politisch irdisches Leid lindernd. Das Christentum lehrt im Konflikt zwischen Trieb und Pflicht dem Trieb folgen, auch um den Preis der Sünde, von der ja ohnehin Christi Kreuzestod erlöst. Das Judentum lehrt der Pflicht gehorchen, auch wenn es im Gegensatz zum Trieb, also unfreudig geschieht. (Freudig geschieht es nur kraft der Gnade). Brod verkennt nicht, daß Gottversunkenheit und tätiges Leben unversöhnliche Gegensätze sind, denn Lauschen und demütig ruhiges Zuwarten verdirbt den Schwung des Tuns, und Tun bringt um die Früchte der Versunkenheit, wobei man anstelle von Lauschen und Tun auch setzen kann: Gefühl — Intellekt, Selbsterlösung — Welterlösung, Genie — Fleiß, Trieb — Ethos, Erlebnis — Intention u.s.w. Und doch ist beides nötig, Lauschen dem "edlen Unglück", Tun dem "unedlen Unglück" gegenüber. Beide Gegenpole brechen zusammen, wenn sie sich nicht mischen, und doch können sie sich nicht mischen, ohne sich aufzugeben. Nur die göttliche Gnade vermag beide im Begnadeten zu vereinigen. Natürlich darf man dabei den Begriff Gnade nicht degradieren, wie es Brod in folgendem Beispiel tut: Es liebt jemand die Frau eines Freundes. Der Freund stirbt. Der Konflikt zwischen Trieb und Pflicht ist nun gelöst. Hier hat nach Brod Gnade eingegriffen, und er findet darin einen Beweis des Daseins Gottes, der sich offenbart hat. Es liegt aber doch lediglich ein Wegfall der Ursache für den Konflikt durch rein realen Weltverlauf vor, genau so, wie wenn die Frau nicht verheiratet und der Konflikt zwischen Trieb und Pflicht garnicht eingetreten wäre. Gnade ist für mich immer nur innere Erleuchtung, Offenbarung im Geist, unabhängig von aller Kausalität und Mechanik, ohne Ursache und Manifestation in der Außenwelt.

Auf dem Gebiet des "edlen Unglücks" herrscht nach Brod Gnade, auf dem des "unedlen" Freiheit. Aber meiner Ansicht nach sind Gnade und Freiheit keine Gegensätze. Die Freiheit schließt die Gnade ein, beide fließen aus demselben Quell. Denn

1923

das Gotteserlebnis, das Brod, wenn es mich betrifft, als die mir von Gott zuteil gewordene, in mich geflossene Gnade ansieht, ist so recht mein eigenes Erlebnis als Offenbarung der in mir verkörperten, frei in mir waltenden Gottheit. Brod sieht die Gnade als etwas von außen her in den Menschen Eindringendes an. Er bedenkt nicht, daß alles Leben ein Stück Gottheit ist und daß sich in jedem Menschen Gott immer nur insoweit offenbart, als er in diesem Menschen Mensch geworden, grade dieses Ich geworden ist. Diese Offenbarung Gottes aber geschieht kraft seiner Freiheit. Gnade und Freiheit strahlt er in die Hülle aus, in der er als Mensch durchs irdische Leben wandelt.

Ich kenne als Gegensatz zur Freiheit nur die Unfreiheit, in deren Gesetze Gott die Welt der Materie gekettet hat und die meine Freiheit immer nur einengt, aber nicht vernichtet.

Auf der falschen Anschauung der Gnade beruht auch der christliche Irrtum, Gott sei nur in einem bestimmten Augenblick der Weltgeschichte Mensch geworden. Nein, in jedem Menschen ist Gott Mensch geworden.

Nach Brod ist nun, während Gnade im Christentum nur der Glaube an Christus und seinen Opfertod ist, im Judentum jede mögliche Gnade offen gelassen. Während also der Christ mit gebundener Marschroute zur Seligkeit schreitet, sind dem Juden unbegrenzt viel Möglichkeiten gegeben, der göttlichen Gnade teilhaftig zu werden. —

Gut ist die Darstellung der Verbindung von Christentum und Heidentum. Da sich ersteres als am Diesseits desinteressiert zeigt, ist da das Heidentum eingesprungen und hat sich in Staat, Politik, Militarismus und Kapitalismus zum Herrn des Diesseits aufgeworfen. Das Christentum aber zeigt sich damit zufrieden. Die Kirche begünstigt diesen Zustand. (Staatskirchentum). Diese Verbindung zwischen christlicher und heidnischer Gesinnung ist der letzte Grund der ganzen Kulturheuchelei des Abendlandes. Es ist kein Zweifel, daß Paulus sich die Auswirkung seiner Lehre anders gedacht hat. Er glaubte, ein Reich des Friedens und einer Allmenschheit zu gründen, als er das Diesseits aus der Religion ausschaltete und das Heil in die Jenseitsorientierung verlegte. Aber

1923

zum Aufrichten des wahren Friedensreiches gehört ein Tun, kein Sichwegwenden, ein Eingreifen, kein laisser faire. So ist das Unglück geschehen, daß das Heidentum dieses ganze Gebiet menschlichen Lebens usurpiert hat, das Heidentum, in dessen Wesen es liegt, alle Kräfte des Diesseits gegeneinander zu setzen, und das den Krieg verewigt, weil er restlos alle nationalen Machttriebe bejaht. Das Judentum sieht das Ideal seines Friedensreiches auf Erden im Gegensatz zum Christentum in der bewußten Pflege der Verständigung zwischen den Völkern, im Zusammenwirken der Nationen, deren jede ihre Eigenart behalten kann und soll, in zwischenstaatlicher Organisation anstelle des vom Heidentum geschaffenen Chaos, weil es die selbständige Bedeutung des Endlichen gegenüber dem Unendlichen anerkennt und daher nicht indifferent an ihm vorübergeht, sondern positiv eingreift. Das Christentum hat das Heidentum nicht zu überwinden vermocht. Brod lebt in dem Glauben, daß es dem Judentum gelingen wird durch die Verwirklichung seiner Ideale in Zion. —

Gut ist die Darstellung der Bekehrung des Paulus. Nicht zustimmen kann ich dagegen der Ansicht, daß es das Bestreben Christi gewesen sei, das Gesetz noch zu verstärken (um die Juden enger gegen die Gefahren zusammenzuschließen, die von dem übermächtigen Rom drohten).* Dann wäre ihm das Volk nicht so zugeströmt. Er hat mehr und Höheres geleistet. Seine Lehre muß wie eine Befreiung gewirkt haben. Wenn er auch nicht, wie Paulus, das Gesetz aufheben wollte, so hat er ihm doch zweifellos einen neuen Sinn gegeben und hat das versteinerte, in Dogmatismus versinkende mit neuem Leben erfüllt. Als alles Hohe, Unaussprechliche, Göttliche im Formalismus unterzugehen drohte, hat er die Liebe in den Mittelpunkt der Religion gestellt.** Das war seine Sendung, seine Gnade und sein unsterbliches Verdienst. Gewiß, das Wort von der Nächstenliebe steht schon im 3. Buch Mosis Kap. 19 Vers 18, aber er hat es hervorgeholt und zum Wesen

---

* *Im Original eingeklammert.*
***Diese Gedanken finden im "Ewigen Juden" ihren Niederschlag; er entsteht wenige Monate später.*

1923

der Religion gestempelt mit dem Adel seiner tiefen Menschlichkeit. Er hat den rächenden, zürnenden und strafenden Gott entthront und den liebenden und versöhnlichen an seine Stelle gesetzt. So wenigstens will es mir scheinen, wenn ich die Bibel unbefangen lese, wobei ich einerseits zugeben muß, daß ich von "fachmännischer Sachkunde" weit entfernt bin, andererseits aber dies nicht durchaus als Manko hinstellen möchte in einem Bereich, in dem das Gefühl ein gewichtigeres Wort zu sprechen hat als der Intellekt, und der Verstand nur verwirren kann, was vor der Einfalt offenliegt.

Die ersehnte Schaffenszeit naht. Ende April reist Paul Mühsam nach Elgersburg, wie immer mit Aufenthalt in Weimar.

28. April

Morgenspaziergang durch den Park bis Goethes Gartenhaus. Von 10 bis 11 Wittumspalais besichtigt. Interessiert und bewegt.
...

1. Mai

Sonne. Eine Dichtung "Der ewige Jude" angefangen.

"... Das Ganze ist nicht, wie der getreue Tod, eine Reihe loser, nur von einer Idee zusammengehaltener Bilder," schreibt Mühsam an seine Frau, "sondern eine in sich geschlossene Dichtung, ähnlich wie der Hügel, zwar nicht so äonenumspannend, aber auch ein Stück Menschheitsgeschichte und ins Ewige weisend. Ahasver als Verkörperung des Judentums. Eine Auseinandersetzung mit Judentum, Jesus, Christentum, Antisemitismus und Zionismus."
... Ich bin froh, daß ich diese Probleme, die mich schon seit Jahren bedrängten, nun einmal von mir losgelöst habe."

2. Juni

Nachmittag über Moortal und Roda nach Ilmenau gegangen. Grab der Corona Schröter besucht. Bahn zurück.

1923

3. Juni

Der ewige Jude bekommt die letzte Ölung. Es sind nur noch einige Unebenheiten zu glätten. Die Dichtung erscheint ungleichartig in der Form. Aber sie ist eben wieder teils lyrisch, teils gedanklich. Im Lyrischen kann man das grelle Licht des Verstandes ausschalten, kann sich hingeben und ekstatisch sein. Im Gedanklichen kann man nicht mehr tun, als dem Inhalt die schönstmögliche Form geben. Im Gedanklichen ist daher das Gleichmaß der Versform gewahrt (was keinen Vorzug bedeutet), im Lyrischen kann Ekstase die Form sprengen und Ungleichmäßigkeit in höherer Harmonie auflösen.

4. Juni

In Oberhof bei Gertrud Prellwitz. Sie ließ mich nicht eher fort, als bis ich den ewigen Juden, dem sie in atemloser Spannung ganz hingegeben und begeistert zuhörte, bis zu Ende vorgelesen hatte. ...

Seelische Vertiefung, Heraufführung der neuen Zeit und des neuen Menschen ist ihr Ziel. Sie erwartet es vom Judentum und vom Deutschtum. Aus dem vom Rassenhaß erzeugten Antisemitismus kommend, hat sie sich zur Philosemitin gewandelt und glaubt an die hohe Sendung des Judentums im Sinne Christi. Also ganz der Geist meiner Dichtung.

Sie hat ihren eigenen Verlag, den Maienverlag, aus dessen Erlös sie ein Haus voll Gästen unterhält, jungen Menschen, die von überallher zu ihr gepilgert kommen, und die sie in Andachten und beispielgebend lehrt, im Dienen den Christusweg zum Aufstieg zu gehen und alle Entscheidungen des Lebens nicht auf der Linie des Geldwertes, sondern der sittlichen Reinheitskraft des Herzens zu treffen. ...

Ein warmblütiger, liebedurchdrungener hochbedeutender Mensch. Wie selbstverständlich nannte sie mich Bruder. Aber auch ich hatte das Gefühl nächster Verwandtschaft und Seelenverbundenheit.

1923

"... Als ich Gertrud Prellwitz zum ersten Mal sah, war sie schon eine Fünfzigerin. Ihr schönes ebenmäßiges Gesicht mit der gradlinigen Nase und strahlenden Augen war selbst nach den stilisierenden Darstellungen von Fidus unverkennbar. Von ihrem Wesen ging ein inneres Leuchten aus...", beschreibt Paul Mühsam sie in seinen Lebenserinnerungen.

Ihre Jugendromane "Drude" und "Ruth" und besonders das Büchlein "Vom Wunder des Lebens" (vom Drei-Eichen-Verlag, München, wieder aufgelegt) waren weit verbreitet. In ihrem "Georgenbund" hat sie Fidus, der zu ihrem engsten Kreis gehörte, durch die Herausgabe seiner Bilder den Weg in die Öffentlichkeit gebahnt.

23. August

Die ersten Exemplare "Vom Glück in dir" erhalten. Sehr geschmackvolle Ausstattung. ...

6. September

war abends Frau von Roon bei uns und las aus ihrem Epos "Das Amen der Erde" vor.

4. November

"Lichter Sonntag", eine unentgeltliche Veranstaltung für Verarmte der gebildeten Stände, nach Berliner, von Franziska Mann ins Leben gerufenem Muster. Nachmittag von 6—8. Prolog. Gesang der Tilia Hill. Dann Pause. Bewirtung mit Tee und Gebäck. Nach der Pause meine Vorlesung (Von meinem Glauben aus "Vom Glück in dir" und folgende Gedichte...). ... Viel verarmte Offiziersdamen. Alles Menschen, die einst bessere Tage gesehn, in der Kleidung vergangener Zeiten, deren trügerischer Glanz tiefe Dürftigkeit deckte. Fast ausschließlich Damen. Strahlende Gesichter. Ein ebenso dankbares wie verständnisvolles Publikum.

15. November

Der heutige Tag wird hoffentlich durch die Einstellung des

1923

Druckes der Papiermark eine Besserung der Währungsverhältnisse bringen. Die Zustände auf diesem Gebiet haben sich gradezu katastrophal zugespitzt, das Rechnen mit den Riesenzahlen nimmt einen geraumen Teil des Tages in Anspruch. ... In der Praxis hatte ich große Verluste dadurch, daß zwischen dem Tag der Rechnungserteilung und dem Tag der Zahlung oft eine solche Geldverschlechterung eingetreten war, daß der Rechnungsbetrag fast auf ein Nichts zusammengeschrumpft war. ...

Die rapide Geldentwertung brachte es auch mit sich, daß man jeden Tag ein bis 2 Stunden auf den Banken zubringen mußte. Hatte man Geld eingenommen, so legte man es, damit es nicht bis zum Nachmittag entwertet werde, ... sofort in Lebensmitteln an. Brauchte man dann aber Geld für etwas anderes, so hatte man keins. ... Das bunteste Gemisch von Papiergeld kursiert jetzt, nicht nur staatliches, sondern auch solches von den Eisenbahndirektionen, von den Gemeinden, ja von unzähligen privaten Firmen herausgegebenes sogenanntes Notgeld. ... Die Anwälte und noch manche andere Schichten der Bevölkerung haben den zehnten Teil des Vorkriegseinkommens, müssen aber alle Lebensmittel um das Doppelte der damaligen Preise bezahlen. Andere Anschaffungen zu machen, ist dadurch zur Unmöglichkeit geworden. Und müßte ich gar von meiner Kunst leben, so läge ich längst im Grabe. Der Dichter ist das überflüssigste Möbel im Haushalt des Volkes geworden. Kann man mehr Geld verdienen, wenn man eine Dichtung gelesen hat? Ergo... Aber sie bereichert die Seele! Schallendes Gelächter in der Runde.

Die herrlichen Zeiten, denen uns Wilhelm der Narr entgegenzuführen versprochen hat, bestehen darin, daß wir es zu folgenden Preisen gebracht haben: für ein Brot 360 Milliarden, ein Brötchen 30 Milliarden, ein Pfund Fleisch 1 Billion und 200 Milliarden, ein Pfund Butter 1 Billion und 320 Milliarden, ein Liter Milch 150 Milliarden, Rasieren 120 Milliarden, ein Telefongespräch 60 Milliarden, eine Zeitung 100 Milliarden, Briefporto 10 Milliarden, vom 20. dieses Monats ab 20 Milliarden, ein paar Stiefel 7 1/2 Billionen Mark. Difficile est satiram non scribere.

1923

20. November

Das Buch von OSCAR H. SCHMITZ "DER GEIST DER ASTROLOGIE" auszugsweise gelesen. Man glaubt eine Magie zu finden — und entdeckt eine Wissenschaft. Verborgene Kräfte werden offenbar, deren Bestehen weder unglaubwürdig noch unwahrscheinlich ist, und von denen höchstens zweifelhaft sein kann, inwieweit ihr Einfluß überschätzt ist. So wenig die Wirkung kosmischer Einflüsse auf irdische Gestaltung zu leugnen ist, so sehr möchte ich doch die tellurischen für die stärkeren halten. — Am meisten interessierte mich die Ansicht des Verfassers über das Schöpfungsproblem als Selbsterlösungsprozeß Gottes, die sich eng mit der meinigen berührt. Nur die Meinung kann ich nicht billigen, daß Gott, indem er sich in die Zweiheit (Schöpfer = Ja, Grenze = Nein) spaltete, um seiner selbst gewahr zu werden, wofür er Form und Gestaltung, mithin Materie und Grenze brauchte, seine Einheit zunächst verloren habe, um sie auf langen Um- und Irrwegen über Mineral- und Pflanzenreich erst im begnadeten Menschen wiederzufinden. Ich glaube vielmehr, daß Gott die Welt als ein Besonderes aus seinem Wesen abgespalten hat, und daß, indem er in Raum und Zeit die Endlichkeit schuf, sein Wesenselement der Unendlichkeit ebensowenig verloren gegangen ist, wie der einheitliche Geist, der sein eigentliches Wesen ausmacht. Dafür bürgt mir der Sinn, die Vernunft und die Zielstrebigkeit seines Weiterschaffens in aller Kreatur. Aber selbst wenn man annehmen wollte, daß Gott sich vollständig in die Endlichkeit des Kosmos aufgelöst habe, braucht man darum noch nicht die Einheitlichkeit seines Bewußtseins zu leugnen. Diese ist vielmehr durch die Tatsache gewährleistet, daß der ganze Kosmos ein einziges Wesen ist, dessen materielle Teile durch das Band der Anziehungskraft mit einander verknüpft sind.

7. Dezember

In den letzten zwölf Tagen ein unheimliches Drama "Eins", das in mir spukte, niedergeschrieben.

1924

9. Januar

Auf Bitten des Professor Quidde bei dem sozialdemokratischen Landtagsabgeordneten Buchwitz wegen Gründung einer Ortsgruppe der deutschen Friedensgesellschaft.

21. Januar

Abends zur Feier des 60. Geburtstages von Hermann Stehr. Am Anfang und Schluß Striegler-Quartett. ... Ansprache von Dr. Kurt Walter Goldschmidt*, Verlesung der Stehr'schen Novelle "Abendrot" von Fritz Raff, Begrüßung durch Oberbürgermeister Snay, Erwiderung von Hermann Stehr. Dann Beisammensein in kleinem Kreis mit Stehr.

24. Januar

Abends Besuch von Professor Quidde. Er wohnt noch in München, ist aber seit September nicht dort gewesen, da er als Erster auf der Proskriptionsliste der Hitlerleute steht. Er klagt über das mangelhafte Interesse am Pazifismus in Sachsen. Arnhold** hat ihm den Vorwurf gemacht, daß er die radikale Richtung innerhalb der Bewegung zu wenig bekämpfe. Aber als Führer der deutschen Friedensbewegung glaubt er die Diagonale einhalten zu müssen. ... Quidde ist, seitdem ich zum letzten Mal, vor 9 Jahren, mit ihm zusammen war, sehr gealtert und ganz weiß geworden. ...

26. Januar

Die Lektüre von Hermann Grimms Michelangelo unterbrochen und GRÄTZ, GESCHICHTE DER JUDEN, angefangen. Wieviel leichter geht diese in mich ein. Handelt es sich dabei doch nur um

---

* Schriftsteller und Dozent. Weitläufiger Verwandter der Mühsamschen Linie. Auf P. Mühsams Veranlassung hielt er die Festrede für Stehr.
** s. 17.10.19. Mäzen. Finanzierte u.a. weitgehend die deutsche Friedensbewegung.

1924

eine Auffrischung der im Grunde meiner Zellen schlummernden Erinnerung, während die Vorgänge in Italien während des Mittelalters als etwas ganz Neues, Erstmaliges an mich herantreten. Den Einzug in Kanaan und das Leben in Palästina, die Richter, Propheten und Könige habe ich selbst mit erlebt, die italienische Renaissance nicht.

20. Februar

Heute stieß ich in Goethes italienischer Reise auf eine Stelle, in der er ebenso wie ich die Entwicklung des Christentums und seine Entstellung durch das Heidentum mit dem ewigen Juden in Verbindung bringt.

1. März

RAINER MARIA RILKE, DAS MARIEN-LEBEN, gelesen. Ohne großen Eindruck.

7. März

VORLESUNG VON PROF. DESSOIR über Spiritismus. Ein großer Skeptiker. Aber mir scheint, seine Skepsis ist mit einer großen Dosis Furcht gemischt, daß ein Unerklärbares sein Weltgebäude erschüttern und damit die Frucht seines Lebens vernichten könnte. Auch der Ungläubige muß zum mindesten zum Glauben bereit sein. Ich habe den Eindruck, daß es ihm daran fehlt. Für bewiesen hält er nur, was wissenschaftlich erklärbar ist. Darin liegt der Fehler. Der Gelehrte muß immer bereit sein, ein Neues zu empfangen, und wenn er von Grund aus die Wissenschaft damit neu aufbauen müßte. Einig bin ich mit Dessoir nur in der Ablehnung der Erklärung irgendwelcher Phänomene durch spirits. Alle diese Erscheinungen sind mir nicht wunderbarer als die magnetischen, elektrischen oder radioaktiven Kräfte, ja als irgend eine Erscheinung des täglichen Lebens, irgend ein Vorgang im Himmel oder auf Erden, der nur deshalb nicht mehr als Wunder auf uns wirkt, weil wir uns an ihn gewöhnt haben. Alles, was ist, ist ein Wunder; und daß es ist, bleibt doch das größte.

1924

25. März

Vormittag nach Breslau, wo ich abends im großen Saal der Lessingloge den ewigen Jugen vor den vereinigten Logen vorlas. Von einer Vereinigung war nicht viel zu merken, denn es waren im Ganzen nur etwa 60 Personen erschienen, da gestern eine Veranstaltung war und morgen auch wieder eine sein wird. Es war nicht angenehm vorzutragen. Der weite Saal verschlang die Stimme, und zu meinem Entsetzen erklang den ganzen Abend von einem anderen Saal im selben Stockwerk her Tanzmusik, die ich übertönen mußte. ...

26. März

Gegen Mittag ging ich nach dem Friedhof zum Grab von Papas Mutter. ... Seit 1870 ruht sie dort. Auf Posten stehend in Feindesland, hat Papa damals die Nachricht von ihrem Tode erhalten. Heilige Stimmung inmitten all der Gräber an diesem warmen Vorfrühlingstag. Tiefe Stille, nur Vogelgezwitscher in den alten Bäumen. Ein Zitronenfalter flog über das Grab hin. Ein Käfer schob sich auf dem verwitterten Leichenstein vorwärts. Lange stand ich sinnend. Dann ging ich durch die Goethestraße zurück an dem Haus vorbei, in dem Papa die letzten Jahre seines Lebens wohnte.

Nach Tisch fuhr ich nach Liegnitz, wo ich abends in der Silesialoge vorlas. Kleiner gemütlicher Saal. Andächtige Zuhörer, etwa 50. ... Große Begeisterung.

30. März

ERNST TOLLER, "HINKEMANN", eine Tragödie, gelesen. Ein sehr bitteres Kraut. Packend und aufwühlend.

13. April (Sonntag)

früh mit Irmchen und den Kindern Abfahrt bei Kälte und Schneewetter. Die Kinder in Dresden abgesetzt.* Mittag in Chemnitz. Hotel Stadt Gotha. Nachmittag gingen wir die etwa hundert

---

* *bei Irma Mühsams Mutter in Bühlau bei Dresden.*

1924

Stufen zum Kaßberg hinauf, die ich vor 35 Jahren zu je zweien und dreien hinauf- und hinunterzuspringen gewohnt war, und nach dem Gymnasium. . . .

14. April

Vormittag Spaziergang nach dem Schloßteich. Alte Erinnerungen aufgefrischt. In das Haus Innere Johannisstr. 24 gegangen, in dem einst ein Laden und zwei Zimmer der ersten Etage meine ganze Welt waren. . . . Abendessen bei Dr. Fränkel, dessen Frau ich noch nicht kannte. Von da nach der Loge, wo ich den ewigen Juden vorlas. Etwa 50 Hörer. Aufmerksamkeit und Beifall. . . .

15. April

reiste Irmchen 1/4 12 nach Bühlau ab, ich 1/2 1 in Richtung Bamberg. . . .

21. April

Vormittag in herrlicher Fahrt im D-Zug Berlin-Mailand nach Konstanz, eine Strecke am Neckar, eine Strecke an der Donau entlang, beide noch mehr Flüßchen als Flüsse zu nennen. Am schwäbischen Jura vorbei. Nach 12 Uhr Ankunft in Konstanz. Hotel Halm.

22. April

Über die Rheinbrücke und die Seestraße am Bodensee entlang nach dem 3,6 km entfernten Waldhaus Jakob gegangen. Gemietet und gleich da geblieben. Herrlicher Blick von meinem Zimmer über den See auf die Schweiz und die schneebedeckten Alpen. Köstlich die wechselnden Farben des Sees.

24. April

Beginnende Versenkung. Nichts Großes, Zusammenhängendes wird hier entstehen. Es fehlt mir an Stoff und Plan. Zur reinen Lyrik zieht es mich. Ich will mich treiben lassen. Die Form des

1924

Sonettes hat es mir angetan. Wird ein Kranz entstehen? Sonette eines Einsamen?

25. April

Nach langer Kälte erster Sonnentag. Wunderbarer Blick auf den Säntis von meinem Zimmer aus. Wiesen und See in leuchtenden Farben.

28. April

Vormittag in Konstanz. Das Rathaus angesehen. Stilvoller Hof. Wie verstand das Mittelalter zu bauen, nicht so verteufelt zweckmäßig wie jetzt, aber göttlich stimmungsvoll. —
Nachmittag Sturm und Regen.

4. Mai

Nachmittag von Staad nach Meersburg mit Dampfer. Ebenso zurück.

5. Mai

Dasselbe. ... Meine "Sonette eines Einsamen" machen Fortschritte. Ohne Programm und Ziel, ganz der Eingebung der Stunde folgend, geh ich den Weg dieser Dichtung.

9. Mai

Mittag nach Staad gegangen. Auf der Landungsbrücke zufällig Herrn von Hörner* getroffen, der seit dem Herbst in Überlingen wohnt und für einen Verlag in Konstanz russische Werke übersetzt. Mit ihm nach Überlingen gefahren, wo wir um 2 ankamen. Durch die Gassen und Gäßchen dieser altertümlichen Stadt gegan-

---

Herbert v. Hoerner, Dichter und Maler. Lebte nach seiner Flucht aus dem Baltikum am Bodensee, später als Zeichenlehrer viele Jahre in Görlitz, wo er und seine Frau zu Mühsams engerem literarischen Freundeskreis gehörten.

1924

gen, die nicht minder reizvoll wirkt wie Meersburg, dessen Zauber jedoch durch die alte Burg erhöht wird.

Heute entstand bereits das 22. Sonett. Der Stoff strömt so reichlich, daß ich nicht Zeit genug habe, ihn zu verarbeiten. Leider kann ich nur am Nachmittag schaffen.

14. Mai

Vormittag 2 1/2 Stunden im Wald. Um 1 mit dem Dampfer nach Unteruhldingen gefahren. Im Gasthof "Seehof" Zimmer gemietet. 1/2 4 mit Dampfer nach Meersburg. 1/2 7 mit Dampfer nach Staad. Zu Fuß heim.

15. Mai

Vormittag im Wald. ... Mit dem Dampfer nach Unteruhldingen ins neue Heim. Schönes, großes, sauberes Balkonzimmer, Aussicht auf den See.

17. Mai

Vormittag mit Dampfer nach Konstanz. Nachmittag im Wald. Hic mihi praeter omnes angulus ridet.

18. Mai

Vormittag mit Dampfer nach der Mainau. Ein Märchenland. Zitronenbäume, Orangenbäume, Palmen, Zedern, Araukarien, Phönix und Zypressen. Berauscht von der Schönheit dieser Insel.

Nachmittag mit Dampfer nach Meersburg. Zu Fuß in einer Stunde am See entlang zurück. Im Wald gesessen.

19. Mai

Irmchens Mitteilung über einen Paul Mühsam-Abend der Vortragskünstlerin Irene Ilse Maaß in Bautzen.

Vormittag im Wald, Nachmittag mit Dampfer nach Meersburg. Auf dem Waldweg zurück.

In dieser vergeistigten, zartlyrischen Landschaft, aus ihr, ent-

stehen die 'Sonette aus der Einsamkeit', "die ich aus einer immer reicher strömenden Fülle in heiterer Sorglosigkeit und mit allen Wonnen beseligten Schaffens hier schrieb, wie sie mir die Stimmung des Augenblicks eingab, mich begleitend, sich fortspinnend, mit dem Geschauten und offenen Herzens Aufgenommenen sich verquickend, als ein Loblied auf die Einsamkeit, in der allein man sich finden kann, wenn man sie nicht als Resignation, sondern als Kraftspendung auffaßt..." (Memoiren).

26. Mai

Nachmittag 1/2 4 Abfahrt von Unteruhldingen. Es fiel mir recht schwer. Das Wetter ist schlecht, aber zum Reisen geeignet. Mein Stoff ist erschöpft, 48 Sonette sind entstanden.

27. Mai

Nach Stuttgart.

Zum Schicksalsbrunnen. Das ist der schönste Brunnen, den ich kenne. Er trägt die kongeniale Inschrift:

"Aus des Schicksals dunkler Quelle rinnt das wechselvolle Los. Heute stehst du fest und groß, morgen wankst du auf der Welle."

28. Mai

Ankunft Weimar. Große Wiedersehensfreude mit Irmchen.

14. Juli

"GEISTESPROBLEME UND LEBENSFRAGEN", AUSGEWÄHLTE ABSCHNITTE AUS DEN WERKEN RUD. EUCKENS gelesen. ... Am meisten fesselten mich "Das Problem der Kultur" und "Gesellschaft und Individuum". Ich stimme durchaus dem bei, was Eucken über Wert und Bedeutung des Individuums sagt. Aber Individualismus und Sozialismus müssen in Einklang miteinander gebracht werden. Der Einzelne hat das Recht und die Pflicht, sich in Freiheit zu entwickeln und seine Persönlichkeit zu weiten, um zur größtmöglichen Entfaltung zu gelangen, aber er hat zugleich die Pflicht, als Höhergestiegener die Menschheit

1924

nach- und zu sich emporzuziehen. Jedes Individuum zwar ist Selbstzweck. Aber das hebt nicht seine Pflicht auf, zur Hebung des Ganzen beizutragen, was in seinen Kräften steht, und was es leisten kann, ohne seine Entfaltung zu hindern. ... Der Antagonismus zwischen dem höchstmöglichen Glück einer höchstmöglichen Zahl und der Aufwärtsentwicklung wird gelöst sein, wenn die Menschheit ihr höchstes Glück im geistigen und seelischen Aufstieg gefunden haben wird. Die Frage, ob der Einzelne direkt auf die Menschheit wirken soll oder auf dem Umweg über Zellen, ist eine Frage der Zweckmäßigkeit und daher sekundär.

3. August

MARTIN BUBER, ICH UND DU, gelesen. Eines der wundervollsten Bücher, das ich kenne. Bis ins Tiefste schürfend, alles bis zu Ende gedacht, nirgends Oberfläche. Lautere Wahrheit. Und das in einer plastischen, blendend schönen Sprache, daß jeder Gedanke wie gemeißelt dasteht. – In einem Punkt allerdings möchte ich widersprechen. Er sagt auf S. 23, die Beziehung, die das Grundwort Ich – Du ausdrücke, brauche nicht notwendig die Liebe zu sein. Ich meine, es muß die Liebe und kann nichts anderes sein, denn das Dusagen fließt aus dem Göttlichen in mir, das im Gegensatz zum Nein, zur Widerkraft, zum Satanischen, zum Haß immer Liebe ist. Liebe natürlich im weitesten Sinne. Auch das Mitleid ist Liebe. Auch das kosmische Sichverbundenfühlen. Welche Beziehung sonst könnte wohl zwischen dem Ich und dem Du obwalten, die das Ich so ergriffe, daß es im Du seine gegenwärtige Erfüllung fände? Die Bewunderung? Sie ist Sache des Verstandes. Ihr kann kein mit dem Wesen gesprochenes Du entströmen. Die Achtung? Sie wägt ab. Die Freude des Anblicks? Sie ist ästhetisches Genießen und fällt in die Welt des Es.

1. September

WILHELM VON SCHOLZ, DER ZUFALL, EINE VORFORM DES SCHICKSALS (DIE ANZIEHUNGSKRAFT DES BEZÜGLICHEN) gelesen. Es ist schwer festzustellen, ob wirklich die Zahl der Zufälle gegenüber der Zahl der Nichtzufälle größer ist, als sie nach der Wahrscheinlichkeitsrechnung sein darf, wenn man berücksichtigt, daß die Möglichkeiten zu Zufällen so zahlreich sind wie der Sand am Meere. Andererseits aber halte ich es doch für denkbar, denn ich bin überzeugt, daß das, was sich dem Menschen im äußeren Geschehen als Zufall darstellt, auf der Ideenassoziation innerhalb eines höheren Bewußtseins, in erster Linie also des Erdbewußtseins, beruht.

10. September

fuhr ich nach Flinsberg. Haus Riediger.

11. September

Vormittag auf einem Baumstamm auf dem Weg nach dem Iserkamm. Über die Form des neuen Buches nachgedacht, in dem ich alles an Ethik und Weltanschauung aussprechen möchte, was sich wieder in mir angesammelt hat, hoffentlich schon im nächsten Frühjahr. Auf jeden Fall Prosa. Roman? Dialogform? Essays?

Nachmittag "Waldfrieden". Dann im Wald. Verlauf des Romans skizziert, der mir schon seit zehn Jahren im Kopf herumgeht, und in dessen Verlauf ein unerzogenes, aber bildungs- und besserungsfähiges Mädchen auf einer Reihe von Spaziergängen die Lehren und Betrachtungen eines älteren Freundes in sich aufnimmt.

12. September

Bank im Wald. Verlauf des Romans ausführlicher festgelegt. Von der Hülle zum Kern. Das Ethische und Weltanschauliche, der Inhalt des auf den Spaziergängen Besprochenen, gegliedert.

13. September

Bank im Wald. Weiter disponiert und systematisiert. Die Spaziergänge und die die einzelnen Phasen der Gespräche einleitenden äußeren Veranlassungen zusammengestellt. Schließlich Bedenken gegen die Romanform überhaupt, die als bloße Hülle ent-

1924

weder zu schwer werden und dann das Wesentliche, den Inhalt der Gespräche, überwuchern und, wenn auch motiviert durch die Notwendigkeit, das Mädchen ethisch emporzuheben und dadurch von ihrem Rachegefühl zu befreien, doch als störendes Einschiebsel in die Handlung empfinden lassen kann, oder, den Kern durchschimmern lassend, zu dürftig werden und dadurch lächerlich wirken kann. Kein Ausweg? Dialogform? Er, sie, er, sie (eine junge Verwandte zu Besuch bei gereifterem Mann)? Zu nüchtern. Essays? Zu wenig verbunden. Endlich wie Blitz erlösender Gedanke. Gespräche der belebten und sogenannten unbelebten Natur an einem Frühlings- oder Sommertag.

21. September

Vormittag zur JAKOB BÖHME-FEIER in der Stadthalle. Ansprachen von Oberbürgermeister Snay, Graf von Arnim auf Muskau und Dr. Bockhausen, dem Prodekan der theologischen Fakultät der Universität Breslau. Dann Rede von Prof. Dr. Jecht * über die Lebensumstände Jakob Böhmes und von Studienrat Voigt ** über Jakob Böhmes Gedankenwelt.

23. September

"POPULÄRE VORTRÄGE ÜBER THEOSOPHIE" VON ANNIE BESANT, gelesen. Das Buch hat mich außerordentlich angeregt. Ich sehe, wie nah ich der theosophischen Lehre stehe. Mit ihrer Ethik bin ich restlos einverstanden. Aber auch in metaphysi-

* *Stadtarchivar von Görlitz, Gelehrter.*
** *Felix A. Voigt, seit seiner Amtszeit in Görlitz als junger Studienrat in geistiger Freundschaft mit Paul Mühsam verbunden, auch nach dessen Auswanderung bis zuletzt mit ihm in lebendigem Briefaustausch. Nach Amtszeit in Kreuzburg O/S in Breslau als Oberstudiendirektor. 1933 des Lehramts enthoben. Widmete sich nun ausschließlich der Gerhart-Hauptmann-Forschung. 1945 Flucht nach Bayern, letzter Wohnsitz in Würzburg. 1962 gest. Verfasser zahlr. Schriften über Gerhart Hauptmann, auch gemeinsam mit C.F.W. Behl und anderen hervorragenden Forschern.*

scher Beziehung stimme ich mit vielem überein, in einem Punkt allerdings nicht, der ein Kardinalpunkt der ganzen Lehre zu sein scheint, nämlich in der Frage der Wiederverkörperung.

Die Theosophie geht davon aus, daß Gott in uns und überall ist, woraus eine allgemeine Zusammengehörigkeit alles Lebenden, eine Brüderlichkeit aller Kreatur folgt. Richtig. Der Geist steht über der Materie. Die ganze Welt ist eine Gedankenoffenbarung Gottes. Richtig. Nun aber kommt, wie so manchmal in dieser Lehre, plötzlich eine willkürliche Konstruktion, nämlich inbezug auf das Herabströmen des Geistes. Danach wurde durch die erste Lebenswelle (den 3. Logos) die Materie geschaffen mit ihren verschiedenen Dichtigkeitsgraden. Nichts Totes gibt es darin, alles ist geoffenbarter Geist. Aus den Atomen bilden sich in der Folgezeit infolge Zusammenziehung die Elemente. Die zweite Lebenswelle (der zweite Logos) schuf die Formen (Hüllen der Minerale, Pflanzen, Tiere und Menschen). Hier betätigt sich der Logos als Werkmeister, der mit Hilfe der Zahlen und der Geometrie aufbaut. Die dritte Lebenswelle besteht aus den menschlichen Seelen, die in die Menschenformen fahren. Die Darstellung dieses ganzen Schöpfungsvorganges ist, wie gesagt, willkürlich und, was die dritte Lebenswelle betrifft, unbefriedigend. Diese Logoi, aus denen die drei Lebenswellen strömen, leuchten in der zweithöchsten Sphäre. Die höchste Sphäre ist der nichtgeoffenbarte ungeteilte Gott. Letzterem stimme ich zu. Gott ist nicht identisch mit dem Weltall; es ist die Summe seiner geoffenbarten Kräfte. Er bleibt der "Ungrund" (wie Jakob Böhme sagt). Das Weltall ist i n ihm. Daher Panentheismus, nicht Pantheismus.

Auch die Theosophie sieht mit Recht den W i l l e n als das Primäre an.

Nicht übel wird die Entfaltung des Bewußtseins in 4 Stufen gegliedert.:
1. der kindliche Verstand, der von einem zum andern flattert, von den Sinnen geleitet,
2. der Jünglingsverstand, der charakterisiert wird durch aufwallende Gefühle, Ideale, Unruhe, Täuschung, Irren, Schwärmerei und als konfus bezeichnet werden kann,

1924

3. der Mensch wird von einer bestimmten Idee beherrscht, die verschiedener Art sein kann,
4. der Mensch wird H e r r der Idee.

Nun aber kommt wieder willkürliche Spekulation: der Mensch steigt von dieser 4. Stufe aus weiter durch das Tor der Einweihung bis zur Schwelle des übermenschlichen Fortschrittes zur Höhe der "Meister". Hoch über der Stufenleiter stehen die übermenschlichen Hierarchien, wo die Christuswesenheiten, die Buddhas vergangener Zeiten leuchten. Der Mensch, hier angelangt, könnte, wenn er wollte, die Welt verlassen und in jenen Wesenheiten weilen. Aber wenn er selbst die höchste Stufe erreichen will, muß er wieder zurück zur Welt und wieder Fleisch werden. Erst dann steigt er gestorben die Stufenleiter weiter bis zur Höhe der Buddha und Christus, bis er zuletzt in Herrlichkeit und Glorie aufgeht, um wieder zurückzukehren, vielleicht in einer zukünftigen Welt, als "Avatara", eine göttliche Inkarnation. Alles das ist ein willkürlich zurechtgelegtes Weltbild, das für wahr halten mag, wen es befriedigt.

Interessant ist die Begründung des Leides, vom Standpunkt der Wiederverkörperungslehre aus gesehen: Wer sich nicht bemüht, emporzusteigen, bleibt in der Entwicklung zurück. Er lebt daher im Widerspruch mit seiner Mitwelt. Infolge dieser Disharmonie offenbart sich Gott in ihm nicht als Freude, sondern als Leid und Schmerz. Zögert er noch mehr, so muß er überhaupt aus dieser Welt ausscheiden, deren Entwicklung er nicht gefolgt ist, und durch längere Zeit hindurch schlafen, bis er wieder aufs neue steigen darf.

Die Wiederverkörperung, die sich übrigens nur auf Menschen bezieht, ist so gedacht, daß man nach dem Tode die Erfahrungen und Kräfte des Erdenlebens verarbeitet, in Fähigkeiten verwandelt und dann zurückkehrend einen neuen Körper einnimmt, der für den nun fortgeschrittenen Zustand des Geistes paßt. Diese Wiederverkörperung vollzieht sich so oft, bis man vom Wilden bis zum Meister aufgestiegen ist. Ist man ein vollkommener Mensch geworden, hört die Wiederverkörperung auf. Dann fängt die übermenschliche Entwicklung an, bis man schließlich eins mit der

Gottheit ist. Wohl hat auch ein Übergang von Tier—Egos in Menschenkörper stattgefunden. Aber ein solches Einströmen findet nur bis zu einem gewissen Punkt der Evolution statt. Dieser Punkt ist geschichtlich längst überschritten. — Das "Ego" bewahrt alle Erinnerungen des Erdenlebens und vergißt nichts. Doch prägt es sein "ewiges Gedächtnis" nicht den neuen Hüllen auf, in die es fährt. In die neue Hülle wird gewissermaßen nur die Bilanz eingetragen.

So die Wiederverkörperungslehre. Es ist mir schlechterdings unmöglich, mich mit ihr zu befreunden. So oft ich auch mich mit ihr beschäftige — ich muß sie immer wieder ablehnen. Schon das "Hineinfahren" der Seele ist recht kindlich gedacht. Ja schon der Begriff der Seele ist durchaus unklar. Sie ist doch kein vom Körper gesondertes selbständiges Wesen, sondern der Inbegriff des im Menschen verkörperten Geistes, der notwendig ein Körperliches als Substrat gebraucht. Dann ist aber auch die Scheidung zwischen Tier und Mensch ungerechtfertigt. Die Naturwissenschaft, die zwar nicht das Letzte ist, von der wir aber immer ausgehen müssen und mit der wir uns nicht in Widerspruch setzen dürfen, lehrt uns, daß der Mensch nichts vom Tier qualitativ Verschiedenes ist, sondern ein lückenloser Übergang vom Tier zum Menschen stattgefunden hat, ebenso wie vom Kristall zum Einzeller, von der Pflanze zum Tier, vom Reptil zum Vogel. Alles, was man vom Menschen aussagt, muß man folglich von jeder Kreatur aussagen. Sonst stimmt die Rechnung nicht. Keine philosophische Spekulation darf die Ergebnisse der Naturwissenschaft ignorieren. Und das führt mich zum wichtigsten Grund meiner Ablehnung: die alltägliche Erfahrung lehrt, daß es nicht nur eine körperliche, sondern auch eine intellektuelle, moralische und Charaktervererbung gibt. Ich finde in meinen Kindern zum Teil meine eigenen, zum Teil Eigenschaften meiner Eltern und Voreltern wieder. Ja selbst ganz unbedeutende charakteristische Züge finden sich als vererbte vor. Und das ist, so verblüffend es oft sein mag, durchaus natürlich. Denn in der Keimzelle, aus der das Kind hervorgeht, ist nicht nur sein Körper vorgezeichnet, sondern sie trägt auch keimhaft das ganze Geistesleben seiner Ahnen in sich,

1924

sodaß es nur der Entfaltung bedarf, um die verborgenen Eigenschaften ans Tageslicht zu kehren. Alles, was Milieu und Erziehung hinzutun, ist nur Variation. Das Grundgefüge bleibt. Nun frage ich: Wo ist da Raum für eine fremde Seele? Wie könnte die Seele eines nicht aus meiner Ahnenreihe stammenden Menschen meine und meiner Vorfahren charakteristische Züge hervorbringen, ohne die ihrigen aufzugeben? ... Die Theosophie, deren Wiederverkörperungslehre letzten Endes zur Monadenlehre führt, weiss sich offenbar mit den Seelen der Verstorbenen, denen sie Selbständigkeit und ewiges Leben zuspricht, nicht abzufinden. Die ganze Schwierigkeit wird aber behoben, wenn man das i n - d i v i d u e l l e Weiterleben nach dem Tode verneint. Die Seele der Verstorbenen, wenn wir einmal die Summe der im Körper entwickelt gewesenen Kräfte so nennen wollen, löst sich in der Weltseele auf, nachdem sie eine gewisse Zeit — mit dem Erdkörper als körperlichem Substrat — den physischen Tod überdauert hat. Der Schatz ihrer im Gehirn eingesammelten Erfahrungen bereichert die Erdseele und damit die Weltseele, Gott. Möglich ist es, daß die Zeit bis zur Auflösung im Ganzen eine lang dauernde ist, sodaß die Seele als ein noch gesonderter Teil der Erdseele, aber wie diese an den Erdkörper gebunden, die Möglichkeit hat, selbst die Erfahrungen ihres Lebens in Fähigkeiten und erhöhte Kraft umzuwandeln. Dann können wir mit vollem Recht das Menschenleben, das wir auf Erden sich abrollen sahen, als einen Ausschnitt, den Weg, den es durchschreitet, als eine erleuchtete Strecke eines längeren Weges bezeichnen, dessen übriger Teil für uns in Dunkel gehüllt ist. Glaubt man an das schließliche Aufhören des Individuums, an seine Verschmelzung mit Gott (was ja die Theosophie l e t z t e n E n d e s auch annimmt, nämlich nach dem Vollkommenwerden), so kann man auch nicht mehr von einer Ungerechtigkeit sprechen, wenn der Wilde oder der Krüppel nicht wieder zur Erde zurückkehrt. Das Erdenleben ist eben ein zeitliches Leben, ein zeitlicher Ausschnitt aus dem Ewigkeitsleben Gottes. Und jedes Wesen, das sich als irdische Kreatur verkörpert, trägt zu seinem Teil zur Bereicherung Gottes bei, jedes an der Stelle des Stromes der Entwicklung, an der es für den Augenblick

1924

seines Erdenlebens auftaucht. ... Und das Kind, das sofort nach seiner Geburt stirbt? Geschieht Ungerechtigkeit, wenn es nicht wieder zur Erde zurückkehrt? Es ist wie die Keimzelle, die uneröffnet in den Staub sinkt, wie der Blütensamen, der nutzlos in den Wind verweht. Welche Rolle ihm zugewiesen ist im großen Mysterium der Weltenschöpfung, wer kann es ahnen? Wer wollte über Ungerechtigkeit klagen, ohne daß er Gottes Wege und Ziele kennt? Hier heißt es: verstummen und sich demütig beugen.

So bin ich mit der Theosophie darin einig, daß alle Wesen einst in Gott ruhen werden, allerdings aufgelöst und ohne Sonderleben. Nur die Wandlung von einem Erdendasein zum andern will mir nicht in den Sinn. Und auch dem stimme ich vollständig zu, daß nichts verloren geht, nichts vergessen wird, daß unsere Gedanken und Taten zeitlos bestehen bleiben, daß wir das und nur das ernten, was wir gesät haben, und daß jede gute und schlechte Tat ihren Ausgleich findet. Und das führt mich wieder zu etwas anderem: Es ist durchaus richtig, daß sich die Entwicklung des sozialen Instinktes durch die Darwinsche Theorie vom Kampf ums Dasein nicht beweisen läßt, vielmehr ihr widerspricht. Denn im Kampf ums Dasein bilden die humanen Eigenschaften ein Hemmnis, der Brutale setzt sich durch und ist überlebend. Aber diese Tatsache beweist nichts für die Notwendigkeit einer Wiederverkörperung. Denn, ganz abgesehen davon, daß der Fortschritt auch durch das gute Beispiel herbeigeführt wird, wirkt eben, weil nichts verloren geht, die gute Tat zur Erhöhung der Erdseele mit, und diese so bereicherte Seele ist nun imstande, höherstehende Individuen hervorzubringen. ... Ich meine, es bedarf dieser Wiedergeburt auf Erden nicht. Ist der physische Leib in Staub zerfallen, der Astralleib im Astralkörper der Erde aufgegangen, — — allmählich; nach wieviel Zeit, ich weiß es nicht — — so ist die Sendung des Individuums beendet. Es hat seine Hand ausgestreckt und sich geweitet im Glanz der Erscheinungen. Die Weltensonne hat sich in dem Tropfen gespiegelt, ihn erwärmt und beschenkt und ein Leuchten in sein Leben getragen. Nun mag er zurücksinken in das Sammelbecken, das da Gott heißt. Er hat gelebt. Das ist sein Glück. Er hat Gottes Seele vertieft. Das ist seine Gnade.

1924

30. September

Nachmittag zur Tagung des Bundes für Gegenwartschristentum. Vortrag von GEH. KONSISTORIALRAT PROF. BAUMGARTEN ÜBER DIE PROBLEMATIK DER BERGPREDIGT. Ich war entsetzt über die Rede. Der Vortragende ist eben ein Politiker, dem die Welt der Erscheinungen ebensoviel bedeutet wie das Gotteserlebnis im Innern, ein Mann der Tat, der vor der Wirklichkeit ebensoviel Ehrfurcht hat wie vor den Worten Christi, wobei er unter Wirklichkeit schlechterdings nichts anderes versteht als die Welt der wechselnden Geschehnisse, den Wellenschaum, den Schleier der Maja, also das in Wahrheit Unwirkliche. Von diesem praktischen, aber unweisen Gesichtspunkt aus verneint er die Anwendbarkeit der Lehren der Bergpredigt — die er übrigens nicht als Gebote, sondern als Beschreibung ansieht — für das ganze öffentliche Leben, insbesondere für das Wirtschaftsleben. Der Kaufmann könne nicht nach der Bergpredigt leben. Im Erwerbsleben müsse man die Gesetze befolgen, die in den wirtschaftlichen Verhältnissen begründet sind und ohne die eine gedeihliche Entwicklung der Wirtschaft und das Reüssieren des Einzelnen nicht möglich ist. Dabei übersieht er aber, daß die Wirtschaftsformen wechselnde sind, daß grade der Kapitalismus auch ein Wirtschaftssystem ist, das jeden Tag durch ein anderes, etwa den Kommunismus, ersetzt werden kann, durch die die mit Christi Lehre unverträglichen Begleiterscheinungen und Folgen des Erwerbslebens vielleicht beseitigt werden. Der heutige Kapitalismus ist allerdings aufgebaut auf Egoismus und Profit, und der Kaufmann, der gegen diesen Strom schwimmen und die Lehren der Bergpredigt befolgen wollte, würde gar bald untergehn. Aber wenn dies System in so schreiendem Widerspruch mit der Lehre Christi steht, dann müssen es eben die, die sich wahrhaft zu dieser Lehre bekennen, durch ein anderes zu ersetzen streben, und dann muß der, der sich über die Gebote der Bergpredigt hinwegsetzt, um sich den Gesetzen des Kapitalismus zu unterwerfen, wenigstens den Mut haben zu bekennen, daß sein Tun mit Christi Wort unvereinbar und er kein Christ mehr ist, anstatt die Lehre gewaltsam so umzubiegen, daß sie für seine Zwecke passend wird. Schon die Einteilung der Moral durch Luther in Amtsmoral und Privatmoral widerstrebt mir. Gewiß muß der Staatsbeamte die Interessen des Staates, also der Gesamtheit, vertreten und kann sich dabei nicht streng an die Lehre Christi halten. Aber der Begriff des Staates ist eben überhaupt unvereinbar mit der Anschauungswelt Christi, und wer sich als Staatsbeamter eine besondere Moral gestattet, der mag das tun, aber er möge zugeben, daß er damit die Spuren seines Herrn und Meisters verlasse. Man kann eine hiervon abweichende Meinung auch nicht damit decken, daß man sich auf eine Weiterentwicklung der Lehre Christi beruft. Die Weiterentwicklung einer Religion ist notwendig, soweit es sich um Anschauungen, die durch das Fortschreiten der Menschheit auf kulturellem und wirtschaftlichem Gebiet veralten können, und um die auf solchen Anschauungen beruhenden Lehren handelt. Aber hier handelt es sich doch um unwandelbares Ethos. Und selbst wenn wir zugeben wollten, daß das Ethos sich mit der Änderung der Voraussetzungen, also mit der Änderung der Art des menschlichen Zusammenlebens, ändern müsse, so muß die Fortentwicklung doch mindestens in den Bahnen des Meisters erfolgen, also nicht in der Richtung auf Staatsbildung, wenn er die kommunistische Lebensgemeinschaft für die ersprießlichste gehalten, und nicht in der Richtung auf Kapitalismus, wenn er den Reichtum, die Anhäufung von Schätzen, aufs schärfste gemißbilligt hat. Wenn die Entwicklung aber dennoch diesen Weg geht und man sich nun die Gesetze aus dieser veränderten Welt ableitet, so muß man eben bekennen, daß man sich von der Religion des Stifters entfernt hat. Am krassesten liegt der Fall beim Militarismus. Mit den Gesetzen der Wirklichkeit als eines auch gottgewollten Zustandes (wobei man nur übersieht, daß es auch gottgewollte Übergänge gibt, deren Gesetze nur dazu da sind, um überwunden zu werden) kann man alles entschuldigen. Man kann damit auch, wie es ja die Kirche teilweise leider getan hat, den Krieg gutheißen und den Feindeshaß und Feindesmord predigen. Mag der Krieg mit noch so unerbittlicher Notwendigkeit mit der Struktur unserer kapitalistischen Staaten zusammenhängen, mag er wie ein Naturgesetz daraus folgen, so wird doch derjenige, der die Konsequenzen aus dieser sogenannten Wirklichkeit zieht, zum Schwert greift, haßt und mordet, das Gegenteil von dem tun, was Christus gelehrt hat, und damit aufhören, ein Christ zu sein.

So befindet sich der Vortragende, der aufrecht genug war, zu fordern, daß man an den Worten der Bergpredigt nicht deuten und sie nicht durch Auslegung entstellen, sondern sie wörtlich hinnehmen solle, in einem Irrtum, wenn er glaubt, den ganzen Komplex dieser Lehre als wirklichkeitsfremd ausschalten zu können. Ja er ging sogar so weit, die Gebote der Bergpredigt nur als für Christus als den vollkommenen Menschen passend hinzustellen, so daß es also für uns schwachen unvollkommenen Menschen gar keinen Zweck hätte, danach leben zu wollen, weil wir das ja doch nicht können. Mindestens ist diese Lehre doch ein Ideal. Im Begriff des Ideals liegt schon, daß es unerreichbar ist. Aber erstreben muß man es, man muß versuchen, ihm nach Möglichkeit nahezukommen. Was nützt denn dem Menschen eine Moral, die er sich aus den wechselnden Erscheinungen des Tages herausdestillieren muß? Ist das überhaupt eine Moral? Die Lehre, die dem Menschen Richtschnur seines Handelns sein soll, muß über ihm in unvergängliche Tafeln eingegraben sein, fern von den Stürmen der Zeit, ewig und nie wankend. Nur dann ist sie dem schwachen Menschen ein ruhender Pol in der Erscheinungen Flucht. Das Wesen, aus dem die Lehren der Bergpredigt geflossen sind, es allein ist die wahre Wirklichkeit.

Noch ein anderes mißfiel mir an dem Vortrag. Der Redner verfocht den Grundsatz, daß der Mensch sein Recht durchkämpfen müsse, nicht im Sinne der Bergpredigt darauf Verzicht leisten solle, und zwar um der Gerechtigkeit willen, damit nicht der Schurke triumphiere. Welch ein Gemeinplatz! Woher weiß denn der Geheime Konsistorialrat, daß das, was er Unrecht nennt, ein Unrecht im Weltenplan ist? Wir Menschen sehen einige wenige Fäden des Geschehens im Lichtkegel unseres Lebens dahinlaufen. Wir wissen nicht, woher sie kommen und wo sie enden, noch wo sie sich durchkreuzen und verknüpfen. Über all das ist Dunkel gebreitet. Und da wollen wir uns vermessen, das Schwert der Gerechtigkeit zu handhaben? Und weiß denn der Geheime Konstistorialrat

1924

nicht, daß es für alles im Weltgeschehen einen Ausgleich gibt, daß jede Tat auf den Täter zurückfällt, jede Ursache sich in ihm auswirkt? Was schadet es also, wenn der Schurke triumphiert und Erdenschätze häuft? Unabwendbar wird sich der Ausgleich an ihm und in ihm vollziehen. Ist dies Weltgesetz nicht Gerechtigkeit genug?

4. Oktober

Nachmittag 1/2 3 mit Irmchen nach Zittau. Über den Eckartsberg gegangen. Wehmütige Erinnerung an die schon so lang vergangene Zeit, da ich mir von dort mit Bernhard Sonne und Sterne vom Himmel herunterholte. Dann auf den Friedhof zum Grab der Eltern. Verweht, verklungen. In der Weinau auf der Terrasse Kaffee getrunken.

13. Oktober

Sehr große Freude! Ernst Oldenburg hat meinen Ewigen Juden angenommen, der nun bald erscheinen wird.

30. November

STEFAN ZWEIG, DIE AUGEN DES EWIGEN BRUDERS, gelesen. Erschütternd schön. Wie wenig Bücher gibt es von solcher Tiefe, Reinheit und Sprachkunst.

25. Dezember

"Der Ewige Jude" endlich, endlich erschienen!

1925

31. Januar

Heute vor 20 Jahren als Rechtsanwalt in Görlitz niedergelassen.

29. März

RAINER MARIA RILKE, DAS STUNDENBUCH, gelesen. Begeistert.

1925

26. April

Vormittag zur Wahl des Reichspräsidenten.
Besuch von Professor Quidde, der gelegentlich seiner Wahlredereise ein paar Stunden in Görlitz war.
Nachmittag 6 Uhr 20 trat ich, von Irmchen zur Bahn begleitet, meine Frühjahrsreise an, nachdem ich mich im letzten Augenblick entschlossen hatte, zunächst, ehe ich nach Elgersburg gehe, kurze Zeit die Bergstraße aufzusuchen.

Am Abend dieses Tages, in Leipzig, trägt er ein:
Hindenburg gewählt! O du gläubiges, unpolitisches Volk! Die Heroen des Krieges sind dir die größten Helden!

Der kurze Besuch bei Martin Buber in Heppenheim, ihr Gespräch über das Verhältnis von Sprache und Inhalt ist in den Memoiren wiedergegeben.
Während des anschließenden Elgersburger Aufenthalts entwirft und schreibt er den Roman "Faustus, ein Buch vom Werden", mit dessen Inhalt er sich schon lange beschäftigt hat. Er findet aber nicht die ihm gemäße Form. An seine Frau: "Ich habe im Moortal mein Buch angefangen, endlich. Ich konnte mich garnicht entschließen, das erste Wort zu schreiben. Nun bin ich froh, daß ich drin bin. Ob es etwas Genießbares wird, ist eine andere Frage."
Ein Jahr später wird er an sie schreiben: "Mit meinem Faustus geht es mir eigenartig. Er ist ganz für mich erledigt. Das Licht der Öffentlichkeit wird er nie erblicken, und es ist auch am besten für ihn, wenn er in der Versenkung verschwindet."

25. Mai

"Auf stillen Wegen" und die neue Auflage von "Worte an meine Tochter" in wunderschöner Ausführung erschienen.

21. Juni

DR. GERTRUD WOKER, DER KOMMENDE GIFTGASKRIEG, mit lebhafter Zustimmung gelesen.

1925

29. Oktober

RAINER MARIA RILKE, SONETTE AN ORPHEUS, gelesen. Sehr enttäuscht. Gesuchte und gekünstelte Dichtung.

18. November

Waren wir abends zu dem gewaltigen DEUTSCHEN REQUIEM VON BRAHMS. Vorher das Schicksalslied von Brahms.

1926

6. Februar

Ankunft von Lotte Wallach.*

7. Februar

früh Abfahrt von Lotte Wallach. Vormittag allein auf die Landskrone gegangen.

28. Februar

In der Praxis nach wie vor Hochkonjunktur, wie schon seit einigen Monaten. Diesen Monat 141 neue Sachen. Muse, wo bist du?

3. März

Abends zusammen zum KONZERT DER DON-KOSAKEN. Äußerst geschulte Stimmen, vom zartesten Tenor bis zum tiefsten Baß. Erst Kirchenlieder, dann weltliche Lieder, immer wilder werdend, mit Pfeifen, Johlen und Bellen, zuletzt Tanzen. Rußlands unverbrauchte Kraft. Als Europäer fingen sie an, als Asiaten hörten sie auf. Land der Gegensätze. Zukunft.

Tochter seines Vetters und dessen Frau, Paul und Trude Wallach in Dresden, in liebevoller Freundschaft mit Paul und Irma Mühsam verbunden, 29 Jahre jünger als Paul. Ihr widmete er den "Ewigen Juden", in der Gestalt der "Namenlosen" hat er sie verewigt.

1926

13. März

Abends zusammen im Theater. "ÜBERGANG", TRAGÖDIE VON HERBERT EULENBERG, in Anwesenheit des Dichters. Unmöglich, lächerlich.

23. März

las ich abends vor einer kleinen, aber andächtigen Zuhörerschaft im jüdischen Jugendverein . . .

Am 24. April fährt er mit Else, der Ältesten, nach Weimar, eine Reise, die er jeder der drei Töchter versprochen hat. "Es war für mich eine große Freude, das Kind in diese ihm neue Welt einzuführen und es zugleich, aller Fesseln ledig, die ideellen und materiellen Genüsse in Freiheit in sich aufnehmen zu lassen", *schreibt er nachhause.* "So eine junge Menschenblüte ist doch etwas Rührendes in der Begeisterungsfähigkeit. . . . Hoffentlich erlebe ich es, auch Lotte und Hilde einmal das Gleiche zu bieten."*

27. April

reiste Else 11 Uhr 10 ab, ich um 12. Zwei schöne Tage liegen hinter uns. . . . Was wird mir Elgersburg diesmal bringen? Noch nie war ich so lange eingewintert wie dies Jahr, in den Wust der Juristerei vergraben.

28. April

Erwachen bei Sonnenschein. Enterleins Weg. Ein Prosabuch "Vom Sinn des Lebens" begonnen. Nachmittag durch das Moortal und Roda nach Ilmenau gegangen. Abends mit der Bahn zurück.

"In meinem Buch wird manches stehn," schreibt er an seine Frau, *"was ich schon früher, zum Teil in schönerer Form, ausge-*

---

* *Lotte führt er zwei Jahre später auch dorthin, aber als Hilde, die Jüngste, in dem Alter ist, mit ihm zu reisen, ist das Jahr 1933 gekommen und die Familie im Aufbruch.*

1926

sprochen habe. Es wird mehr philosophisch als künstlerisch sein und will nichts weiter als ein Weltbild geben. Ich komme immer mehr dazu, das Philosophische nicht zu sehr mit dem Dichterischen zu verquicken. Darunter leidet beides. Das philosophische Entfalten gewährt tiefe Befriedigung und erfüllt mit Frieden und innerer Heiterkeit. Beglückender aber ist das dichterische Schaffen." Und einige Tage später: "Mein 'Sinn des Lebens' macht mir große Freude. Er enthält zum Teil dieselben Gedanken wie der Faustus, aber in einer mir gemäßen Form, und bildet gewissermaßen den Abschluß und bis auf weiteres das letzte Wort meiner Weltbetrachtung. Ich habe dann damit in Verbindung mit den Gesprächen mit Gott, Mehr Mensch!, Vom Glück in dir, dem Hügel und dem getreuen Tod endlich einmal alles ausgesprochen, was ich zu diesem Thema zu sagen habe..."*

30. April

Frau von Roon gestorben. Eine feine, kosmisch bewegte Dichterin. Nun wird wohl ihr abgebrochenes Werk, nie genügend gewürdigt, ganz der Vergessenheit anheimfallen.

17. Mai

TOLSTOJS FLUCHT UND TOD, an der Hand von Briefen, Dokumenten, Aufzeichnungen u.s.w. von seiner Tochter Alexandra dargestellt, gelesen. Selten hat mich ein Buch so ergriffen und innerlich beschäftigt wie diese von Gott gedichtete Tragödie, die den Titel Tolstoj trägt. Es unterliegt mir keinem Zweifel, daß Leo Nikolajewitsch der am meisten und unschuldig Leidende war. Auch Sophie Andrejewna hat viel gelitten. Die beständigen Androhungen der Flucht haben schließlich ihre Nervenkraft untergraben und ihr die seelische Krankheit gebracht, durch die die Si-

---

* *Erst 1931 erscheint die Schrift im Baum-Verlag, Pfullingen, der ihr den Obertitel "TAO" gibt. 1970 wird sie vom Drei-Eichen-Verlag, München, mit einer ausführlichen Einführung von K.O. Schmidt neu herausgebracht.*

1926

tuation noch verschlimmert wurde. Aber die Flucht und daher auch ihre immer wiederkehrende Androhung wäre nicht nötig gewesen, wenn Sophie Andrejewna eingelenkt und sich dem Willen ihres Mannes gefügt hätte. Es war ja keine Laune von ihm, wenn er seine Lehren verwirklichen und dadurch den schreienden Widerspruch zwischen ihnen und seinem Leben beseitigen wollte, sondern er kämpfte um Höchstes, um letzte Notwendigkeiten seines Wesens. Sie dagegen kämpfte um irdische Güter, die zu opfern ihr höchstens eine Einbuße an Gewohnheit, Bequemlichkeit und Komfort gekostet hätte. Sie kam erst zur Besinnung, als die Flucht Tatsache geworden war. Aber nun war es zu spät: Ihre Reue und Selbstvorwürfe konnten das Geschehene nicht ungeschehen machen. ... Meine Sympathieen sind durchaus auf seiner Seite. Umhergeworfen von Gewissensbissen über seine Inkonsequenz und Mitleid mit seiner Frau, die er liebte und fürchtete zugleich, und die der Mühlstein um seinen Hals war, wie er selbst einmal schreibt, hat er jahrzehntelang heroisch sein Schicksal getragen. Aber wie heilig mußte ihm der Ruf erscheinen, der an ihn ergangen war, wie dringlich die Stimme seines Gewissens zu ihm reden, wenn er noch mit 82 Jahren sein Bündel schnürte und, Heimat und Familie verlassend, ins Unbekannte davonging. Gehetzt von der Furcht, seine Frau könnte ihm nachfolgen, eilte er weiter und weiter. Die Ruhe und Einsamkeit, die er so sehnlich suchte, waren ihm nicht vergönnt. Erst im Tode fand er sie –

19. Mai

Nachmittag zu Fuß über Schöffenhaus und Schwalbenstein nach Ilmenau. Mit der Bahn zurück. Die Kälte dauert an. ...

3. Juni

Früh mit der Bahn nach Oberhof. 2 Stunden bei Gertrud Prellwitz, Werner Plaut * und seiner jungen Frau. In angeregter Unter-

---

* *Gertrud Prellwitz' jüngerer Mitarbeiter. Jude und begeisterter Deutscher, trennt er sich erst spät von Deutschland und emigriert nach den USA. Mühsam bleibt bis zu Plauts verhältnismäßig frühem Tod in Verbindung mit ihm.*

haltung verging die Zeit fabelhaft schnell. Auch ihr Verlag geht natürlich jetzt schlecht, und sie müssen das "Haus am Berg" verlassen, um eine erheblich billigere Etagenwohnung zu beziehen.

5. Juni

Auf dem Schöffenhaus Kaffee getrunken. "Der Sinn des Lebens" fertig gefeilt.

9. Juni

Mittag Abfahrt. In Bautzen erwartete mich, aufs freudigste begrüßt, Irmchen, und wir fuhren allein im Abteil heim. Endlich auch wieder bei den Kindern.

13. Juni

In der AUSSTELLUNG der ergreifenden Radierungen der Käthe Kollwitz, in der sich Kunst und Menschentum die Hand reichen. Das ist die wirksamste Anklage, die nur mit dem Ausdruck des Erbarmens auf die Wunden weist.

22. Juni

Meine "Sonette aus der Einsamkeit" erscheinen! Der Verlag L. Heege in Schweidnitz hat sie angenommen.

17. Juli *

Heute vor 10 Jahren fing ich mein Tagebuch wieder an, nach einer Pause von vielen Jahren. Was hat sich alles seitdem ereignet! Der Ausgang des Weltkriegs und die ganze ihm nachfolgende fast

---

* 50. Geburtstag. Zahlreiche Würdigungen in der gesamtdeutschen Presse; Gratulation von der Görlitzer Künstlerschaft mit einem Aquarell, einen Eremiten darstellend, von Johannes Wüsten**, Ausstellung der Bücher in allen Buchhandlungen.

** Johannes Wüsten, Maler, Kupferstecher, Dichter. Sein Werk, auf der Flucht in französischem Boden vergraben, konnte erst

1926

noch schwerere Zeit. Und welche Umwälzung hat in mir stattgefunden. Hätte ich vor 10 Jahren die Augen geschlossen, so wäre ich völlig unerlöst heimgegangen. Alles, was ich geschaffen habe, liegt in dieser kurzen Zeit. Ich bin in diesen Jahren, zwar spät, aber doch nicht zu spät, den Weg zu mir selbst gegangen, habe mich gefunden und mich verwirklicht. . . .

19. Juli

besuchte ich Wüsten ** in seinem Atelier. Ein tief denkender Künstler. Zwei Stunden Unterhaltung, erst über Malerei, insbesondere die neue Sachlichkeit, dann über individuelle Unsterblichkeit.

Am 27. August treten Mühsams eine vierwöchige Italienreise an. Auf der Heimreise, die sie über Salzburg führt, lernen sie durch einen ungewöhnlichen Zufall Stefan Zweig kennen, mit dem Paul Mühsam weiterhin in Verbindung bleiben wird.

18. Oktober

AUSGEWÄHLTES VON RUDOLF BORCHARDT gelesen. Gibt mir nichts.

19. Oktober

BYRON, KAIN, gelesen. Grandiose, herrliche Dichtung. Gradezu erschütternd, wie Zillah beim Anblick des erschlagnen Bru-

nach dem Krieg hervorgeholt werden. Seine Stiche befinden sich u.a. in staatlichen Museen. Als Antifaschist verfolgt, starb er 1943 im Zuchthaus Brandenburg. Der große Künstler war Jahrzehnte hindurch vergessen. Erst seit wenigen Jahren beginnt man sich seiner zu erinnern. In der Inselbücherei Leipzig ist ein – schon vergriffenes – Büchlein seiner Kupferstiche erschienen, seine Schriften, darunter der Roman "Rübezahl" und das Schauspiel "Die Verrätergasse", wurden in der DDR veröffentlicht bezw. wieder aufgelegt. Sie sind auch in westdeutschen Bibliotheken zu finden.

ders ihre Eltern und Schwester herbeiruft mit den Worten: "Kommt, kommt! Der Tod ist in der Welt."

Diese Dichtung muß ihn zuinnerst berührt haben. Auch sein Mysterienspiel "Der Hügel", (sein liebstes Kind) hat die Weltenschöpfung zum Schauplatz. *

21. Oktober

Ein mich sehr beglückender Brief von Stefan Zweig. Hohes Lob auf meine Sonette. ...

22. Dezember

Vormittag nach Breslau. Hotel Kronprinz. Zu Fräulein Dr. Rawicz.** Mit ihr zusammen Else von der Bahn abgeholt.
Um 9 Beginn meiner Vorlesung vor dem Schwesternbund der Heinrich Grätz-Loge. Geringe Beteiligung. Etwa 25 Damen. Aber andächtiges Zuhören. Aus allen meinen Büchern vorgelesen. ... Bücherverkauf schlecht arrangiert. Nur Der ewige Jude lag aus. ... Unruhiges Hotelzimmer. Schlecht geschlafen.

23. Dezember

1/2 10 holte ich Else ab. Zum Friedhof gefahren. Grab von Papas Mutter. Von da zu Dr. Waldmann.*** 81 Jahr alt. Ganz frisch und gesund. Der einzige von den Lebenden, der noch Papas Eltern gekannt hat. Papa ist äußerlich nach seinem Vater geraten. Seine Mutter hatte ein schmales, zartes Gesicht. Dr. Waldmann hat schon vor 65 Jahren das Gymnasium in Breslau besucht, als noch der Nachtwächter die Stunden ausrief. Er wohnt jetzt bei seiner Tochter, die auch dabei war. Dann gingen wir zu Frau Martha Bial

---

* *s. 16.6.21.*
***Lehrerin von Else, in Breslau beheimatet, vorübergehend in Görlitz angestellt. Mit ihr befreundet.*
****Aus dem Heimatort des Vaters — Landsberg in Oberschlesien. Lebenslanger treuer Freund.*

1926

geb. Weißler, nachdem wir an dem Haus Goethestr. 60 vorbeigegangen waren, wo Papa gewohnt hat und gestorben ist. Bei Bials noch der Tisch und das Sofa aus meinem Elternhaus, dasselbe Sofa, auf dem sich Papa vor nun fast 13 Jahren zum ewigen Schlaf gelegt hat.

29. Dezember

KITTEL, JESUS UND DIE JUDEN, gelesen. Eine Broschüre, die mich zu einem langen Schreiben an den Verfasser veranlaßte.

1927

22. März

DAS BUCH JESAJA gelesen.

27. März

Wieder STEFAN ZWEIG, "JEREMIAS" und "DIE AUGEN DES EWIGEN BRUDERS" gelesen. Ich wüßte kaum zwei Bücher der Weltliteratur, die ich so liebe wie diese beiden.

29. März

Fuhr ich mit Irmchen vormittag nach Breslau. .... Um 8 mit Auto nach dem Haus der Freimaurerloge Hermann zur Beständigkeit. Meine Bücher lagen auf einem Tisch zum Verkauf aus. 1/2 9 Beginn des "Freimaurer ohne Schurz" benannten Abends. Etwa 150 Zuhörer. Begrüßung durch Dr. Fröhlich, der beigeordneter Meister vom Stuhl ist. Er führte mich als ein Prachtexemplar eines Freimaurers ohne Schurz und Irmchen als meine reizende Gefährtin ein. Dann sprach der blinde Dr. Ludwig Cohn etwa eine halbe Stunde über Freimaurer ohne Schurz aus Vergangenheit und Gegenwart, Schiller, Rabindranath Tagore, Carl Hauptmann, Ibsen, Victor Adler u.s.w. Hierauf las ich in etwa einer Stunde aus jedem meiner Bücher vor, hauptsächlich Ethisches. Wegen der Größe und schlechten Akustik des Saales mußte ich sehr laut sprechen.

Dadurch ging manches Seelische verloren. Zum Schluß großer Beifall und Dank von Dr. Fröhlich. Von 11 bis 1 Uhr waren wir dann noch mit einem größeren Kreis im Residenz-Kaffee.

22. April

trat ich früh 3/4 9, von Irmchen zur Bahn gebracht, im durchgehenden Münchner Wagen, meine Frühlingsreise an. Dresden, Chemnitz, Hof, Regensburg. Mit 20 Min. Verspätung kam ich abends 1/2 11 Uhr in München an.

23. April

Nachmittag machte ich einen Rundgang durch die Stadt. Ganz allmählich tauchten die alten Erinnerungen wieder auf. Ich rekognoszierte die beiden Häuser Maximilianplatz 13 und Wittelsbacherplatz 3, in denen ich vor über dreißig Jahren als zweites Semester gehaust hatte.

Abends im Prinzregententheater zu dem SALZBURGER GROSSEN WELTTHEATER VON HUGO VON HOFMANNSTHAL. Feierliche Dichtung, aber nicht erschütternd, nicht eindringlich genug, wie sie es dem Stoff nach sein müßte. Sie müßte mehr holzschnittartigen Charakter haben. Es werden zuviel Worte gewechselt. Die Rolle des Satan ist heillos vernachlässigt, der Tod zu schwächlich. Die Darstellung war nicht hervorragend. Vortrefflich nur das Spiel des Vorwitz.

26. April

fuhr ich vormittag nach Tegernsee. . . . Wohnungssuche.

27. April

Zimmer mit Balkon nach Süden und herrlicher Aussicht auf Wald und See gemietet.

In diesem Frühling wählt Paul Mühsam für seine Schaffenszeit Tegernsee, um in Bad Wiessee, das zum Wohnen weniger geeignet ist, Schwefel- und Jodbäder gegen die immer wiederkehrende Fu-

1927

runkulose zu nehmen. "Die Vormittage sind also auf diese Weise für mein besseres Selbst verloren, aber die Nachmittage gerettet, worüber ich sehr froh bin", schreibt er an seine Frau. ... "Wenn ich früh aufwache, sehe ich vom Bett aus die herrlichste Landschaft, das Hellgrün der Bäume und Wiesen, den blauen See, die dunkelgrünen und violetten Anhöhen und dahinter das Schwarzweiß der Bergriesen."

29. April

Bruchstück aus einer größeren Dichtung (Jesaja?)*angefangen.

Fast während des ganzen Aufenthaltes herrschen Regen und Kälte, eine Witterung, die ihm zum Schaffen nie günstig war. Aus dem Tagebuch erfahren wir kaum etwas darüber, doch einiges aus seinen Briefen nachhause. "Was ich hier am Nachmittag schreibe, sind nur Bruchstücke, die ich ungefeilt und sogar unausgearbeitet hinter mir liegen lasse, ziel- und systemlos. Wenn ich mich so ganz treiben lasse, pendelt alles, was ich dichte, um Gott. Das muß doch wohl so Bestimmung sein. 'Ich singe, wie der Vogel singt, der in den Zweigen wohnt' (und wünscht', ich könnt es auch so schön, damit es sich verlohnt.) — Ich glaube, die Wenigsten würden mit einem solchen Dachstübchen fürlieb nehmen, aber mir ist es mehr wert als ein Salon im grand Hotel mit fließendem Wasser. Es kommt immer nur darauf an, wie man die Dinge sieht, und was man an Gefühlswerten in sie hineinlegt." *Die Gedichte, die hier entstehen, werden später in den ersten und dritten Teil der "Stufen zum Licht" aufgenommen.*

31. Mai

Den hier geschriebenen Abschnitt des Jesaja (Buch der Erkenntnis)*beendet und ins Reine geschrieben. Eine Kette von 4 mal 12 Gedichten. Heute Mittag riß der seit vier Wochen angespannte Faden. Die Reaktion meldete sich. Auf einmal stürzten —

---

* *Von P. M. in Klammern gesetzt.*

1927

nach dieser Zeit der ernsten Sammlung — 7 Ulkgedichte aus mir heraus, die ich in einer Viertelstunde niederschrieb. Dann war es vorbei. Jede Inspiration war verflogen.

19. Juli

"DAS LEBEN DER TERMITEN" VON MAETERLINCK gelesen. Ein außerordentlich interessantes Buch. Wenn allerdings Maeterlinck das Vorhandensein eines Zentralwillens im Termitenstaat so erklären will, daß sie alle zusammen ein einziges Wesen bilden, so ist das abwegig. Gewiß kann man sie trotz ihrer Getrenntheit so ansehen. Aber dann muß man dasselbe von allen Geschöpfen sagen. Alle Maikäfer zusammen sind ein einziges Wesen, alle Gänse und auch alle Menschen, also die Menschheit. Das läßt sich hören, und ich habe es auch schon ausgesprochen. Aber damit ist für die Termiten nichts erklärt, und außerdem muß man dann noch weiter gehen und nicht nur die Menschheit, sondern auch die Erde, mit allem, was sie trägt, das Sonnensystem, die einzelnen Weltsysteme, und schließlich das ganze Weltall als ein einziges Wesen ansehen. So kommt man zwar zu einem richtigen Gedanken, denn das Weltall stellt ja die Persönlichkeit der verkörperten Gottheit dar, aber die Unterscheidung zwischen genus und species, zwischen Gesamtheit und Individuum wird dadurch aufgehoben.

Maeterlinck ist in diesem Buch vollständig pessimistisch eingestellt. In keinem seiner sonstigen Bücher spricht er so düster, so resigniert vom Sinn des Lebens. Aber es ist eben alles anthropozentrisch gesehen. Was können wir wissen? Die Tatsache des Kosmos allein lehrt Glauben und Vertrauen zu der unsichtbaren Macht, der wir weder die Sinnlosigkeit dauernden Leidens noch die der Zielsetzung des Nichts zutrauen dürfen. *

2. September

besuchte mich auf Veranlassung des früheren Reichswirt-

---

* *Die obige Eintragung ist am Bodensee, in Unteruhldingen, geschrieben, wo P. Mühsam mit seiner Frau die Sommerwochen verbringt, um ihr die Schönheiten dieser Landschaft zu zeigen.*

1927

schaftsministers Dr. Koeth der Geschäftsführer der paneuropäischen Union Deutschland, Baron von Lupin, um die Möglichkeit der Gründung einer Ortsgruppe mit mir zu besprechen. Ich versicherte ihm meine Sympathie für jede Bewegung, die auf Versöhnung und Verständigung der Völker hinzielt, wenn ich ihm auch meine Zweifel am Gelingen der paneuropäischen Union wegen der zu erwartenden Feindseligkeit Englands, das ja nicht mit eingeschlossen sein soll und das von jeher ein Interesse an der Rivalität der europäischen Kontinentalstaaten gehabt hat, nicht verhehlte. Eine politische Betätigung lehnte ich ab. Mein Pazifismus ist für mich eine Sache der Weltanschauung.

4. Oktober

HERMANN SCHULTHEISS,* STIRNER, Grundlagen zum Verständnis des Werkes "Der Einzige und sein Eigentum" gelesen. Schultheiß — gesegnet sei sein Andenken — sucht in dieser seiner Dissertation nachzuweisen, daß der Begriff des Egoismus bei Stirner nur eine formale Bedeutung hat, ohne eine Forderung zu stellen. Jeder Mensch handelt egoistisch, heißt: er handelt nach seinem Glauben. Es gibt einen Glauben, für den es kein Sollen gibt (der "Eigene"), und einen Glauben, für den es ein Sollen gibt (der "Besessene"). Nur der "Eigene" erstrebt Lust. Kann man nicht aber auch sagen, daß der, der Pflichterfüllung über die Lust stellt, auch eine und zwar tiefere Lust erstrebt, nämlich die des befriedigten Gewissens?

29. Oktober

FOERSTER, JUGENDLEHRE, gelesen. Ein ganz vorzügliches, herzerquickendes Buch. Wenn ich von der Scheidung zwischen

---

* *Dr. Hermann Schultheiß, Lehrer an der Görlitzer Studienanstalt, Germanist, Literarhistoriker, "prachtvoller, musischer Mensch", gehörte zu Mühsams' literarischem Freundeskreis. Sein Lob, seine Kritik, sein Schweigen bedeuteten Paul Mühsam viel. Sein früher Tod traf ihn tief.*

1927

Geist und Natur und der strengen Verurteilung der unehelichen Mutterschaft absehe, bin ich mit allem restlos einverstanden. Aus dem Buch spricht eine so tiefe Menschlichkeit, eine so warmherzige Innigkeit, daß, wenn alle Lehrer und Erzieher es zur Grundlage des Unterrichts und der Erziehung machen würden, das Menschengeschlecht bald mit einem hörbaren Ruck in die Höhe gehoben würde.

1928

1. Januar

Mit schweren Sorgen ins neue Jahr gegangen. Von meinem kleinen Vermögen im vorigen Jahr 7000 M. zugesetzt, obwohl Wohnung und Büro zusammen nur 2000 M. Miete im Jahr kosten. Nun muß wegen der ungünstigen Geschäftsgegend und der zu großen Enge der Räume endlich das Büro verlegt werden,* was eine erhebliche Mehrausgabe bedeutet. ... Wie soll das alles enden? Von dritter Seite haben wir nichts mehr zu erwarten, denn alle Vermögen sind im Krieg und in der Inflationszeit geschmolzen. Die Lebensversicherungen mußten neu abgeschlossen werden, da die alten durch die Inflation wertlos geworden waren, und die Prämien sind wegen des vorgerückten Alters enorm hoch. Die Kinder wachsen heran und kosten jedes Jahr mehr. Aber was das Schlimmste ist: ich komme nicht mehr zum künstlerischen Schaffen, ich werde wieder zum Tagelöhner des Lebens. Meine Bücher gehen nicht — nur zu begreiflich bei dem Tiefstand der jetzigen Zeit. ... Ich setze meine ganze Hoffnung auf die sechs Wochen im Frühjahr, die die Erfüllung bedeuten. Aber sie sind zu wenig. Ich brauche allein Wochen, um mich wieder zu sammeln, und

* *Das Anwaltsbüro, dessen Personal sich nach der Aufnahme des Sozius noch vergrößert hatte, befand sich seit P. Mühsams Heirat innerhalb seiner Wohnung.*

1928

auch dann bleibt man nicht immer in Stimmung. Wer schaffen will, muß warten, bis die Zeit der Gnade kommt. Die Inspiration läßt sich nicht zwingen, Intuition nach dem Kalender gibt es nicht. Bin ich verurteilt, ganz verloren zu gehen? Das Leben meiner Seele nach dem Tode beunruhigt mich aufs höchste. Wird es mir angerechnet werden, daß ich mich aus Pflichtgefühl geopfert habe und Tagelöhner geworden bin? Ich fürchte, nach den Motiven wird nicht gefragt. Nicht vor ein Strafgericht werden wir gestellt, sondern vor das Kausalitätsgesetz. Wer es versäumt, seine Seele zu weiten und sich zu entfalten, trägt die Qual des Unerlöstseins über dies Leben hinaus, dieselbe Qual, aus der heraus Gott sich in die Welt der Erscheinungen ergossen hat, und muß aufs neue zum Weltenpilgerstab greifen.

Ihm war die Gnade, sich zu erschließen, und er wehrte dem Strom und wühlte im Alltag. Er versäumte, wozu er berufen. Er begeht einen Vertrauensbruch, denn er läßt Kräfte brach liegen und verkümmern, die ihm anvertraut sind und die ihn befähigten, sich und damit Gott zu erlösen. Ich habe mehr zu verantworten als viele andere. Das könnte mein Glück erhöhen und wird nur zur Tragik meines Lebens. Vieles in mir ringt nach Gestaltung, aber das Tagewerk zermürbt. Am Abend sind die besten Kräfte verbraucht. Wenn ich im Frühjahr verreise, lodern die Flammen wieder auf. Wenn ich zurückkomme, lebe ich noch wochenlang in meinen Träumen und Gesichten und merke nichts von der profanen Arbeit, die ich verrichte. Aber allmählich zerschlägt der Aschenregen des Berufes die Flammen, und die heilige Glut erkaltet unter den Frostfingern des Zwanges.

3. Februar

"DER DÄMON", ROMAN VON GERHART HAUPTMANN, gelesen. Ein wertloses Machwerk. Es ist erstaunlich, wie wenig Selbstkritik Hauptmann bisweilen hat.

4. Februar

Ein Buch "Was der Hausbesitzer vom Mietrecht wissen muß" beendet. Eine Verarbeitung der Bestimmungen des Bürgerlichen

1928

Gesetzbuches über Miete, des Mieterschutzgesetzes, des Reichsmietengesetzes und des Wohnungsmangelgesetzes. Wochenlang fast jeden Abend daran gearbeitet.

7. Februar

Eine mich sehr erfreuende 4 Spalten lange ausführliche Würdigung durch Franz Grell in den Schleswiger Nachrichten.* ...

19. Februar (Sonntag)

durchgearbeitet. Die neuen Mietgesetze vom 13. und 14. ds.M. in mein Manuskript eingeflickt.

1. März

Die Propaganda für "Hauswirt und Mieter" beendet. Ungefähr 14 000 Prospekte verschickt, eine Serie an alle preußischen Anwälte, eine an alle preußischen Buchhandlungen und je eine an alle preußischen Hausbesitzer- und Mietervereine.

7. März

waren wir abends im FILM "DER WELTKRIEG", 2. Teil. Wann wird der Friede so gut organisiert sein wie der Irrsinn des Krieges?

16. März

Mein Buch "Hauswirt und Mieter" ist erschienen.** 78 Seiten stark. Bis jetzt sind 196 Exemplare verkauft.

Nur fünf Jahre vor dem Schicksalsjahr 1933 schreibt der Rezensent: "... Solange Deutschland solche Führer zur Wahrheit und Künder der Weisheit wie Paul Mühsam hervorbringt, hat es immer noch Anspruch darauf, ein Volk der Dichter und Denker genannt zu werden."
**Im Selbstverlag.

1928

19. März

waren abends Schwenk * und Frau, Schlüter ** und Frau, Wüsten und Frau (Dora Köppen ***) und Meyer bei uns. Ich las aus meinem Manuskript "Stufen zum Licht" vor.

Ende April fährt Paul Mühsam, mit mehreren Zwischenstationen, nach Manebach im Thüringer Wald, wo er sich in einer Dachstube einmietet, "nach Osten zu gelegen. Blick über das Ilmtal bis Ilmenau, zu beiden Seiten die bewaldeten Höhen."

1. Mai

Regen und Abkühlung. Vormittag in Ilmenau. Nachmittag ein Buch der Elegieen "Gewölk" angefangen.

4. Mai

Vormittag Ilmenau. Mit der Bahn hin, zu Fuß zurück. Zunehmende Kälte.

Der Bibliothek der Universität in Jerusalem auf ihren Wunsch meinen ewigen Juden geschickt.

7. Mai

Nachmittag Rundgang über Schwalbenstein und Schöffenhaus. Die Stadtbücherei in Görlitz wünscht meine Bücher für eine Werbewoche für schlesische Dichter.

---

* *Dr. Erich Schwenk, Landgerichtsdirektor in Görlitz, "der Hervorragendste der dortigen Richter an juristischem Wissen und Können." Im Privatleben "eine Bohemenatur, ein Literatentyp, geistsprühend, witzig und mit Temperament geladen, zusammen mit seiner exotisch wirkenden Frau ein jederzeit offenes Haus für Dichter, Maler und sonstige interessante Menschen führend und sozial tätig" (Memoiren). Für Paul Mühsams Bücher trat er mit Wort und Schrift begeistert ein. (s. auch 24.7.33).*
** *Dr. Otto Schlüter, Chefredakteur des "Neuen Görlitzer Anzeigers".*
*** *Bildende Künstlerin (Plastik, Töpferei, Malerei).*

1928

8. Mai

Elses Geburtstag. Vormittag mit der Bahn nach Elgersburg. Zurück Enterleins Weg über Schöffenhaus. Kälte. Regen.

10. Mai

Schneelandschaft. Vormittag bei Schneegestöber im geheizten Zimmer. Verzweifelte Stimmung.

16. Mai

Kälte, Regen und Sturm. "Gewölk" im Entwurf beendet.

19. Mai

Langsame Erwärmung. Vor dem Abendessen Spaziergang über Schwalbenstein und Schöffenhaus.

20. Mai (Sonntag)

Vormittag zum Reichstag gewählt, nachmittag in Ilmenau.

28. Mai

Pfingstwetter. Heute vor 20 Jahren Irmchen kennen gelernt. Nachmittag Schöffenhaus.

30. Mai

HENRIETTE HERZ, IHR LEBEN UND IHRE ZEIT, herausgegeben von Hans Landsberg, gelesen. Hauptsächlich Briefe, deren Zusammenstellung ein anschauliches Bild des Lebens der Berliner Gesellschaft zu Ende des 18. und Anfang des 19. Jahrhunderts ergibt. Der gütige Schleiermacher, der unstete Friedrich Schlegel, der abgeklärte Wilhelm und der bewegliche Feuerkopf Alexander v. Humboldt, der unreife junge Börne und Moses Mendelssohn mit seinen Töchtern stehen lebendig vor uns. Im Mittelpunkt Henriette Herz, im Gegensatz zur Rahel keine geistig überragende, aber liebenswürdige, alles Schöne und Hohe liebende sittenreine, religiöse Frau, von der ein ganz besonderer Zauber ausgegangen sein muß, und die im Gegensatz zu den meisten Frauen ihres Kreises einen bedeutenden Mann hatte. Über Allen schwebt, als der Olympier anerkannt, Goethe, unnahbar, viel bewundert, wenig geliebt.

Am 6. Juni ist Paul Mühsams diesjährige Schaffenszeit beendet und er nimmt Abschied von Manebach. Auf der Heimreise macht er, wie immer, in Weimar Station. Die vergangenen Wochen zusammenfassend schreibt er an einem der letzten Tage seines Aufenthalts in Manebach an seine Frau: ". . . Ich habe hier zu viel Tage (ungefähr 20) fast hintereinander Vor- und Nachmittag bei Schnee, Regen, Kälte und Sturm im geheizten Zimmer gesessen, als daß ich das Gefühl haben könnte, 5 Wochen im Thüringer Wald gewesen zu sein. Gestern ging ich einen ganz neuen Weg hoch über dem Dorf durch die Felder. Da hatte ich auf einmal die Empfindung, ich sei eben erst angekommen, und die Zeit meiner Erfüllung liege noch vor mir, und ich erschrak, als mir der Irrtum klar wurde. Ich habe naturgemäß nicht so viel schreiben können als sonst. Ich habe Wochen gebraucht, mich zu sammeln, mich zu finden und zu mir zu kommen. Ich konnte manchmal nur am Nachmittag schreiben und war Vormittag leer wie ein ausgebrannter Krater. Eigentlich erst seit ein paar Tagen ist es so, daß ich überfließe und es ununterbrochen, auch während der Mahlzeiten und nachts, in und aus mir dichtet. Ich habe diese günstige Konstellation, ein Produkt der Sonne, die immer alles aus mir an den Tag bringt, benutzt, um noch möglichst viel zu schaffen, ich meine nicht quantitativ, sondern intensiv. Was ich hier geschrieben habe, ist anderer Art als sonst. Es kommt zwar auch aus mir, aber es ist nicht das letzte Wort, das ich zu sagen habe. Es behandelt die Tragödie des Alterns, des Sterbens und der Einmaligkeit und Endgiltigkeit des Lebens. Es ist der 2. Teil der Trilogie, deren erster die "Stufen zum Licht" sind, und deren dritter hoffentlich die Überwindung durch Glaube, Liebe und Hoffnung sein wird. Es ist der Mittelsatz einer symphonischen Dichtung, eine Dissonanz, deren Auflösung der Schlußsatz bringt. Der Form nach sind es 6 Abschnitte, von denen einige in Hexametern, die andern in

1928

fünffüßigen Daktylen und Trochäen geschrieben sind. Das Ganze heißt "Gewölk". 2 sind vollständig fertig, die andern 4 so weit, daß sie in etwa 4 sonnigen Tagen fertig geworden wären. —"
Doch dann in Weimar wird ihm das Geschenk zuteil:

9. Juni

Bis zuletzt gearbeitet. Die ganzen Weimarer Tage hat es ununterbrochen in mir und aus mir gedichtet. Nur dadurch mit meiner Dichtung "Gewölk" ... fertig geworden. Die ganze Zeit wie in einem Traum, in einem Rausch.

Am 19. Juli reist er mit der zweiten Tochter, Lotte, nach Weimar, um auch ihr, wie zwei Jahre vorher Else, die durch Goethe und Schiller geweihten Stätten zu zeigen.

12. November

waren wir abends mit Else und Lotte im Konzert der von Theremin gefundenen AETHERWELLEN-MUSIK. Fabelhafte Klänge, wie Fagottöne, aber rein, ohne jedes instrumentale Beigeräusch, vom zartesten Pianissimo zum gewaltigsten Forte. Elementar, weil unbegrenzt scheinend. Noch in den Anfängen, aber mit großer Entwicklungsmöglichkeit. Das Warme, Beseelte des Tones wird durch Vibrieren der Hand hervorgebracht. Sonst ist der Ton kalt. Aber ist die Seele nur Tremolo? Oder nicht vielmehr auch fühlende Brust? Sind nicht elektromagnetische Wellen leer, auch wenn sie noch so sehr vibrieren? Oder strömt aus der beseelten Hand etwas in sie ein, wie beim Instrument? Triumph der Technik? Täuschung? Auf jeden Fall verblüffend.

26. November

waren wir abends zu einem Vortrag des so rasch zu Berühmtheit gelangten KAPLAN FAHSEL über Liebe, Ehe und modernes Sexualproblem. Ethisch-philosophischer Vortrag eines hinreißenden Redners. Im Sinne einer Bejahung der Hochhaltung der Ehe. Ablehnung der Probe- oder Kameradschaftsehe. Verwerfung einer

1928

Erleichterung der Ehescheidung. Alles von dem hohen sittlichen Standpunkt aus, daß der Geist über die Sinnlichkeit dominieren muß, daß das Verantwortungsgefühl nicht geschwächt werden darf und daß der Einzelne im Interesse des Aufstiegs der Menschheit Opfer zu bringen hat. Ich stimme all dem vollständig zu, aber zum Teil waren die Ausführungen zu theoretisch und Beweisführungen im luftleeren Raum, die die wirtschaftlichen Schwierigkeiten und die sexuelle Not zu wenig berücksichtigten. Die Bedürfnisse des Lebens und die ideale Forderung müssen auch hier zu einer mittleren Linie führen.

1929

7. Februar

Es macht mich immer froh, wenn mir unbekannte Menschen spontan schreiben, daß sie in meinen Büchern Trost und inneres Glück gefunden haben. So heute wieder ein Baron Schaumberg in Teinach.

26. April

Endlich der diesmal wegen des Versuchs der Befreiung von vielerlei Miseren lang ersehnte Tag der Abreise erschienen.

29. April

1/2 3 Ankunft Ilmenau Bad. Wärmeres Wetter.

30. April

Aprilwetter. Abwechselnd Sonne und Regen. Endlich meine Groteske "Nur ein Viertelstündchen" angefangen. Lange ersehnter Augenblick.

16. Mai

Meine Groteske im Entwurf beendet! Nachmittag das Ganze

mir vorgelesen. Es ist so, wie es mir vorgeschwebt hat. Aber zu lang.

22. Mai

Nachmittag mit Postauto nach Gabelsbach. Von da über das Goethehäuschen auf dem Kickelhahn und den großen Hermannstein nach Manebach. Mit Bahn zurück.

3. Juni

Nachmittag Waldweg nach Manebach. Mit Bahn zurück. Sturm, Regen.

4. Juni

Regen. Die 6 Schreibmaschinenexemplare zu Ende korrigiert. Rundgang. Abschiedsstimmung.

5. Juni

Um 10 Abfahrt. 1/2 12 in Erfurt. Bei Dr. Schüftans * zum Kaffee. Schöne Wohnung in 1925 erbautem Haus. Um 5 endlich die ungeduldig (von mir) erwartete Vorlesung meiner Groteske vor Dr. Löwenberg, Dramaturg und Oberspielleiter am Stadttheater in Erfurt, und Dr. Schüftan. Sie dauerte mit ganz kurzer Pause nach dem 2. Bild über 2 1/2 Stunden. Urteil: Das Stück ist sehr gut, aber zu lang. Die Aufführung würde 4 Stunden dauern. Die Leute reden zu viel, sowohl Hans Günter als auch die ganze Gesellschaft. Mehr andeuten, weniger aussprechen! Es wird alles zu breit ausgeführt, es werden zuviel Worte darum gemacht. Es ist manchmal, als ob man einen Witz erzählt und dann noch hinterher erklärt. Der Zuschauer weiß vieles von dem, was gesagt wird. Das anzuhören, ermüdet ihn. Die Richtschwertszene soll wegfallen. Ich erwiderte, daß das nicht geht. Erstens fiele damit der Sinn des Ganzen, denn hier zeigt es sich, daß die Wahrheit,

---

* *Rabbiner in Erfurt, vorher in Görlitz. Paul Mühsam schätzte ihn sehr, fand ihn offen für weltanschaulichen Gedankenaustausch.*

1929

das Nehmen der Lebenslüge tödlich wirken kann. Zweitens würde dadurch das Motiv für den Tod der Personen genommen werden. Ja, dann muß die Szene aber ganz kurz sein. Zu jedem ein Wort, und schon ist er tödlich getroffen. Hans Günter paßt nicht hinein. Er stört manchmal direkt. Am besten, er verschwände ganz. Ich entgegnete: Das geht nicht. Er ist für mich die Hauptsache. Ja, er paßt aber nicht in das Stück mit seinen Wirklichkeitsmenschen und paßt überhaupt nicht in die Jetztzeit. Menschen, die so sprechen, gibt es nicht mehr. Wenn er bleibt, muß er immer nur ganz kurz sprechen, ein Wort dazwischenwerfen und möglichst zurücktreten, im Hintergrund bleiben. Nicht alle Einfälle in das Stück hineinbringen wollen! Beschränkung! ...
Die traumhafte, gespenstische Stimmung ist gut getroffen.

Die Aussprache war mir sehr wertvoll. Es ist richtig, daß der Dialog zu weitschweifig ist. Ich hatte Dr. Löwenberg gleich zu Anfang gesagt, daß ich von der Lyrik komme und die Dramatik noch Neuland für mich ist.

Ich glaube, daß ich in meinem Kettenspiel "Eins", das ja auch eine Groteske, aber keine komische, sondern eine tragische ist, den dramatischen Stil schon richtig getroffen hatte. So muß ich ihn wiederfinden.

6. Juni

Vormittag nach Weimar. Rundgang: Goethehaus, Schillerhaus, Denkmal. Weiterfahrt nach Dresden. Von Irmchen an der Bahn erwartet. Frohes Wiedersehn.

8. Juni

Kurt Liebmann, mit dem wir vorgestern abend zusammenwaren, ist der Autor des soeben bei Diederichs erschienenen Buches "Vom Ursprung zur Vollendung", einer Zusammenstellung von Schöpfungsmythen der verschiedenen Völker. Sein Studium gilt hauptsächlich der vergleichenden Zeichenwissenschaft, also der Erforschung des Zusammenhangs zwischen den der Schrift vorausgegangenen Zeichen der Völker bis auf 10 000 Jahre zurück, an der Hand des Standardwerks von Wirth.

1929

15. Juni

Oesterheld nimmt meine Groteske nicht. Tief enttäuscht. Alle Illusionen zerbrochen.

Die schlechte wirtschaftliche Situation erlaubt keine Sommerreise. So verbringt die Familie * die Ferien in dem Wohnort von Irma Mühsams Mutter, dem Luftkurort Bühlau bei Dresden, oberhalb des Weißen Hirsch. Eintragung nach Rückkehr, in der Arbeit:

16. September

Trott, Hüh!

15. Oktober

Besuch von Erich Mühsam, der in der letzten Woche in Oberschlesien 5 Vorträge gehalten hat und auf der Durchreise nach Haus hier Station machte. Vormittag bei mir im Büro, Mittagessen und Kaffee in der Wohnung. Es ist doch eine merkwürdige Erscheinung: Am heftigsten befehden sich immer diejenigen politischen Parteien, die sich am nächsten stehn. So ist es auch mit den Syndikalisten und Anarchisten, zu denen Erich gehört, und den Kommunisten, auf die er garnicht genug schimpfen kann. Gegen die russische Sowjet-Union ist er aus demselben Grund polemisch eingestellt, wie gegen die ins Parlament gehenden und Ämter vom Staat annehmenden Kommunisten. Sie hat zwar die von ihm gewünschte Räteregierung, hat aber darüber hinaus eine Zentralgewalt errichtet und somit einen Staat begründet. ... In dieser Errichtung einer Zentralgewalt sieht er die Ursache der allmählichen Verkapitalisierung Rußlands. Auch vom Völkerbund will er als von einer Angelegenheit der kapitalistischen Staaten nichts wissen. Er sieht darin nur eine Versicherung der sich vertrustenden internationalen Rüstungsindustrie gegen ein Losschlagen zu ungeeigneter, ihr nicht genehmer Zeit. Im übrigen geht es ihm wirt-

---

* *Nicht mehr vollständig: Else hat die Schule beendet und hält sich in Genf auf.*

Paul Mühsam im Jahre 1925

Nach der Einwanderung in Palästina — 1934

1929

schaftlich nicht gut. Er hat keinen Verleger. So bekannt er auch ist, man will nichts mit ihm zu tun haben. Selbst der Ullstein-Verlag will seine Lebenserinnerungen nicht bringen, obwohl die Vossische Zeitung sie in 25 Artikeln veröffentlicht hat.* Er gibt seine Zeitschrift "Fanal" heraus, die ihm nichts einbringt, muß überall Vorträge halten, wird von allen Leuten um Rat und Hilfe angegangen und betreut etwa 50 Zuchthäusler. Er ernährt sich von Zeitungsartikeln, auswärtigen Vorträgen, Radiosprechen u. Ähnl. Seine Neigung drängt ihn zum Theater. Er hofft noch einmal Regisseur oder Dramaturg zu werden. Er plant auch eine politische Komödie, in der die politischen Parteien durch Parlamentarier vertreten sind und die Wahrheiten von Waschfrauen, Rotundenfrauen u.s.w. ausgesprochen werden. Er will sie mit einer Wandertruppe schreiben, die ihn darum gebeten und der er zeigen will, wie kollektivistisch gearbeitet wird, indem er mit ihr zieht und jede Szene gleich geprobt und nach Wunsch der Schauspieler geändert wird. Ich fragte ihn, ob das mit Kunst etwas zu tun hat, da doch das künstlerische Schaffen das Persönlichste und Individuellste ist, was es gibt.

24. Oktober

waren wir abends zu einem VORTRAG ÜBER ANNETTE VON DROSTE UND LEVIN SCHÜCKING von seinem Enkel, Prof. Levin Schücking, der sich bemühte, das Verhältnis so darzustellen, als ob es von seiten seines Großvaters, der damals, als Annette 42 Jahre zählte, erst 25 Jahre alt war, ein rein freundschaftliches gewesen wäre.

22. November

waren wir abends mit Lotte zum SPRECHCHOR DES GOETHEANUM aus Dornach. Große Enttäuschung. Monoton. Halb gesungen und dadurch nicht groß und stark genug, sondern spielerisch wirkend. Auswahl nicht glücklich. Nur Getragenes, Pathe-

---

* *"Unpolitische Erinnerungen".*

tisches eignet sich zum Sprechchor, nicht Gedankendichtung. Jedes profane Wort stört. Ich ging, bevor Steiner zu Wort kam.

23. November

Gedanken zu einem Bild: Ein Geizhals sitzt in seinem Zimmer auf seinem Geldsack. Arme, Hungrige, Zerlumpte, Witwen, Waisen drängen herein, bitten um Almosen und Schulderlaß. Er hält ihnen die Bibel vor. —

2. Dezember

Vormittag Unterredung mit Dr. Gondolatsch* über meine Traumgroteske. Er sieht sie als bühnenwirksam an, aber nicht für ein Provinzpublikum. Sie ist zum Teil so scharf und überspitzt, wie z.B. in der Leichenredensszene, die er als köstlich bezeichnet, daß nur ein intellektuelles und nur ein Großstadtpublikum dafür in Frage kommt. Sie ist ganz eigenartig und fällt durchaus aus dem üblichen Rahmen. Damit will er aber keineswegs etwas Negatives sagen. Mir ist dieses Urteil als das eines Oberspielleiters wertvoll.

Abends waren wir mit Lotte zu einem VORTRAG VON WÜSTEN über Karikaturisten, insbesondre George Groß und Zille. Ich glaube, er überschätzt den Wert der Karikatur als Kunstwerk. Echte Kunst bedarf weder der Übertreibungen und Verzerrungen noch erläuternder Unterschriften und wirkt doch noch erschütternder. Siehe Käthe Kollwitz!

1930

10. Januar

Prof. Gärtner vom Reformrealgymnasium stellte sich mir auf der Straße vor. Er will meine Bücher in Obersekunda und Unterprima im Religionsunterricht besprechen.

* *Oberspielleiter des Görlitzer Stadttheaters, den P. Mühsam um sein "ungeschminktes Urteil" gebeten hatte.*

1930

12. März

abends mit Else im KONZERT. Die 3 letzten Sätze der 3. und die 2. (Auferstehungs) Symphonie von Mahler. Irma und Lotte sangen mit.

28. März

Abrechnung vom Grunow-Verlag. Im vorigen Jahr sind 100 Bücher verkauft worden und zwar "Auf stillen Wegen" 18, "Vom Glück in dir" 11, "Gespräche mit Gott" 32, "Mehr Mensch!" 9, "Aus dem Schicksalsbuch der Menschheit"2, "Worte an meine Tochter" 28. Schulze ist entsetzt über den schlechten Absatz. Aber man muß berücksichtigen, daß er auch nicht den Schatten einer Reklame macht und die Bücher darauf angewiesen sind, sich ganz von selbst zu vertreiben.

27. April

Ankunft in Ilmenau.

29. April

3 Gedichte. —

30. April

Regen, Kälte. Im geheizten Zimmer.

1. Mai

Etwas wärmer. Einen Einakter "Goethe" angefangen. Nachmittag mit der Bahn nach Manebach. Zu Fuß zurück.

2. Mai

Irmchen schickte mir Auszüge aus dem 6. Band des 1930 bei Walter de Gruyter & Co. erschienenen Werkes "Stoff- und Motivgeschichte der deutschen Literatur", Ahasverus der Ewige Jude von Werner Zirus.

Der Verfasser analysiert darin meinen Ewigen Juden und nennt mein Buch die dichterischste Schöpfung unserer Zeit. . . .

1930

3. Mai

"Goethe" beendet. Mit großer Begeisterung PLATOS APOLOGIE in der Übersetzung von Schleiermacher gelesen. Auf der Schule im Urtext lernte man ja diese herrliche Rede nur nach der grammatischen Seite hin kennen.

4. Mai

(Sonntag). Einaktigen Sketsch "Seine Hochwürden der Herr liebe Gott" angefangen. Nachmittag mit der Bahn nach Elgersburg. Frau Arnoldi* besucht. Er war ausgegangen. Über das Schöffenhaus nach Manebach. Mit der Bahn zurück.

Die in diesem Jahr verfaßten Einakter, in denen Paul Mühsams ausgepräger Sinn für Groteskes, für Komik zum Ausdruck kommt, entstanden — abgesehen von dem Kettenspiel "Eins" — nicht aus dichterischer N o t w e n d i g k e i t : er erhofft, bei ihrer Annahme durch Bühnen, eine Verbesserung seiner wirtschaftlichen Lage. Er zählt sie nicht zu seinem Werk. " . . . Nun habe ich dieses Kleinzeug hinter mir, und das Eigentliche kann beginnen" schreibt er an seine Frau. ". . . In der Arbeit bin ich zwar drin und bin mir auch nähergekommen, aber ganz vorgedrungen bin ich noch nicht. . . Das Letzte kann ich nur in einer reinen Dichtung aussprechen, und damit wird es diesmal nichts.

15. Mai

Angefangen, Platos Apologie zu übersetzen.

16. Mai

Sonne. Vormittag angefangen, meine metaphysischen Gedanken niederzuschreiben.** Nachmittag einen Einakter (bereits

---

* *Arnoldis waren P. Mühsams Wirtsleute bei seinen Aufenthalten in Elgersburg.*
** *"Heute Vormittag baute ich an meinem philosophischen System des extremen Idealismus." (An seine Frau).*

1930

Nr. 5) entworfen. Satirisch. Zu "Goethe" und "Seine Hochwürden der Herr liebe Gott" passend. Nennt sich "Idealisten".

Ist es ihm auch in diesem Jahr nicht gegeben, zum "Letzten" vorzudringen, so kann er einige Tage später wenigstens hinzusetzen, daß er dies Jahr von einer Produktivität sei, die ihn selbst in Erstaunen setze. "Gestern habe ich angefangen, Platos Apologie zu übersetzen, und habe eine Riesenfreude daran."

"Ich hatte sie schon immer als ein wundervolles Dokument der Menschlichkeit geliebt", sagt er rückschauend in seinem letzten Buch "Erinnerungen, Betrachtungen, Gestalten".

21. Mai

Vormittag 10 Bilder für das Thema meines Schauspiels "Geld" skizziert. Nachmittag den 3. und letzten Akt des Schauspiels bis auf die Schlußszene entworfen.

22. Mai

Das Schauspiel, das nun wahrscheinlich "Glück" heißen wird, beendet. Das 1. Bild der Bilderfolge "Geld" geschrieben. Vormittag Sonne, nachmittag Gewitterregen.

27. Mai

Eine Abhandlung "Mein Weltbild" geschrieben. Metaphysische Weltanschauungsgedanken.

5. Juni

Nachmittag mit der Bahn nach Manebach. Zu Fuß zurück. Herrliches Wetter. Noch einmal Luft, Wald und Landschaft mit allen Sinnen und Poren gesogen. Bewußtsein, in den sechs Wochen in der Erkenntnis vorwärtsgekommen zu sein und mein Werk gefördert zu haben.

5. September

Einführung zur Vorlesung meiner Übersetzung der Apologie entworfen.

1930

29. September

abends zu einer VORLESUNG VON RUDOLF G. BINDING. Einleitendes über Dichter und Dichtung. Eine Anzahl Gedichte. Eine Kriegsnovelle "Der Wingult".

Er macht, verglichen mit dem unvergeßlichen lebendigen Feuergeist seines Vaters *, einen müden, epigonenhaften Eindruck. Fein empfindender Dichter, aber mir etwas wesensfremd. Ich glaube, daß er geistig nicht sehr beweglich ist, emsig suchen muß und das Dichten ihm schwer fällt.

2. Oktober

Meine Schaffensreisen im Frühjahr werden von verschiedenen Seiten falsch ausgelegt. Teils hält man mich für einen Krösus und weiß nicht, daß ich in Thüringen nicht viel mehr gebrauche, als wenn ich zu Hause wäre, weil man statt an meine primitive Klause und Lebensweise an teure Hotels und standesgemäße Pensionen denkt. Teils rät man mir, nicht soviel zu arbeiten und mich stattdessen lieber zu erholen ... Wie soll man es den Menschen verständlich machen, daß ein Künstler zugrundegeht, wenn ihm jede Möglichkeit genommen wird, sich auszusagen, und daß sein Leben nicht mehr lebenswert ist, wenn er, 46 Wochen des Jahres sich lebendig zum Opfer bringend, auch den kärglichen Rest von 6 Wochen noch für sein Wesentliches einbüßt? Wie verständlich machen, daß es keine Wahl gibt, zu schaffen oder nicht zu schaffen, sondern nur, zu sein oder nicht zu sein? Aber mein Künstlertum wird nicht als zwingender Faktor anerkannt, weil es verschüttet ist vom Staub des Anwaltsberufs und nur noch seufzen, aber nicht mehr schreien kann.

16. Oktober

las ich abends in einer gemeinsamen Veranstaltung der literarischen Gesellschaft und der Gesellschaft für antike Kultur ...

Prof. Karl Binding war P. Mühsams Strafrechtslehrer in seinem 3. Semester in Leipzig.

1930

meine Übersetzung von Platons Apologie vor einem begeisterten Publikum. Etwa 200 Zuhörer.

29. Oktober

Das Haus Goethestr. 1 verkauft. Von einer großen Sorge befreit. Für die Hybris, daß ich in einer Villa wohnen wollte, gebüßt und gesühnt.

12. Dezember

SCHWEGLER, GESCHICHTE DER PHILOSOPHIE, wieder gelesen. Eigentlich hatte ich nur die Absicht, die griechische Philosophie zu lesen, aber es ließ mich nicht los, bis ich zum Schluß durchgelesen hatte. Es gibt nichts Erhebenderes und Fesselnderes als Philosophie. Nichts erhebt höher über den Alltag, näher zum Göttlichen.

1931

13. Februar

Harter Schlag durch die für die freien Berufe eingeführte enorm hohe und unerschwingliche Gewerbesteuer. Und dies in der jetzigen Zeit der Geldnot und des Abbaus der Armenrechtsgebühren.

Während der Monate Januar und Februar befaßt sich Paul Mühsam in seiner Lektüre ausschließlich und systematisch mit der Dichtung der griechischen Antike. Während seines Frühjahrsaufenthalts, diesmal auf Burg Weißenstein im Bayerischen Wald, fährt er mit der Übertragung griechischer Werke ins Deutsche fort. Er ist "plötzlich von einem Übersetzungsfieber ergriffen" worden, *"von einer wahren Manie, die schönsten Werke der griechischen und römischen Klassiker 'in mein geliebtes Deutsch zu übertragen'." (Erinnerungen, Betrachtungen, Gestalten).**

21. Mai

Vor einigen Tagen einen Dialog "Die Welt als Geist und Gedanke" angefangen, in den ich meinen Entwurf "Mein Weltbild" verarbeite.

22. Juni

Hervorragende Besprechung meiner Apologie-Übersetzung durch Hanns Martin Elster und die Oberstudiendirektoren Schmid und Voigt. Letzterer schreibt, noch nie habe ihn eine Übersetzung der Apologie so innerlich gepackt und er habe die Feststellung gemacht, daß auch Menschen, die der Antike fernstehen, einen unauslöschlich tiefen Eindruck davon erhalten.

10. Juli

1/2 12 stieg ich in den Zug, mit dem Irmchen kam. 3/4 3 Ankunft in Thammühl am See, Tschechoslovakei.

14. Juli

Katastrophaler Zusammenbruch der deutschen Wirtschaft. Zahlungseinstellung der Darmstädter Bank. Die übrigen Großbanken und die Börse geschlossen. Für die Lohnzahlungen am Ende der Woche soll Notgeld gedruckt werden. Erinnerung an die unselige Inflationszeit. Glücklicherweise habe ich genügend tschechisches Geld mit. Sonst müßten wir abreisen. Deutsches Geld wird nicht angenommen.

---

* *Von diesen Übertragungen ist bisher nur "Die Verteidigungsrede des Sokrates" veröffentlicht worden. Sie erschien 1931 bei Leopold Klotz in Gotha und erhielt hervorragende Besprechungen in der literarischen, philologischen und juristischen Presse.*

1931

17. September

waren wir abends zum BACHKONZERT (Orgel und Violine) in der Peterskirche. ... Es gibt in der Musik nichts Höheres als Bach. Wenn seine Musik anfängt, uns zu überfluten, öffnet sich der Himmel. Sie gleicht einem gotischen Dom. In beiden ist ebensoviel Frömmigkeit wie Kunst.

22. Oktober

Abends las ich in einer Sonderveranstaltung der Literarischen Gesellschaft und der Gesellschaft für antike Kultur in dem bis auf den letzten Platz gefüllten Festsaal des Gymnasiums meine Übersetzungen unter dem Titel "Aus der Schatzkammer altgriechischen Geistes" und zwar die Grabrede des Perikles aus Thukydides und den Tod des Sokrates aus Platons Phaidon und nach einer kleinen Pause Herakles am Scheideweg aus Xenophon, 2 anakreontische Gedichte "Eros und die Biene" und "An Eros", 2 äsopische Fabeln ("Der Fuchs und die Traube" und "Der Künstler und der Bauer") und "Die Syrakuserinnen beim Adonisfest" von Theokrit. Atemlose Stille, zum Schluß begeisterter Beifall.

15. November

Brief von Herz. Er hat in einem literarischen Zirkel meine Übersetzung der Apologie, umrahmt von mehreren "Sonetten aus der Einsamkeit" vorgelesen und starken Eindruck erzielt. Er will im Lauf des Winters die Vorlesung in anderem Kreis wiederholen.

21. November

waren wir abends zu einem VORTRAG VON DR. GEORG LANDAUER über Zionismus, Sozialismus und Kommunismus. Der Vortragende spielt eine maßgebende Rolle in der zionistischen Bewegung. ...
Morgen abend soll eine Diskussion im engeren Kreis stattfinden. Ich gehe nicht hin. Ich kann über diese Dinge nicht disputieren. Eine Diskussion ist nur möglich, wenn die Kämpfenden auf gleicher Ebene stehn, sonst stoßen sie in die Luft. Es ist nicht Überheblichkeit, wenn ich sage, daß ich anders und von anderer

1931

Struktur bin als die Mehrzahl der Menschen und mein Denken anders gelagert ist. Es ist eine Tatsache, und das Wissen um sie, mir fühlbar bis zur Schmerzhaftigkeit, macht nicht überheblich, sondern demütig. Ich bin in eine Tiefe vorgestoßen, in der alle nicht gottgegebenen Unterscheidungen wegfallen. Vor Gott gibt es ebensowenig Christen und Juden und Heiden, wie es Deutsche und Franzosen und Engländer gibt. Vor Gott gibt es nur Menschen. Gewiß, deswegen disputiert nur ruhig weiter. Aber mein Andersgeartetsein besteht eben grade darin, daß ich alles kosmisch, sub specie aeternitatis sehe. Von diesem Gesichtspunkt aus aber handelt es sich nicht um gottgegebene, sondern von Menschen gemachte Unterscheidungen. Gott ist die Einheit und das Ja. Unterscheidung ist Verneinung des Andern und beruht, wie jede Grenze und Abtrennung, auf der Gegenkraft, die zwar auch von Gott gewollt ist, aber nur, um überwunden zu werden und das Ja erkennbar werden zu lassen.

Nun ist es aber für mich eine feststehende Tatsache, daß alles Nein nur durch das Ja, Haß nur durch Liebe, Böses nur durch Gutes überwunden werden kann. Richtet Frankreich eine Mauer auf, so wird Deutschland die Scheidung nicht überwinden, indem es auch eine Mauer errichtet, sondern nur, indem es dafür kämpft, daß die Mauer mit vereinten Kräften niedergerissen wird und man sich von beiden Seiten die Hände reicht. Der Fortschritt besteht nicht darin, daß die Nationen sich immer mehr von einander absondern, sondern darin, daß sie danach streben, dienende Glieder der Menschheit zu werden. Dies vorzubereiten sind die Juden, diese Hefe im Sauerteig der Völker, wie Mommsen sie nennt, berufen, und es ist eine Verkennung ihrer weltgeschichtlichen Sendung, wenn sie danach streben, eine Nation zu werden, noch dazu eine kleine, unbedeutende und von England abhängige, anstatt die internationale Macht zu bleiben, die sie sind. Sie wollen wie Antäus durch die Berührung mit dem Boden neu erstarken. Aber muß dieser Boden denn räumlich begrenzt sein? Muß der Kultureuropäer deshalb genötigt werden, Asiate zu werden? Die ganze Erde ist ihr Boden. Die Absonderung mag menschlich begreiflich sein. Wenn sich christliche Gesellschaftsvereine und Parteien ab-

1931

schließen und Juden nicht aufnehmen, so ist es verständlich, daß sie mit Gleichem erwidern und auch ihrerseits sich absondern. Aber der Weg ist irrig. Auch hier gilt wie überall der Satz: Das Böse wird nur durch das Gute überwunden, und nicht dadurch, daß man Gleiches mit Gleichem vergilt. Und es ist kein Mangel an Charakter, sondern zutiefst göttlich, wenn man sagt: Ihr schließt uns aus, aber unsere Pforten stehen euch offen. Ihr haßt uns, aber wir bringen euch trotzdem Liebe entgegen. Das mag schwer sein, besonders für die nach Impulsen handelnde, erkenntnisblinde Jugend, aber man muß ihr leuchten und den Weg zeigen.

28. November

Der Johannes Baum-Verlag in Pfullingen, der Herausgeber der über viele Länder verbreiteten Weißen Fahne nimmt mein Buch "Der Sinn des Lebens" mit dem Obertitel "Tao" und bringt es als Sonderheft heraus.*

1932

4. Januar

Hanns Martin Elster schreibt, daß er mein "Tao" mit tiefster innerer Zustimmung und Freude gelesen hat.

10. März

JOSEF KASTEIN, EINE GESCHICHTE DER JUDEN, gelesen. Ein mit Geist, Liebe und Temperament in glänzendem Stil geschriebenes Buch. Im Gegensatz zu der sachlichen Geschichtsdarstellung von Grätz bewußt einseitig und subjektiv in leidenschaftlicher Verfechtung des Zionismus. Keine Darstellung äußerer Geschehnisse, sondern eine Sinndeutung an der Hand derselben. Der Zionismus ist keine charitative Angelegenheit im Sinn einer Asylgründung für verfolgte Schuldlosigkeit, sondern ein nationales und

* s. 28.4.26.

daher politisches Problem, Heimkehr nach Palästina im Sinn einer Wiederherstellung des jüdischen Staates. Zionist kann nur sein, wer eine jüdische Nation noch als bestehend ansieht. Zu einer Nation aber gehört ein Volk, d.h. eine organisch verbundene Gesamtheit, und das dazu gehörige, d.h. das als Heimat der völkischen Eigenart zugrundeliegende Land. Die Judenheit jedoch ist kein Volk mehr, wie sie es einst war. Die Gleichheit des Bekenntnisses genügt dazu nicht. Durch zweitausendjährige Zerstreuung ist die innere organische Verbundenheit verloren gegangen. Es besteht nur noch eine auf der Gemeinsamkeit des Ursprungs, des Erlebens und des Bekenntnisses begründete Solidarität. Wie schon der sephardische Jude sich gegen den askenasischen abschloß und wie schon im Mittelalter in der Türkei die Juden nach den verschiedenen Nationen, aus denen sie eingewandert waren, sich abtrennten und ihre eigenen Gemeinden und Rabbiner in derselben Stadt hatten, so steht auch jetzt noch dem deutschen Juden derjenige deutsche Christ, der sich auf gleicher kultureller Stufe mit ihm befindet, näher als der polnische und selbst als der französische Jude. Die Gemeinsamkeit der Muttersprache, des staatlichen Erlebens und der Kultur und Wirtschaft in allen ihren Verzweigungen haben dies Ergebnis in einem jahrhundertlangen Prozeß herbeigeführt, innerhalb dessen der Jude erfahren hat, daß auch noch etwas anderes als der Talmud verbindend sein kann.

Die Tatsache, daß der jüdische Deutsche von vielen christlichen Deutschen ebensowenig gelitten war und ist, wie überall die Juden von der Nation, der sie zugehören, ist schmerzlich und ist Schicksal, bewirkt als auf mangelnder Liebe beruhend mangelnde Gegenliebe, ändert aber nichts an der Tatsache der geschichtlichen Einverleibung in das Gefüge der staatlichen und europäischen Gemeinschaft. Der französische refugié ist auch zunächst als Ausländer nach Deutschland gekommen, aber nach hundert Jahren sind seine Nachkommen trotz des abweichenden Bekenntnisses Deutsche geworden. Die Deutschen, die nach Amerika auswandern, fühlen sich zunächst noch als Deutsche, aber nach hundert Jahren sind ihre Nachkommen Vollamerikaner. Nur die besonders tiefgreifende Verschiedenheit des Glaubens und die Bedeutung der jüdischen Religion für die gesamte Lebensstruktur ihrer Bekenner konnte zu der Auffassung verleiten, es sei bei den Juden anders. In Wirklichkeit sind sie im Laufe der 2 Jahrtausende ihrer Zerstreuung längst in ihren jeweiligen Gastvölkern aufgegangen, trotz verhältnismäßiger Rassenreinheit. Fehlt es sonach an einer geschlossenen Volkheit, so kann auch die Wiederübersiedlung in das Land der Väter, selbst wenn man dies künstliche Unternehmen als ein organisch auf Entwicklung beruhendes Ereignis im Werdeprozeß jüdischer Geschichte und nicht als eine romantische, dem Gefühl entspringende Bewegung ansehen wollte, nicht zu einer Staatenbildung führen. Das dadurch entstehende Gebilde ist lediglich eine auf rationalistischem Wege politisch herbeigeführte Vereinigung von Menschen verschiedener Nationalität in Form einer Siedlungsgemeinschaft. Die Gleichheit des Ursprungs und des Bekenntnisses ist nur die Grundlage, auf der die Sammlung beruht, aber nicht imstande, eine Einheit wiederherzustellen, die durch die geschichtliche Entwicklung verloren gegangen ist. Mag auch ein Teil der Juden aller Länder an diese Einheit glauben als an die Erfüllung eines auf uralter Sehnsucht beruhenden Wunschtraums, in Wirklichkeit ist sie nicht vorhanden. Der europäisch orientierte Jude, mag er noch so sehr an seiner Vergangenheit hängen, weiß garnicht, wie tief seine ganze Anschauungswelt in der Kultur des Staates, in die seine Vorfahren hineinwuchsen, verankert ist. (Selbst der Zionismus verdankt sein spontanes Entstehen der nationalistischen Welle des letzten Jahrhunderts in Europa). Das hat nichts mit der Assimilation zu tun, die Kastein mit Recht geißelt. Denn diese beruht auf einem würdelosen Aufgeben der eigenen Individualität, die Verschmelzung dagegen auf organischem Wachstum. Die Problemstellung von Kastein ist insofern eine unrichtige, als er nur Zionismus oder Assimilation zur Wahl stellt, in jenem die Konzentration, in dieser die Auflösung sehend. Aber es gibt eben für den Juden noch ein Drittes, ein Synthetisches, das ist die Wahrung der eigenen Art innerhalb des Staates, dessen Angehöriger er ist. Und weil er seine Art wahren darf und muß und weil er dem Staat als Bürger wie jeder andere angehört, ist es sein gutes Recht, für die volle Wahrung seiner staatsbürgerlichen Rechte zu kämpfen und den Antisemitismus seines Landes nicht nur als eine jüdische Angelegenheit, sondern als eine solche seines Landes anzusehen, während der Zionist, sich als Ausländer fühlend, sich nicht beklagen darf, wenn er unter Gastrecht gestellt und als Ausländer, unter Umständen auch als lästiger, behandelt wird.

28. März

Vormittag konnten wir schon am Fuß der Landskrone im Freien sitzen, mit Hilde.* Ich las den Osterspaziergang aus dem "Faust" vor.

9. April

Abendessen zur Feier des 75jährigen Stiftungsfestes des Schachklubs Lusatia. Ich gehöre nun schon zu den ältesten Mitgliedern. ... Nach dem Abendessen fand ein Simultanspiel gegen Dr. von Gottschall statt. Der Schachmeister spielte gleichzeitig 6 Partien. Ich machte es ihm am schwersten, und nachdem er schon 2 Partien gewonnen und 3 remis gemacht hatte, mühte er sich noch von 12 bis 1 Uhr mit mir ab, während alle Teilnehmer dem interessanten Kampf zusahen. ... Er bezeugte mir, daß ich gut und fehlerlos gespielt und es ihm sehr schwer gemacht habe. Leider habe ich zu wenig Übung, die ich nach der zwanzigjährigen Schachspielpause besonders nötig hätte.

30. April

Antritt meiner Frühlingsreise.

2. Mai

Stralsund. Wegen Kälte und Sturm Kajüte. 1/2 7 Kloster auf Hiddensee. Ans Meer.

3. Mai

Nachmittag zu Fuß nach Vitte. Mit dem Caprivi zurück. Kälte. Zimmer geheizt.

* *Von den Kindern ist nur noch Hilde zuhause.*

1932

4. Mai

Angefangen, das griechische Märchen "Psyche und Eros" aus der lateinischen Nacherzählung des Apuleius von Madaura zu übersetzen.

9. Mai

Nachmittag in Vitte. Dann am Strand in der Sonne. *Tat twam asi.**

16. Mai

Vormittag Leuchtturm und Klausner. Den ganzen Tag Sonne, Strandkorb. Abends eisige Kälte. Herrlicher Sonnenuntergang über dem Meer.

20. Mai

Die Übersetzung von "Psyche und Eros" beendet.

22. Mai

Vorwort zu "Psyche und Eros" geschrieben. Nachmittag Übersetzung von Sophokles, Antigone, angefangen.

23. Mai

Schönes Strandkorbwetter. Zwischendurch den Brief eines Marsbewohners geschrieben. Mit der Antigone geht es wegen der gebundenen Sprache nur langsam vorwärts.

4. Juni

Praxis im Mai katastrophal. Noch nicht die Bürospesen vereinnahmt! Antigone, Vers 712–780.

* *Mit diesem altindischen Wort (Das bist du) ist Paul Mühsam klar geworden, daß sein Wissen um die Einheit alles Erschaffenen ihm nicht mehr erlauben dürfe, das Fleisch eigens getöteter Tiere zu essen.*

1932

3. Juli (Sonntag)

war ich nachmittag mit Bernhard in Zittau zusammen. Wir gingen unseren in der Jugendzeit tausendmal gegangenen Weg zum Eckartsberg hinauf. Damals voll von Hoffnungen, jetzt von Erinnerungen. Oben tranken wir im Freien Kaffee und gingen den neu gebauten Fahrweg zurück.

25. September

Rein vegetarische Kost nicht mehr durchführbar. Ich habe mir monatelang die denkbar größte Mühe gegeben und bis jetzt durchgehalten. ... Mein Magen ist vielleicht zulange an Fleischkost gewöhnt. Ich muß die Verwirklichung meines Ideals der jüngeren Generation überlassen.

Dr. Lichtenstein in Weimar hat als erster Verleger meine Gedichte gelesen und findet sie so wertvoll, daß er sie in seinen Verlag nehmen möchte.

13. Oktober

Sehr beglückt, daß das Beste meiner Lyrik erscheint und erhalten bleibt. Tüchtig gesiebt.

18. Oktober

Liebesbrief eines katholischen Priesters in La Serena in Chile, der meinen Tao gelesen hat.

26. Oktober

Im Generalstabswerk über den siebenjährigen Krieg Bd. 6 über die Schlacht bei Leuthen, 5. Dez. 1757, gelesen und nach meinem Ururgroßvater gesucht.*

---

* *Dieser hatte während des Siebenjährigen Krieges seinen bayerischen Heimatort Pappenheim verlassen und sich in Schlesien Friedrich d. Gr. Fahnen unterstellt. In der Schlacht bei Leuthen rettete er einen preußischen Offizier unter Lebensgefahr aus dem Feuer der Österreicher. Für diese Tat und sich daran anschließende Begebenheiten erhielt er vom König für sich und seine Nachkommen den Namen M ü h s a m.*

1932

3. November

las ich an einem gemeinsamen Abend der literarischen Gesellschaft und der Gesellschaft für antike Kultur im überfüllten Festsaal des Gymnasiums unter andächtiger Spannung des Publikums und mit großem, herzlichen Beifall meine Übersetzung von "Psyche und Eros".

22. Dezember

nach langem Warten und wiederholtem Drängen: Ende gut, Alles gut. Mein Gedichtband "Stufen zum Licht" in schöner Ausstattung im Verlag Erich Lichtenstein erschienen!

29. Dezember

ERICH MÜHSAM, "DIE BEFREIUNG DER GESELLSCHAFT VOM STAAT.WAS IST KOMMUNISTISCHER ANARCHISMUS?" gelesen. Eine Gesellschaftsordnung für komplette Engel.

Für die Errichtung einer vollkommenen Gesellschaft, die Paul Mühsam erstrebt, sieht er lange Zeiten geistiger Vorbereitung voraus. "Rückschläge, mögen sie auch Jahrtausende dauern, Abstürze aus der Höhe schon erreichten Fortschrittes in ein überwunden geglaubtes Stadium dürfen uns nicht irremachen, denn die Entwicklung vollzieht sich nicht gradlinig, sondern in Wellenbewegungen, ist vielen Schwankungen unterworfen, für welche Jahrtausende keine Rolle spielen, und die Menschheit, noch tief in der Tierhaut steckend, steht erst am Beginn der Menschwerdung." (Glaubensbekenntnis). In den Kriegen sieht er den Hauptfeind der menschlichen Gesellschaft. Er glaubt, daß die Menschheit "nur dann den schmalen Pfad ihrer Aufwärtsentwicklung zu gehen imstande ist, wenn sie ... zur Erkenntnis ihrer wahren Aufgaben kommt und das Instrument des Krieges als Regulator des Völkerlebens ein für allemal zerbricht. ... Denn da es keine Waffe gibt, die so fürchterlich ist, daß wegen ihrer Fürchterlichkeit die Völker von ihrer Benutzung zum Höllenwerk der Zerstörung Abstand nehmen würden, kann die Umkehr nur von innen heraus erfolgen, indem das Wüten der Gewalt durch die Herrschaft der Vernunft ersetzt wird."

1933

1. Januar

Dr. Hanns Martin Elster will sich in diesem Jahr mit meinem Gesamtschaffen beschäftigen.*

25. Januar

Glänzende Besprechung der "Stufen zum Licht" im Neuen Görlitzer Anzeiger.

28. Januar

Überschwänglicher Brief der Rezitatorin Irene Ilse Maas über "Stufen zum Licht". Sie will einen Paul Mühsam-Abend nur für meine Gedichte in Görlitz veranstalten.

5. März

Wählten wir zum Reichstag und Landtag.

8. März

Die Revolution macht Fortschritte. Heute ist auf dem Rathaus und auf dem Gerichtsgebäude neben der schwarz-weiß-roten die Hakenkreuzfahne gehißt worden.

13. März

LATEINISCHE HYMNEN UND GESÄNGE AUS DEM MITTELALTER ... gelesen.

18. März

Der nationalsozialistische Juristenbund verlangt sofortige Ab-

* *Es kam anders ...*

setzung aller jüdischen Richter und Notare und Abbau aller jüdischen Rechtsanwälte innerhalb 4 Jahren!

21. März

Zum letzten Mal in der Wohnung Bismarckstraße 4, unserer ersten Ehewohnung, in der unsere Kinder geboren sind und in der wir fast 24 Jahre Freud und Leid des Lebens geteilt haben. Sie war noch von meinem guten Papa gesegnet, der mir beim Einzug bewegt sagte:"Hier wirst du dein Glück und deine Freude haben."

22. März

Einzug in die neue Wohnung Schillerstraße 23. Zum ersten Mal im eigenen Haus, aber unter den ungünstigsten Auspizien, vor einer ganz ungewissen Zukunft stehend.

29. März

Besetzung des Gerichtsgebäudes. Abführung der nichtarischen Richter und Rechtsanwälte, die grade auf dem Gericht waren, nämlich. . . . G. entkommen. Dr. M. und Justizrat K. geflüchtet. S. verfolgt und in Weißwasser aus dem Berliner Zug geholt. . . . 3/4 1 ich und Dr. Kunz im Büro verhaftet. Zuerst Dr. Kunz nach dem braunen Haus geführt. Dann ich, nach der Durchsuchung auf Waffen durch ein S.A. Kommando von 3 Mann, von diesen und noch mehreren auf der Straße wartenden S.A. Leuten eskortiert, zum Anwaltszimmer, wo ich RA C. und Zahnarzt Dr. W. vorfand. . . . 1/4 3 Uhr Abführung. Unten stand bereits eine Anzahl weiterer Gefangener, darunter Günther. Zug im Gänsemarsch, jeder zwischen 2 bewaffneten S.A. Leuten, durch die Stadt zwischen johlenden Menschen hindurch nach dem Rathaus. . . . Bange Stunden, da in völliger Ungewißheit über unser Schicksal. Irgendwo wurde über uns beraten. 1/2 9 . . . entlassen. Mit Auto nach Hause. Auch Irma war Mittag eine halbe Stunde in Schutzhaft, dann war Haussuchung bei uns. Nachts Nervenchok.

31. März

Weil ich den Angestellten gekündigt hatte, da Praxis gleich Null und keine Möglichkeit mehr, Termine wahrzunehmen, erschien wieder ein S.A. Kommando von 3 Mann mit Auftrag, mich zu verhaften. Ich nahm daraufhin die Kündigung telefonisch zurück. — Andauernd furchtbarer seelischer und körperlicher Zustand.

Auf Anraten seines Arztes fährt Paul Mühsam (mit seiner Frau), von Bernhard abgeholt, nach dem Weißen Hirsch bei Dresden und begibt sich dort in ärztliche Obhut.

5. April

Abends Besuch von Bernhard. Auf Anweisung des Justizministers (begründet damit, daß Sicherheit und Ordnung gestört werden könnten, wenn einem Deutschen eine Urkunde entgegengehalten wird, die von einem jüdischen Notar beglaubigt ist) dem Landgerichtspräsidenten angezeigt, daß ich mich bis auf weiteres jeder Amtshandlung als Notar enthalten werde.

Der treue Freund besucht ihn in dieser schweren Zeit des öfteren, trotz eigener Gefährdung. Nicht nur das: er und seine Frau nehmen die jüngste Tochter, Hilde, für einige Zeit in ihrem Haus auf.
Zu ihrer Silberhochzeit, die in diese Tage fällt, hat Paul Mühsam ein Album bestehend aus Tagebucheintragungen der Jugendjahre verfertigt. Die ihnen vorangesetzte Widmung über dem Bild des Eckartsberges faßt ihre kostbare Freundschaft in diesen Worten zusammen: "Der Eckartsberg, über den wir bei Tag und bei Nacht, bei Sonnenschein und bei Mondschein, in Weltschmerz und in himmelstürmendem Jugendüberschwang, sinnend und betrachtend, redend und schweigend, immer durch ein unsichtbares Band unwandelbarer Freundschaft verbunden, immer restlos aufgeschlossen, restlos verstehend und verstanden und immer den Blick ins Hohe und Weite richtend, unzählige Male gewandelt sind."

12. April

Zunehmendes Gefühl der Sicherheit. Ab und zu zuversichtli-

1933

cher. Aber immer wieder tiefe seelische Depression. Häufig Fantasie von Greuelszenen erfüllt. Die Anwälte, die bereits am 1. August 1914 solche waren oder an der Front gekämpft haben, können bleiben, wenn sie sich nicht in kommunistischem Sinn betätigt haben.

5. Mai

Der jüdische Friedhof in Zittau zerstört, auch die Grabdenkmäler meiner guten Eltern umgestürzt.

10. Mai

Heute ist "der Tag des Buches". Alle jüdisch-marxistischen Bücher aus den öffentlichen Büchereien werden um Mitternacht auf einem Scheiterhaufen öffentlich verbrannt werden.

30. Mai

FAUST I. TEIL wieder gelesen.

6. Juni

Nach den aufgegebenen Plänen Schweiz, Holland (Pension in Vlieland) und Weißer Hirsch den Plan gefaßt, nach Palästina auszuwandern und eine Pension am Berge Karmel zu errichten. Hin- und hergeworfen zwischen Panikstimmung (Überschätzung der drohenden Gefahren) und Illusion (Unterschätzung derselben).*

8. Juli

Wir sind jetzt entschlossen, auszuwandern und nach Palästina überzusiedeln. ... Drei Gründe sind bestimmend für mich:
1. Wirtschaftlich keine Existenz mehr (ohne Notariat, ohne Armensachen, Rechtsanwaltspraxis zertrümmert)
2. Leben hier seelisch nicht mehr tragbar (Zurücksetzungen und

---

* *Zwischen den Tagebuchblättern liegt an dieser Stelle ein aus einer Zeitung ausgeschnittener Plan der Sinai-Halbinsel.*

1933

Demütigungen, Ausschließung aus der Volksgemeinschaft, Unterbindung jeder Betätigung im geistigen Leben des Volkes).
3. Die Kinder gehen hinüber.

11. Juli

2 Besprechungen von "Stufen zum Licht".
Theosophische Kultur: "Es sind Dichtungen eines begnadeten Sehers, die in diesem Buche zu uns sprechen. Wir kennen Mühsams bisher erschienene Werke; das vorliegende reiht sich ihnen würdig an. Es singt vom Höchsten, vom Erleben Gottes, und trägt die Seele zum Ewigen hinauf."
Berliner Tageblatt: "Man liest diese Verse des Schlesiers mit lebhafter Freude. ... Alle seine Gleichnisse und Bilder suchen nur das unvergleichliche göttliche Urbild, und so wird uns sein inbrunstvolles Tasten nach den "Stufen zum Licht" fast ein persönliches Erlebnis."

15. Juli

Angefangen, Neuhebräisch zu lernen.

24. Juli

Wie jede Woche einmal, bei Schwenks.* Die verschiedenen Schriftstellervereinigungen werden jetzt in dem Reichsverband deutscher Schriftsteller zusammengefaßt, der nur deutschblütige Mitglieder aufnimmt. Nur Bücher von Mitgliedern dürfen in Deutschland erscheinen.

1. August

"TAUSEND WORTE ENGLISCH" VON WALLENBERG angefangen.

---

* *1933 wird Dr. Schwenk (s. 19.3.28) seiner Ämter beraubt und bricht völlig zusammen. In den wenigen Monaten zwischen dem Einbruch der Barbarei und Mühsams' Auswanderung kommen die vier Menschen sich näher denn je. Schwenks übersiedeln nach Berlin, wo sie sich geborgen wähnen. Von dort werden sie später nach Polen deportiert und umgebracht.*

1933

23. August

Professor Lessing erschossen. —
Sanitätsrat K. hat sich das Leben genommen. Seine Kinder, da seine Frau geborene Jüdin, Nichtarier, die ihren Beruf eingebüßt haben.
Opfer über Opfer des Rassenwahnsinns. Selbstmorde, Wahnsinn, Unzählige zu Tode gemartert und "auf der Flucht erschossen", wie es in den Berichten immer so schön heißt, wenn auch die Schüsse in Gesicht und Brust sitzen.

1. September

Durcheinander in der Wohnung. Die Möbel in den Lift* verladen.

3. September

Vormittag mit Else im Auto nach Zittau. Rüffer, Wilisch besucht. Abschied genommen. Beide Freunde tief erschüttert. Auf dem Friedhof. Vielleicht zum letzten Mal.

4. September

Auktion in der Wohnung. Nachmittag von J.R. Nathan und R.A. Kuhn,** der in der Klinik liegt, verabschiedet. Vormittag von Fritz und Ludwig Cohn.

5. September

Vom Landgerichtspräsidenten verabschiedet. Endlich fertig mit der Auflösung der Praxis. Einen Teil der Sachen hat RA We-

---

* *Möbelwagen.*
** *In J.-R. Kuhn verehrte Paul Mühsam einen der gütigsten, adeligsten Menschen, denen er je begegnet war. "Der Abschied fiel uns beiden sehr schwer. Obgleich wir nie regen Verkehr mit einander gepflogen hatten, standen wir uns doch außerordentlich nahe. ... Als wir uns die Hand zum letzten Mal reichten, weinten wir beide" (Memoiren).*

ber geerbt. Die noch ausstehenden Gebührenforderungen wird Dr. Kunz weiter bearbeiten.

6. September (Mittwoch)

Nachmittag Abfahrt. Lotte und Günther an die Bahn, Omama nicht.* Else bis Dresden mit. Im Abteil ein jüdischer Kaufmann aus Sebnitz, ein Duzfreund von Steudtner.** Unterhaltung: Sie haben eine größere Reise vor? — Ja. — Wohin? — Nach Palästina. — Wollen Sie nicht in Görlitz bleiben? — Nein. — Warum nicht? — Ich habe meine Existenz verloren. Er bedeckte sein Gesicht lange, und die Tränen liefen ihm herunter. — Viel Liebe ist uns zuteil geworden. Der Rassenhaß ist, wie jeder Haß, etwas Satanisches, nichts Göttliches, Errichtung einer trennenden Schranke. Göttlich ist: "Seid umschlungen, Millionen, diesen Kuß der ganzen Welt!" Darum löst unsere Auswanderung nur Trauer aus, bei niemandem Freude, höchstens bei Nazis haßgeborene Schadenfreude und bei einigen Kollegen aus Konkurrenzneid geborene Freude über Praxiszuwachs. —

8. September

Vormittag 1/4 11 Abfahrt. Hilde, Trude, Bernhard und Luise an der Bahn. Über Leipzig, Weimar (o !), Erfurt, Frankfurt a.M., Karlsruhe (Gustav Landau an der Bahn). In Kehl Paß-, Devisen- und Zollkontrolle. Ohne Schwierigkeiten. Kein S.A Mann zu sehen. Wie wir hinterher erfuhren, waren sämtliche S.A. Leute von hier mit ihrem Führer, der zugleich Vorsteher der Zollstelle ist, noch in Nürnberg zum Parteitag. Hinter Kehl über die Grenze. Immer hatte ich befürchtet, es werde noch etwas dazwischenkommen. Nie hätte ich geglaubt, daß ich es noch einmal als Glück ansehen würde, mein Heimatland hinter mir zu lassen. Um 11 Ankunft in Strasbourg. Hotel Bristol.

* *Lotte und ihr Mann verlassen Deutschland ein halbes Jahr danach, Irmas Mutter und Else erst ein Jahr später.*
** *Zittauer Klassenkamerad.*

1933

9. September

Vormittag Münster. Vor 37 Jahren stand ich auf seiner Plattform. Wir blieben lange im Innern, sahen eine Hochzeit und hörten das Spiel der wundervollen Orgel. Vielleicht zum letzten Mal Mozartsche Musik in einem Dom des Abendlandes. Sehr bewegt.

Wir schreiben heute den 16. September 1933. Jemehr wir uns der Straße von Messina nähern, desto mehr schaukelt das Schiff, und die Zahl der Seekranken häuft sich. Vor einem halben Jahr waren wir noch absolut ahnungslos und zogen in die neue Wohnung. Und nun sind wir auf dem Weg zu einer neuen Heimat. Das Tagebuch, das ich während dieser Zeit geführt habe, ist unvollständig. Es waren noch weitere Haussuchungen zu befürchten. Ich habe meine sämtliche pazifistische Literatur verbrannt und mußte im Tagebuch vieles verschweigen. Pazifismus gilt als Landesverrat. Wer Luftschutz treibt und dadurch den Giftgaskrieg mit vorbereiten hilft, ist ein Freund des Vaterlandes. Wer aber dafür eintritt, daß es zu dem wahnsinnigen Selbstmord der Völker nicht erst kommt, ist ein Landesverräter. Die Gasmaskenfabrikanten wissen schon, warum sie Hitler unterstützen. Wie so oft ist auch jetzt für den Patriotismus die herrlichste Konjunktur. . . .

19. September

Früh um 6 . . . in Jaffa vor Anker gegangen. . . . Um 12 Weiterfahrt. Himmlisches Wetter. Gegen 4 Uhr Ankunft in Haifa. . . . Eine neue Welt tut sich auf. Orient. Ich sehe alles wie im Traum, wie ein Nachtwandler. . . . Haifa ist eine werdende Stadt, wie Palästina ein werdendes Land. Unzählige Baustellen. Wir fuhren im Auto durch Straßen, Schutt und Geröll zu Landaus.* Der jüdische Chauffeur hatte es sehr eilig, um noch vor Beginn des

---

* *Die Lübecker Verwandten Charlotte (Schwester von Erich und Hans Mühsam) und ihr Mann Leo sind schon einige Monate früher eingewandert.*

Rosch-haschana* fertig zu werden. Nach dem Abendbrot brachten uns Leo und Charlotte zu einer Pension. Es ist in Haifa alles besetzt. Es ist uns das gemeinsame Eßzimmer der Pension zum Schlafen eingeräumt. Wir mußten im Dunkeln zu Bett gehen.** Auch dies Haus ist im Bau begriffen. Viele Häuser werden aufgestockt.

21. September

Araber gehen vorüber, weißen Turban auf dem Kopf, Waren anbietend, schwarzverschleierte Araberinnen. Eselgespanne. Autos. Juden gehen zur Synagoge. Immer hört man irgend einen Araber irgend etwas ausrufen. Die Sonne brennt, aber die Terrasse des Hauses ist noch im Schatten. . . . Man muß baldigst hebräisch lernen, obwohl man mit deutsch durchkommt, denn die Meisten können jiddisch.

Da wir das uns eingeräumte Eßzimmer nur für die Nacht haben, haben wir tagsüber keine Bleibe und können unsere Koffer nicht auspacken. Nachmittag und Abend bei Landaus. . . . Abends wieder im Dunkeln ins Bett, da noch Feiertag und Frl. J. daher kein Licht ausmacht. Nachts mit der Eisenbettstelle durchgekracht.

22. September

Nach dem Hotel Bezalel übergesiedelt. . . . Man sieht fast nur Jugend hier. Man singt und tanzt. Freie, aufrechte Menschen.

26. September

Vormittag im Park. Englisch gelernt. Dann auf der Wohnungssuche. . . . Die europäischen Zeitungen sehr veraltet. Von den palästinensischen Zeitungen lesen wir die Palestine Times, da wir die hebräischen nicht lesen können. Abends bei Landaus, die uns sehr behilflich sind bei der Zimmer- und bei der Wohnungssuche. . . .

* *Das jüdische Neujahrsfest.*
** *Fromme Juden entzünden und löschen kein Licht an einem hohen Feiertag, wenn er auf den Sabbat fällt.*

1933

28. September

Landhaus Savransky in Bat Galim* gemietet. Herrlich in der Nähe des Meeres gelegen, mit Blick auf den Karmel. Großer Glücksfall.

29. September

In Deutschland sind zum Juristentag Juden nicht zugelassen. Welche Demütigung der jüdischen Richter und Rechtsanwälte! Welche Pöbelherrschaft! Die Emigranten sind jetzt wieder in einer offiziellen Rede als Brunnenvergifter bezeichnet worden, die Greuelmärchen erfinden und gegen Deutschland hetzen. Welch eine gemeine Lüge, um dem deutschen Volk zu verheimlichen, was in Deutschland vorgeht!

30. September

Man muß sich hier von Grund aus umstellen und sich täglich wiederholen, daß die Freiheit das höchste Gut des Menschen ist.

Die ersten Wochen sind angefüllt mit Typhusimpfung, wiederholten Gängen zum Zollamt und Korrespondenz um Herausgabe des von den Engländern schikanöserweise zurückgehaltenen, schon im Hafen stehenden Lifts, Vertragsschließung für das gemietete Häuschen mit den damit verbundenen Schwierigkeiten die Lizenz betreffend. Hinzu kommt eine Zahnwurzelbehandlung und eine durch einen Fliegenstich hervorgerufene Erkrankung genannt Charara.

28. Oktober

Gestern Demonstration der Araber in Jaffa. Englisches Militär und Polizei. Über Jaffa ist der Kriegszustand erklärt. ... Gegen Abend Belagerungszustand auch hier erklärt. Niemand darf nach 6 Uhr auf die Straße. ...

---

* *Vorort von Haifa.*

1933

30. Oktober

Die Demonstrationen sollen eine Woche dauern und sind insbesondre für morgen als den Tag der Hafeneinweihung und für den 2. November als den Erinnerungstag an die Balfour-Deklaration geplant.

17. November

Endlich ist der Lift da. Gut angekommen. Einen vollen Monat hat er im Hafen gestanden. Von 2 bis 6 Uhr in Gegenwart von Dr. Maier und einem arabischen Zollbeamten von 4 Arabern ausgepackt.

31. Dezember

Ende dieses schicksalsschweren Jahres. Ich erlebe alles noch wie im Traum, bin noch nicht zur Besinnung und zu mir selbst gekommen. Die Umwälzung ist zu übermächtig. ... Trotz allem, was ich arbeite — Englisch, Hebräisch, Buchführung für das Logishaus*, Hypothekenvermittlung, Stimmungsberichte, sehr viel Korrespondenz — lebe ich ungeistig und vegetativ dahin. ... Noch ist mir alles fremd, selbst das Meer und der Karmel. Nur der Anblick des gestirnten Himmels und seiner ewigen Gesetze gibt mir Trost, Kraft und Zuversicht. Überall bin ich in Gott geborgen. Heute vor 25 Jahren verlobten wir uns. Wir tragen gemeinsam, Hand in Hand, unser Schicksal.

---

* *Irma Mühsam, mit der Betreuung der — meistenteils aus Deutschland kommenden — Gäste voll beschäftigt und an das Haus gebunden, erfüllt freudig ihren neuen, lebendigen Beruf.*

1934

11. Januar

Seit gestern fast ununterbrochen palästinensischer Schütteregen. Morast um das Haus herum. Kaum möglich, zur Landstraße zu kommen, alles Teich und Sumpf. ... Am 16. sollen wieder arabische Demonstrationen stattfinden. Die Regierung trifft umfangreiche Maßnahmen.

2. Februar

Frühlingswetter. Ich besichtigte auf dem Karmel über der deutschen Kolonie den Garten und das Gotteshaus der persischen Sekte der Bahai.

13. März

Heute vor 20 Jahren starb Papa. —
Arabisch angefangen nach "Metoula Sprachführer". —
In Deutschland ist wieder wie vor 1 Jahr ein antijüdischer Boykott proklamiert vom 23. März bis 7. April. .... Unterlassung gilt als Sabotage. Hieraus geht dreierlei hervor:

1. Die Macht der Nazis hat sich so verstärkt und das Interesse der Weltöffentlichkeit hat so nachgelassen, daß das Manoevre, das im vorigen Jahr schon nach dem ersten Tag wegen der allgemeinen Entrüstung des Auslands abgeblasen werden mußte, dies Jahr in erweitertem Umfang wiederholt werden kann.
2. Die Begründung des Boykotts im Vorjahr mit der angeblichen "Greuelpropaganda" der Juden war eine schamlose Lüge. Aber man mußte einen Vorwand haben. Dies Jahr bemüht man sich nicht einmal mehr um einen Vorwand.
3. Die Bestimmung, daß Nichtbefolgung als Sabotage angesehen werden wird, bedeutet Gewissenszwang und ausgesprochenen Terror, der in keiner Weise mehr verhüllt wird.

14. März

Vormittag Ausflug auf den Karmel. Autobus. Oben herrlicher Weg nach Achusa. Links Blick nach Neve Shanan und der Bucht, im Hintergrund die galiläischen Berge, rechts das Meer mit dem Blick bis über Atlith hinaus. Die Abhänge übersät mit Anemonen. Hier und da auch Alpenveilchen.

20. März

Heute vor einem halben Jahr sind wir in Palästina angekommen.

12. April

Endlich! Ankunft von Lotte, Günther und Hilde!

13. Juli

Erich Mühsam ist nicht mehr. Ein Leben der Aufopferung von sadistischen Mordbuben zerstört. Er ist zu Tode gemartert und gequält worden, als Held gestorben.

29. Juli

Hans und Minna haben Deutschland verlassen.*

3. August

Furchtbare Hitze. Kopf und Herz angegriffen. ... Schlechte Nacht. Unbewegliche heiße Luft. Zudecken unmöglich wegen der Hitze, Nichtzudecken unmöglich wegen fortwährenden Stechens von Sandfliegen. —
Hindenburg gestorben. Hitler "Reichsführer".

3. September

Zum Großvater avanciert. Lotte hat heute früh einen Jungen bekommen, geboren in Jerusalem.

---

* *Bruder und Schwägerin von Erich Mühsam und Charlotte Landau.*

1934

10. September

ging ich vormittag nach dem deutschen Generalkonsulat. *
Seit April ist mein Paß abgelaufen. Zur Paßerneuerung brauche ich einen Heimatschein, den ich schon vor Monaten beim Regierungspräsidenten in Liegnitz beantragt habe, ohne ihn bisher zu bekommen. Unterredung mit dem Vizekonsul, der den Heimatschein schon da hatte und mir aushändigte, nachdem ich meine Reichsangehörigkeit vor 1918 glaubhaft gemacht hatte. Ich gab ihm das Aktenzeichen der Breslauer Urkunde von 1813 an, durch die die Aufnahme meines Urgroßvaters und seiner Nachkommen als Staatsbürger erfolgt ist, und auf der der Erwerb der Staatsangehörigkeit durch seine Nachkommen und auch durch mich beruht. Er glaubte sich, als ich ihm den Wortlaut der Urkunde vorlas, erst verhört zu haben und verbesserte mich: 1913. Als ich 1813 berichtigte, war er erstaunt und interessiert. Dann fragte er mich unvermittelt, ob und wie ich mit Erich Mühsam verwandt bin. Er sagte, derselbe sei ja gestorben. Ich hätte gern berichtigt: ermordet worden, aber ich befand mich auf deutschem Boden und mußte vorsichtig sein.

12. September

Abends gingen wir zu der hier gastierenden Habimah, von der eine Schauspielerin bei uns wohnt, zu der Aufführung von "Professor Mannheim". Der Held des Stückes, Chefarzt eines Krankenhauses, zerbricht an den Vorgängen Ende März 1933. Vom Text fast nichts verstanden. Ein Jahr im Lande, die Grammatik durchgearbeitet, monatelang Unterricht genommen, und dennoch vor einer fremden Sprache stehend, von der uns nicht mehr einging, als wenn chinesisch gesprochen worden wäre. Dadurch ausgeschlossen von hebräischer Kultur.

Unter dem 1. Oktober eine minuziöse Jahresabrechnung, die trotz Einnahmen aus dem Logierhaus und aus Paul Mühsams verschiedenen Tätigkeiten ein Defizit aufweist.

* *In Jerusalem, wohin P. Mühsam zum Besuch seines Enkels gefahren ist.*

1934

21. Dezember

Voigt schickt mir sein neustes Buch "Antike und antikes Lebensgefühl im Werke Gerhart Hauptmanns". ...

25. Dezember

Abends im Radio Weihnachtsspiel in schlesischer Mundart aus Breslau.

1935

31. Januar

Heute vor 30 Jahren ließ ich mich als Rechtsanwalt in Görlitz nieder.

4. Mai

BRIEFWECHSEL ZWISCHEN ROMAIN ROLLAND UND MALWIDA V. MEYSENBUG 1890—1891 gelesen. Eine wahre Herzstärkung. Erste Etappe auf dem Rückweg zu mir.

9. Mai

Alle Berichte aus Deutschland über die Lage der Juden trostlos. Sie haben das Bürgerrecht verloren, dürfen nicht wählen und im Heer dienen und werden allmählich auch aus der Wirtschaft herausgedrängt.

11. Mai

Die vor 2 Jahren jäh abgebrochene Lektüre des Briefwechsels zwischen Schiller und Goethe wieder aufgenommen. Ich muß die Lebenszeit, die mir noch bleibt, darauf verwenden, in dem Kulturkreis, in dem ich verwurzelt bin, tätig zu bleiben und vorwärts zu kommen, anstatt sie vorwiegend auf Hebräisch zu verwenden,

1935

das ich nie so werde beherrschen lernen, daß ich noch den Zugang zu einer neuen Kultur zu finden vermöchte. Ich würde den Boden ganz unter den Füßen verlieren, wenn ich, statt die deutsche Sprache zu meistern, in einer fremden stümpern würde.

25. Mai

Diese Nacht zu folgender Feststellung über den Nationalsozialismus gelangt:

Die nationalsozialistische Bewegung, deren Konsequenz nicht zu verkennen ist, ist mir vom Standpunkt des deutschen Volks aus völlig verständlich. Das deutsche Volk ist in mancherlei Beziehung unreif, vor allem in politischer. Es ist in seiner natürlichen politischen Entwicklung, hauptsächlich durch den dreißigjährigen Krieg, gehemmt worden. Es hat daher noch völlig die Einstellung eines Volkes in den Kinderschuhen. Junge Völker sind kriegerisch, wie Kinder, bei denen ja auch die Stärke in höherem Ansehen steht als die Friedfertigkeit und das Recht. So ist das deutsche Volk von Natur noch militaristisch eingestellt. Die n.s. Bewegung bekämpft daher mit Recht den Pazifismus. Daher auch die Herrschaft der Begriffe Feind, Rüstung und Krieg und die ganze verhängnisvolle Auswirkung dieser Mentalität. Das deutsche Volk, infolge seiner zurückgebliebenen Entwicklung ... dem Trieb und dem Rasseninstinkt noch näherstehend als reifere Völker, ... braucht, wie eine Tierherde, einen Führer. Sich selbst zu regieren ist es noch nicht imstande. Daher lehnt die n.s. Bewegung mit Recht die Demokratie nebst dem Parlamentarismus ab. Das deutsche Volk ist noch nicht reif für den völkerverbindenden Begriff des Menschentums. ... Daher einmal seine Überschätzung von Rasse und Blut gegenüber Menschheit und Geist und zum andern sein stark ausgeprägtes Nationalitätsgefühl. Daher tritt die n.s. Bewegung mit Recht einmal für die Ausscheidung artfremder Elemente aus dem deutschen Blutkörper und zum andern für die egoistische Betonung der Schranken gegenüber der Umwelt ein. Daß jede Ausscheidung mit Gewalt erfolgt, liegt an der allem Jugendlichen eigenen brutalen Kraftanwendung; daß sie auch mit Diffamierung verbunden ist, liegt daran, daß sich Haßinstinkte

1935

Minderwertiger hinzugesellen, die sich nicht nur hemmungslos austoben, sondern auch edlere Empfindungen terrorisieren dürfen, genau so, wie sich dem Kraftgefühl, dem kriegerischen Trieb und dem Nationalitätsbewußtsein die Aasgeiergier der Rüstungsindustriellen hinzugesellt, aufputschend und die Herrschaft an sich reißend.

In religiöser Beziehung haben die "deutschen Christen" völlig Recht, daß sie die Religion Christi für das deutsche Volk ablehnen. Die christliche Religion, für die dasselbe noch nicht reif ist, ist ihm vor tausend Jahren aufgepfropft worden. Dadurch wurde seine natürliche religiöse Entwicklung gewaltsam aufgehalten. Die Lehre des Nazareners, dem in Leid gereiften jüdischen Volk, aus dem der Verkünder hervorgegangen, so verständlich, ist den Anschauungen des entwicklungsgehemmten und daher noch jugendlich unreifen deutschen Volkes völlig entgegengesetzt. Die Demut, die Friedfertigkeit, die Jenseitigkeit Christi sind ihm innerlich fremd, denn höher stehen ihm die Macht, die Gewalt, das Auftrumpfen und die heidnische Diesseitigkeit. Das deutsche Volk hat die ihm künstlich aufoktroyierte, ihm wesensfremde christliche Religion nie verdaut. Sie ist ihm etwas Äußerliches, nur von Wenigen Verstandenes geblieben, so wie auch die hohe deutsche Kultur immer nur Besitz einer verschwindenden Minorität war. Aber weil die christliche Religion durchaus dem Verständnis des Volkes nahegebracht werden sollte, wurde der Jude Jesus neuerdings zu einem Arier gestempelt und seine Lehre jahrhundertelang derart umgebogen, daß sie genau zum Gegenteil dessen wurde, was sie eigentlich aussagt, daher sie denn auch niemals eine Wirkung auszuüben imstande war und in nichts heidnische Gesinnung zu ändern vermocht hat. Die n.s. Bewegung lehnt sich daher gegen diese Vergewaltigung auf, die das Recht der freien Entwicklung beeinträchtigt, und ist ehrlich genug, dem Umbiegen und der damit vielfach verbundenen Heuchelei das Verlangen nach einer die Fortsetzung der natürlichen Entwicklung gewährleistenden Rückkehr zum Heidentum entgegenzusetzen.

So sind alle Forderungen der n.s. Bewegung einheitlich abzuleiten aus dem Bedürfnis zur Rückkehr zu einem von außenher

1935

unbeeinflußten völkischen Eigenleben. Aber die Träger der Bewegung sind in einem gewaltigen Irrtum befangen, wenn sie diese Forderungen als Offenbarungen und als fortschrittliche Errungenschaften hinstellen und vollständig verkennen, daß es sich, so sehr sie subjektiv berechtigt sein mögen, objektiv um einen Rückschritt, um ein von gereiften Völkern und Menschen überwundenes Stadium, um ein Wiederanknüpfen an Reminiszenzen aus dem Kindesalter der Menschheit handelt, um ein Herabgleiten aus neuzeitlicher Auffassung in mittelalterliche Vorstellungswelt.

16. Juni

Über die Gestaltung meiner Lebenserinnerungen nachzudenken angefangen.

24. Juli

Zum 19. Zionistenkongreß gewählt.

23. August

Die Werbung für die neue Auflage des Bordmerkblattes hat angefangen. Es ist kein Vergnügen, bei dieser Hitze herumzulaufen, die auf die Dauer, weil durch keine Abkühlung der feuchten Luft unterbrochen, zermürbend ist.

Aber die tägliche zwei-bis dreistündige Arbeit an meinem Buch ist unsagbar beglückend.

28. August

Den vollständigen BRIEFWECHSEL ZWISCHEN SCHILLER UND GOETHE in 2 Bänden, den ich bereits in Görlitz angefangen hatte, ... zu Ende gelesen.

Die Lektüre hat mir neue Kraft, neuen Mut und Schwung verliehen, an meine Lebenserinnerungen heranzugehn.

5. September

Umzug von Beth* Savransky in Beth Caspi, wenige Schritte vom Meer. Vom Landhaus ins Stadthaus. Mein Zimmer nach

---

* *Haus.*

1935

Norden. ... 3 Tage wie krank infolge des Durcheinander. Von meinem Zimmer Blick aufs Meer. Vor dem Fenster im Wind rauschende Palmen.

Am 5. Oktober notiert er, wie ein Jahr vorher, eine minuziöse Jahresabrechnung. Wieder konnten alle Mühen und Arbeit nicht verhindern, daß eine Summe zugesetzt werden mußte. "*Also trotz Zuhilfenahme aller Kapitaleinkünfte reichen die Einnahmen aus dem Logierhaus, das Irma den ganzen Tag in Anspruch nimmt, und aus meiner Werbetätigkeit, die mit den größten Schwierigkeiten und zermürbenden Anstrengungen verbunden ist, zusammengenommen noch nicht zum Bestreiten des Lebensunterhaltes aus. ... Aber*", *fügt er hinzu*, "*wie es auch ist, wir müssen immer aufs neue froh sein, der Hölle Deutschland entronnen zu sein.*"

8. Oktober

Besuch von Dr. Walter Fränkel und Frau aus Chemnitz. *
Ein Wrack.

Unser beleuchtbares Transparent in der Nacht zu Jom Kippur durch Steinwürfe zertrümmert. Begründung durch anonymen Brief, daß Aufschrift nur englisch, nicht hebräisch. Der Chauvinismus zeitigt überall dieselbe Roheit der Formen, weil in seiner Natur liegend.

22. Oktober

DAWID FRIEDLÄNDER, Beitrag zur Geschichte der Verfolgung der Juden im 19. Jahrhundert durch Schriftsteller, ein Sendschreiben an die Frau Kammerherrin von der Recke geb. Gräfin v. Medem, Berlin 1820, gelesen. Enthält weitläufig die Widerlegung der unwahren, von einem antisemitischen Schriftsteller aufgestellten Behauptung, der Professor Kraus in Königsberg habe sich abfällig über die Juden und insbesondere auch über den Verfasser, mit dem er in Wirklichkeit befreundet war, geäußert. Die Entrüstung des Verfassers ist zu verstehen, aber wenn man jetzt

* s. 14.4.24

1935

wegen jeder über die Juden aufgestellten lügenhaften Behauptung ein Sendschreiben an eine gefühlvolle Gönnerin vom Stapel lassen wollte, würden Papier und Druckerschwärze der Erde nicht ausreichen. Das Buch ist zu einer Zeit geschrieben, als die seit Mendelssohn begonnene Emanzipation bereits Fortschritte gemacht hatte, aber die Hoffnung des Verfassers, solche Elemente, wie jener Schriftsteller, würden niemals zur Herrschaft kommen und man könne sich auf die Biederkeit des menschenfreundlichen deutschen Volkes verlassen, hat sich doch nicht ganz erfüllt, und die Geschichte hat gelehrt, daß es eine Illusion war, zu glauben: "Wenn meine Mitbrüder in allen Ländern nur fortfahren, wie bisher geschehen, treu dem Vaterlande und den Gesetzen zu leben und sich ihren Mitbürgern durch Tugend und äußere Sitten immer mehr anzuschließen, so ist von den Drohungen und Prophezeihungen jener namenlosen Demagogen nichts zu fürchten."

Das 8. Kapitel meines Buches und damit den bis zum Beginn des Weltkrieges reichenden I. Teil beendet.

22. November

Als "Nichtarier" aus dem Verein "discipuli quondam Zittavienses"* ausgeschlossen. . . .

29. November

Die antisemitische Bewegung in Deutschland zeigt jetzt durch das rigorose Vorgehen auf wirtschaftlichem Gebiet mit immer unverhüllterer Schamlosigkeit ihren Charakter als Raubzug des Stärkeren gegen den Schwächeren. Die jüdischen Geschäfte werden planmäßig vernichtet. Die Inhaber werden durch Boykott und jede Art wirtschaftlicher und psychischer Druckmittel gezwungen, ihre Geschäfte an Arier zu verkaufen. Dieser Verkauf ist aber nur eine Bemäntelung der Beraubung. Denn eine Wirtschaftsstelle der Partei mit dem heuchlerischen, weil unverfänglich aussehen sollenden Namen "Beratungsstelle für Geschäftsverkäufe im Einzelhandel" hat das Recht der Nachprüfung des Kaufpreises und an-

---

* *Verein "ehemaliger Zittauer Schüler".*

derweiter Festsetzung desselben. Sie nimmt hierbei einen Übernahmepreis von 30% des Einkaufspreises für Waren als tragbar an!

3. Dezember

Die Rezitatorin Edith Herrnstadt-Oettingen schreibt mir, sie habe in Breslau "mit kaum zu schilderndem Widerhall" aus meinem "Ewigen Juden" vorgelesen, jetzt kommt Hannover an die Reihe. ...

13. Dezember

waren wir abends zum Konzert von HUBERMANN, ich seit Jahren zum ersten Mal wieder in einem Konzert. Sein Spiel, das immer ein seelenvolles war, hat sich weiter entwickelt zu einer unbeschreiblichen Feinheit des Tons, der aber zugleich blühend und lebensvoll ist. Brahms' d-moll-Sonate, Bachs Chaconne für Violine Solo, "Narziß" von Szymanowski und eine spanische Symphonie von Lalo. Als Zugabe u.a. den Walzer von Brahms mit seiner berückenden Musik.

Einige Äußerungen "prominenter" Deutscher. Reichsinnenminister OS Frick in der deutschen Juristenzeitung: "Es kann kein Jude Reichsbürger werden. Dasselbe gilt auch für die Angehörigen anderer Rassen, deren Blut dem deutschen Blut nicht artverwandt ist z. B. für Z i g e u n e r u n d N e g e r." *

Prophetisch die Worte der Namenlosen im "Ewigen Juden":
'.. Man wird gemeinsam dennoch dich
Mit Hunden und Zigeunern nennen.'

Ministerialrat Dr. Lösener im Reichsverwaltungsblatt sieht als das zu erstrebende Ziel an: "das g e s u n d e Gefühl des g e g e n s e i t i g e n F r e m d s e i n s", das an die Stelle des Rassenhasses treten solle. ...*

24. Dezember

In Deutschland Weihnachtsheiligabend bei Schnee und Kälte. Hier heißes Sommerwetter.

* *Von P. Mühsam unterstrichen.*

1936

12. Januar

Der "Völkische Beobachter" vom 3.1.: "Nach fast dreijähriger 'Wirksamkeit' der deutschen Emigration im Ausland ist es auch weitesten Kreisen außerhalb Deutschlands klar geworden, für welchen A b s c h a u m d e r M e n s c h h e i t* man sich zuerst aus Unkenntnis, zum Teil mit Feuereifer, eingesetzt hat."

Das Tagebuch berichtet fast täglich von Gästen und Besuchern aus Deutschland, nahen und ferner stehenden Bekannten und vielen Freunden, die vor kurzem eingewandert sind oder sich auf einer Orientierungsreise befinden.

22. März

Mit der Palestine Shipping Company Ltd Vertrag abgeschlossen, durch den ich bis 31.12.1937 für die Bordreklame auf s.s. "Tel Aviv" und den noch in Betrieb zu setzenden Schiffen die Generalvertretung für Palästina bekommen habe. — Mit der Vermittlung von Hypotheken, Käufen und Beteiligungen höre ich jetzt auf.

23. April

Aus einer Drucksache von Ernst**aus Deutschland fiel eine an Schwester ISRAEL in Köslin, Diakonissenheim SALEM adressierte Karte, die sich, um mit Rücksicht auf die Adresse, das heilige Land zu sehen, schon im Briefkasten in Berlin in die Drucksache verkrochen hat und als blinder Passagier nach Palästina gereist ist. Ich schickte sie der Adressatin mit einem Begleitschreiben.

5. Mai

Früh nach Jerusalem gefahren, die ganze Strecke mit der Bahn,

---

* *Von P. Mühsam unterstrichen.*
** *Ernst Wallach, Vetter mütterlicherseits.*

da Autobusfahren durch arabisches Gebiet noch zu unsicher. Allerdings von Ludd an in fast nur arabischer Gesellschaft.*

6. u. 7. Mai

vormittag geschäftliche Besuche bei einigen Großfirmen wegen Bordreklame. Im deutschen Generalkonsulat wegen Irmas und meines Passes. Neuausstellung nur für 6 Monate.

8. Mai

Mit Else zur Feier ihres Geburtstages zum 5 Uhr-Tee im King David-Hotel, in dem sich seit heute früh der von den Italienern besiegte und geflohene Negus von Abessinien befindet.

19. Mai

"Der Stürmer" wird vorübergehend mit Rücksicht auf die zur Olympiade zu erwartenden ausländischen Besucher nicht erscheinen! ... Ich habe die letzten Nummern gelesen. Man wird von Ekel und Abscheu erfaßt angesichts dieser Jauchegrube, diesem Sammelsurium von widrigster Pornographie, Gemeinheit, Gehässigkeit, Niedrigkeit und Verlogenheit, mit dem noch dazu ein einträgliches Geschäft gemacht wird!

7. Juni

Karte von der Klassenzusammenkunft in Zittau zum 40 jährigen Abiturienten- und 350 jährigen Gymnasial-Jubiläum. Herzliche Grüße "in alter und unveränderter treuer Verbundenheit", von Herz geschrieben, mit 8 Anschriften. Rüffer schreibt: "Ersehe aus Brief an Oehme, daß Du längeres Schweigen richtig deutest. Unentwegt Dein getr. R." Das ist deutlich genug. Schmachvoller Terror!

17. Juli

Stimmungsvolle Feier meines 60. Geburtstages, eingeleitet

* *Am 19. April waren in Jaffa arabische Unruhen ausgebrochen, es gab Tote und Verwundete.*

1936

durch ein von Irma vorgetragenes schönes eigenes Gedicht. Die Kinder konnten wegen der immer noch sehr unsicheren Verkehrsverhältnisse nicht von Jerusalem kommen.* Keine Glückwünsche in der Presse, wie vor 10 Jahren. Unter den Glückwünschen auch 10 aus Deutschland.

Vor einem Vierteljahr fingen die Unruhen an, die sich zu einem Guerillakrieg entwickelt haben. Immer noch werden Bomben geworfen, Autobusse beschossen, Menschen überfallen, Bäume gefällt, Felder in Brand gesteckt, Telefondrähte zerschnitten, Brücken gesprengt. Schutz und Abwehr durch England reichen nur so weit, als es die englische Politik für richtig findet.

Wie Landaus, die heute bei uns waren, erzählten, ist Zenzl** in Moskau verhaftet worden. Als Frau des Ehrenobersten der russischen Armee war sie erst mit allen Ehren empfangen worden. Vertrauensselig übergab sie der Regierung die nachgelassenen Schriften von Erich zur Herausgabe, in denen er gegen Rußland Stellung nimmt, weil er als Anarchist ein Gegner der Staatenbildung war, und offenbar fürchtet die Regierung nun in ihr eine Gegenrevolutionärin.

22. Juli

Glückwunsch von Schwenk in der C.V. Zeitung!***

Auf der Rückseite des Tagebuchblattes hat Paul Mühsam die abgetippte Würdigung Dr. Schwenks vom 16.7.36 aufgeklebt. Sie lautet folgendermaßen:

Der Dichter der Einsamkeit wird am 17. Juli 60 Jahre alt. In zahlreichen schönen Bänden liegt sein Werk, Verse und Prosa, vor uns — die "Gespräche mit Gott" etwa, das "Schicksalsbuch der

---

* *Lotte und Familie wohnen von Anfang an in Jerusalem, Else arbeitet in einer unweit von Jerusalem gelegenen Bergsiedlung. Nur Hilde ist noch zuhause.*
** *Erich Mühsams Frau.*
*** *Organ des "Centralvereins deutscher Staatsbürger jüdischen Glaubens.*

1936

Menschheit", die "Sonette aus der Einsamkeit", "Mehr Mensch", die wundervoll-zarten "Worte an meine Tochter" und "Der ewige Jude", ein Buch von fast erschreckender Vorahnung jüdischen Schicksals. "Die Verteidigungsrede des Sokrates", Platon bildhaft-schlicht nachgestaltet, zeigt den Meister der Übertragungskunst. Ein Mysterienspiel um die ersten Menschen, "Der Hügel", harrt auch heute noch des wagemutigen Dramaturgen, der es auf die Bretter bringt.

Ein reiches Schaffen, in keine Schablone literarischer "Richtungen" zu zwängen; mehr Priestertum als Dichtung; ein tiefes Ethos, erfüllt von der Ehrfurcht vor dem Allmächtigen und von der Liebe zu Mensch und Natur; ein Ethos, wie es nur die geläuterte Weisheit einer ausgeglichen-edlen Persönlichkeit atmen kann.

Seit ein paar Jahren, seit seiner Übersiedlung nach Palästina, ruht Paul Mühsams Feder. Wünschen wir ihm und uns, daß diese Pause, voll stürmischen äußeren und inneren Erlebens, wahrhaft "schöpferisch" sein möge. Der Herbst bringt die Ernte!

Dr. Erich Schwenk."

1. Dezember

Carl v. Ossietzky hat den Friedensnobelpreis bekommen. Eine Ohrfeige für das Naziregime, das diesen Edelmenschen über 3 Jahre wie einen Verbrecher im Konzentrationslager gefangen gehalten hat.

24. Dezember

Abends im Radio auf Jerusalemer Sender Gottesdienst und Gesang aus der Geburtskirche in Bethlehem. Aus Europa "Stille Nacht, heilige Nacht" und Bach-Weihnachtsoratorium. Nachts Glocken vom Karmeliterkloster.

1937

3. Januar

Die letzten 4 Tage die kältesten, die ich in Palästina erlebt habe. Ständiger Ostwind. Zum ersten Mal gefütterte Winterhandschuhe getragen. —
In Deutschland ist jede Kunstkritik verboten worden.

31. Januar

Das erschütternde BUCH ZENZLS ÜBER DEN LEIDENSWEG VON ERICH in französischer Übersetzung (la vie douloureuse d'Erich Mühsam, par Kreszentia Mühsam) mit Vorrede von Werner Hirsch gelesen. . . .

6. März

Nachricht, daß die Frühjahrsausgabe des Bordmerkblattes, für das ich seit Monaten geworben habe, überhaupt nicht erscheinen wird.

10. März

Das Diktieren des 2. Bandes meiner Lebenserinnerungen beendet, denen ich den Titel gebe: "Ich bin ein Mensch gewesen." *

17. März

Zusatz in dem hektographierten Schreiben des deutschen Generalkonsulates in Jerusalem betr. Übersendung des verlängerten Passes: "Ich mache Sie darauf aufmerksam, daß Sie nach mehr als zweijährigem Aufenthalt in Palästina nunmehr die Möglichkeit haben, die palästinensische Staatsangehörigkeit zu erwerben."!

18. April

Von heute an 2 x wöchentlich hebräische Konversationsstunde bei Frau Lifson.

---

* *Von dem ursprünglich in Aussicht genommenen Titel: "Der Weg zu mir" muß er absehen, nachdem er erfahren hat, daß der Naturforscher Raoul French seinen Lebenserinnerungen diesen Namen gegeben hat.*

1937

21. April

Erste arabische Stunde bei Herrn Nagami. Verständigung in Französisch.

Paul Mühsam ist sich bewußt, daß er ohne genügende Kenntnis der Sprachen des Landes ein Fremder bleiben wird. Jedoch der Erfolg seiner Bemühungen ist, wie bei vielen der älteren Generation, beschränkt. Während er Arabisch nach einiger Zeit fallen läßt, nachdem der Araber, wohl aus politischen Bedenken, nicht mehr zu ihm ins Haus kommt, gibt er nicht auf, sich um die hebräische Sprache zu bemühen.

7. Juli

Abends im Radio Bericht der Kgl. Kommission über die Teilung Palästinas,* Ansprache des High Commissioner.

Um sein kleines Kapital vor der schleichenden Geldentwertung zu schützen, entschließt sich Paul Mühsam, seine Erwerbstätigkeit auf den Export von Briefmarken umzustellen. Als Kind und auch später hat er aus Liebhaberei jahrelang Briefmarken gesammelt, aber um den gewieften Händlern gewachsen zu sein, muß er sich gründlich vorbereiten. Monatelang verwendet er viel Zeit auf die Durcharbeitung der Briefmarkenkunde.

18. August

Ich habe jetzt bereits ein ganz schönes Lager in Orientmarken, allerdings über 100 Pfund hineingesteckt. Jetzt geht es an das Ordnen. An Verkauf wird nicht vor Oktober zu denken sein. Dann kann der "Near East Stamps Export Dr. Paul Mühsam" beginnen. . . .

Für eine von Prof. Dr. Walter Roth in Jerusalem erscheinende hebräische Zeitschrift über Handel und Industrie habe ich die Haifaer Generalvertretung der Inseratenwerbung übernommen.

* *Sie wird von den Arabern wie von den Juden abgelehnt.*

1937

Paul Mühsam, wie weit, wie weit liegt das Moortal im Thüringer Wald zurück...

Wir leben in einer weltgeschichtlich bedeutsamen Zeit. Die Grenzen des geplanten jüdischen Staates bedürfen der Korrektur, und noch manches andere ist im Wege von Verhandlungen abzuändern. Aber es ist ein Anfang. In tausend Jahren kommt solche Gelegenheit nicht wieder. In den Neinsagern hat die historische Stunde ein kleinmütiges Geschlecht gefunden.

29. August

Seit kurzem wieder Unruhen. Die Juden verhalten sich nicht, wie im Vorjahr, passiv, sondern üben Vergeltung. Die Araber verstehen diese Sprache, denn der Begriff der Blutrache ist ihnen geläufig, sie könnte aber auch zum Bürgerkrieg führen, also die entgegengesetzte Wirkung ausüben. Der oberste arabische Rat hat jedoch schon abgepfiffen, ebenso wie die Jewish Agency*, und England hat jetzt kein Interesse an Unruhen. ...

31. Dezember

Sylvesterglocken vom Karmelkloster. 29 jähriger Verlobungstag.

1938

10. Januar

Seit Anfang des Monats sämtliche Bäume von Zugvögeln dicht besetzt. Es sind vermutlich Stare, aber anders als die gewöhnlichen. Sie sind schwarz mit grauer Sprenkelung und haben lange spitze Schnäbel. Noch bevor die Sonne aufgeht, rüsten sie sich zum täglichen Aufbruch. Gegen 7 Uhr, immer auf die Minute, fliegen sie ab und bedecken den Himmel mit dichten schwarzen Wolken. Vereinzelte Gruppen fliegen umher und holen die War-

* *Offizielle Vertretung der Judenheit Palästinas und der Diaspora.*

tenden von allen Bäumen ab. In ganzen Geschwadern schließen sie sich einer Wolke an. Wenn sie losfliegen, heben sich alle gleichzeitig wie auf Kommando. Schon vorher herrscht große Aufregung. Während sie sonst nur auf breiten Zweigen sitzen, fliegen vor dem Aufbruch einzelne zwecks Ausschau bis zur höchsten Spitze. Sie fliegen in der Richtung auf die Haifabay ab. Gegen 5 Uhr nachmittag kommen sie wieder und nehmen ihre Plätze wieder ein. Sie unterhalten sich zwitschernd und piepsend unaufhörlich, und die Unterhaltung hält auch während der ganzen Nacht an. Vielleicht schlafen sie schichtweise. Ihr Abfliegen und Zurückkommen wirkt elementar durch das mächtige Rauschen in der Luft und durch den Kontrast zwischen der Ruhe in ihrer Abwesenheit und der Unterhaltung der Zehntausende.

16. Januar

Besuch von Herrn Max Lewin, seit 3 Jahren hier, in Deutschland Architekt gewesen, hier Maurer, Eseltreiber und Erfinder neuer Methode für Erdbeerkulturen. War 8 Wochen mit Erich im Konzentrationslager Brandenburg zusammen in einer Zelle. Bevor er entlassen wurde, um nach Palästina auszuwandern, hat ihm Erich Grüße auch für mich aufgetragen. Erich geschlagen und mißhandelt. Einmal zusammen mit Lewin durch die Höfe gejagt, zum Schein an die Wand gestellt, um angeblich erschossen zu werden, dann Erich bis zur Besinnungslosigkeit geschlagen. Lewin weiß von einem Augenzeugen aus dem Konzentrationslager Oranienburg, wohin Erich später kam, daß er 2 Spritzen bekommen hat, eine betäubende und eine tötende, und auf dem Klosett aufgehängt worden ist, um Selbstmord vorzutäuschen, als er bereits tot war. Vorher war er aufgefordert worden, sich binnen 48 Stunden zu erhängen, was er aber nicht getan hat. Die Frist ist auch garnicht abgewartet worden.

22. Februar

Bei Landaus. . . . Die erschütternden Bilderbücher von Erich angesehen, grausig groteske Karikaturen, durch die er mit hoher

1938

Künstlerschaft die Bitterkeit ungerecht erlittenen und mit unerhörtem Heldentum für die Menschheit ertragenen Leides abreagiert.

3. März

Seit einer Woche strenge Winterkälte. 6° Celsius (Wärme) noch nicht hier bis jetzt erlebt. Der Körper ist auf 20° wärmer eingestellt als früher in Deutschland. Bei 10° Wärme dieselben Erscheinungen wie damals bei 10° Kälte: Klappern vor Kälte und Frostfinger.

Als Motto könnte man über Erichs Bilderbuch die Worte setzen, die in dem Begleitgedicht zu einem Bild vorkommen:
"Doch so geht es leider zu:
Ich bin ich und du bist du!
Hast du Schmerzen, bist du krank,
Tut's nicht mir weh, Gott sei Dank."

12. März

Hitler in Braunau und Linz. Ansprache. Ohrenbetäubender Lärm. Beständig Sprechchöre: "Ein Volk, ein Reich, ein Führer."
Unerhörter Gewaltstreich. Nach vorangegangener Gangsterpolitik mit vorgehaltenem Revolver (Ultimatum an Schuschnigg, Seyss-Inquart in die Regierung aufzunehmen), und von Goebbels inszenierter Komödie (Ersuchen von Seyss-Inquart um Waffenhilfe) aufgrund frech arrangierten Nazi-Putsches Überfall mit Wehrmacht mitten im Frieden, Eroberung und Annexion. Wie lange werden Frankreich und England tatenlos zusehen?

23. April

DR. VENZMER, GEHEIMNISSE DES LEBENSSAFTES, gelesen. Eine Darstellung des Blutes und der Bedeutung seiner Bestandteile. Alles Seiende ist ein unerhörtes Wunder, im unvorstellbar Kleinen nicht weniger als im unausdenklich Gigantischen, immer wieder mit Trost und Zuversicht erfüllend, zur wahren Frömmigkeit mahnend, den Glauben an ein sinnvolles Geschehen stärkend, wenn auch bisweilen im Irdischen chaotische Kräfte zu wüten scheinen.

Panikstimmung unter den Juden Oesterreichs, auf die mit dem Anschluß ein furchtbares Schicksal hereingebrochen ist. . . .

26. April

Zum ersten Teil eines KONZERTES DES PALÄSTINENSISCHEN ORCHESTERS UNTER TOSCANINI. . . .

10. Juni

DR. HEINRICH FRIEHLING, LEBENSKREISE, gelesen. Interessantes Buch über Lebensgemeinschaften in Tier- und Pflanzenwelt. Betrachtung aus der einzig richtigen weltanschaulichen Perspektive. Keine Mechanik, kein Zufall, sondern schöpferisches planmäßiges Wirken der als Natur bezeichneten Allheit.

6. Juli

Blutbad in Haifa. Curfew.*

Am 20. Juli stirbt Irma Mühsams Mutter, die seit ihrer Einwanderung bei ihren Kindern gewohnt hat. Diese entschließen sich, das Logierhaus, das sie nur noch aus Gründen geräumigeren Wohnens weiter geführt haben, nun da sie zu zweit bleiben, aufzugeben. Längst ist der Strom der Touristen und kapitalkräftigen Einwanderer aus Deutschland versiegt, fast alle Reserven sind zugesetzt. Für den 1. Oktober mieten sie in der Nähe, auf ein Jahr, eine kleinere Wohnung, mit Blick auf den Karmel.

22. Juli

Bombenwurf am Melonenmarkt. Viele Tote und Verwundete. Ermordungen von Juden auf offener Straße.

30. Juli

Wie seinerzeit von der Komposition meines Gedichtes "Die Hoffnung ist ein Jungfräulein" erfahre ich wieder durch einen Zu-

* *Ausgangssperre.*

1938

fall von der Komposition eines von mir geschriebenen Textes. Else hat in den Papieren ihres Chefs das Programm eines Liederabends der Jüdischen Religionsgemeinde Dortmund vom 25. Juni 1935 gefunden. Darin ist als eine Nummer der Vortragsfolge angegeben: "Der Traurige und Gott" von Julius Kraemer, Text frei nach Paul Mühsam "Gespräche mit Gott".

2. September

Etwa 100 Araber sind auf der "Galiläa" von Haifa in Begleitung mehrerer Deutscher aus Palästina abgefahren als Gäste Hitlers zum Nürnberger Parteitag.

8. September

Heute kein einziger Tarbusch mehr in der Stadt zu sehen. Alle Araber, auch die christlichen in europäischer Kleidung, mit Kefije* als nationalem Abzeichen.

15. September

In letzter Stunde fährt Chamberlain zu Hitler.

Wie leicht es ist, Unruhen zu erregen wie in der Tschechoslowakei sieht man am Beispiel Palästinas, wo die Araber, von Deutschland und Italien aufgehetzt und mit Geld, Waffen und Instruktionen versehen, nun schon 2 1/2 Jahre revoltieren.

18. September

Der erste Regen.

2. Oktober

Viel über die derzeitige Herrschaft Satans auf Erden nachgedacht, wie überhaupt über die Existenz der Gegenkraft. Angelus Silesius würde gedichtet haben:

Als sich Gottgeist gerührt, um sich Gestalt zu geben,
Trat auch als Widerpart das Nichts bereits ins Leben.

---

* *Weißer, über die Schultern fallender Kopfbehang, mit um den Kopf gelegter Kordel zusammengehalten.*

1938

Aber Satan bleibt Gottes Werkzeug. Der nächste Krieg, von ihm geschürt, wird nötig sein, um der Menschheit den eine Weltenwende einleitenden Auftrieb zu einer wahren Völkerversöhnung zu geben. Was sich jetzt Friede nennt, ist nur der bewaffnete Ruhezustand zwischen zwei Kriegen.

3. Oktober

Umzug nach Beth L. 3 schöne Zimmer im 2. Stock. Vom Logierhaus befreit aufatmend.

18. Oktober

Belagerungszustand über Palästina verhängt. Militärische Verwaltung.

10. November

Entsetzliche Judenpogrome in Deutschland. Zahllose Synagogen verbrannt. Massenverhaftungen. Strafe von 1 Milliarde Mark. Mord und Raub unter dem scheinheiligen Vorwand einer Sühne für das Attentat von Grünspan auf den Botschaftsattaché vom Rath. Im Radio Judenhetze schlimmster Art. Das Regime, das tausende von Juden gemartert, getötet und zum Selbstmord getrieben hat, regt sich über die Reaktion eines Gequälten auf, schiebt die Schuld heuchlerisch dem "Weltjudentum" in die Schuhe und macht die völlig schuldlosen Juden Deutschlands dafür verantwortlich. Mittelalter schlimmster Art.

22. November

Die Krankheit, an der die Führerschicht Deutschlands leidet, heißt moral insanity, ein Fehlen jedes Ethos. ... Darum gilt es als richtiger, Unrecht zu tun statt Unrecht zu leiden, für alles Störende rächt man sich, den nicht Zugehörigen verspottet man, den Gleichstehenden haßt man, den Höherstehenden beneidet man, den Tieferstehenden verachtet man.

1938

27. Dezember

waren wir zur Einbürgerung beim Migration department. Nach dreijährigem Kampf gaben die Pogrome in Deutschland vom 10. November den Ausschlag.

1939

3. April

Tief erschüttert durch die Nachricht vom Tode von Ernst Wallach. Von Kindheit an befreundet, haben wir während des ganzen Lebens in dauernder Verbindung gestanden, und wie kein Zweiter hat er an meinem Ergehen innigsten Anteil genommen, in Rat und Tat. Zahllos sind die Beweise dieses Interesses. —
Hitler hat die Führung der Reichsbank selbst übernommen. Budgets derselben werden nicht mehr veröffentlicht. Das heißt auf deutsch, es hat sich niemand nach Schacht und Funk gefunden, der die Verantwortung für einen unkontrollierbaren Druck ungedeckter Banknoten übernommen hätte. Das kann nur jemand, der frei von Skrupeln und Hemmungen ist. Armes betrogenes deutsches Volk, das in Verarmung enden wird. —
Jeden Tag passieren jetzt Schwärme von Störchen Haifa auf dem Weg von Ägypten nach Norden. Sie fliegen in Linien hintereinander.

15. Mai

Aufs höchste überrascht und beeindruckt von Nikolaus von Kues als einem "der Wenigen, die was davon erkannt." In allen wichtigen metaphysischen Fragen mit ihm übereinstimmend. Wie kann man das hinter einem Kardinal vermuten? Den größten Weisen ist er an die Seite zu stellen. Was die nach ihm lebenden Grossen des Geistes verkündet haben, hat er vorausgeahnt. Jakob Böhme, Schelling, Fechner stecken schon in ihm.

1939

Ende April mieten Mühsams ein Zimmer auf dem Zentralkarmel. Die politische Lage gibt Anlaß, an die Möglichkeit eines Krieges zu denken. In diesem Fall würden die Bewohner von Bat Galim evakuiert werden. Die Schönheit der Lage des Hauses weckt den Wunsch, für immer hierher zu übersiedeln. "... zumal das von einem riesenhaften, den Mietern zur Verfügung stehenden Naturpark* umgebene Haus ... in deutschem Stil mit schrägem Dach und Holztreppe gebaut war und uns anheimelte."** Es werden noch zwei benachbarte Zimmer frei, die sie dazunehmen.

12. Juni

   Irmas 50. Geburtstag. Festlicher Tag.

14. Juni

   Vorgestern ist unser Autobus Nr. 7 auf der Rückfahrt von der Stadt nach Bat Galim in der Nähe der Carmelstation am hellichten Tag, nachmittags um 5, von einer arabischen Menge angehalten und aus nächster Nähe beschossen worden. Die Fahrgäste warfen sich auf den Boden, der Chauffeur blieb unverletzt und konnte mit dem Autobus davonfahren. Es waren 3 Täter, die natürlich entkommen sind. In der Menge waren auch arabische Polizisten. Der Autobus war von 18 Schüssen durchbohrt. Nirgends ist man hier seines Lebens sicher.

22. Juli

   Den 3. Band meiner Lebenserinnerungen angefangen. Endlich!

Für die heißen Sommermonate ziehen Mühsams provisorisch in ihr Zimmer auf dem Karmel.

24. August

   Der deutsch-russische Nichtangriffspakt überall wie eine Bombe eingeschlagen.

* *Der spätere "Gan Haëm".*
** *Erinnerungen, Betrachtungen, Gestalten.*

1939

31. August

Ultimatum Deutschlands an England. 250 Auslandsdeutsche von hier nach Deutschland abgereist. — Bange Stunden des Zweifels und der Ungewißheit.

Angesichts der Kriegsereignisse, der nahenden deutschen Truppen, schreibt Paul Mühsam von Sept. 1939 an seine Eintragungen in Stenografie, nur diejenigen unverfänglichen Inhalts wie Lektüre u.ä. in Kurrentschrift.
Im November übersiedeln Mühsams endgültig auf den Karmel.

6. Oktober

EUGENE N. MARAIS, DIE SEELE DER WEISSEN AMEISE, mit atemloser Spannung gelesen. Selten hat mich ein Buch so gefesselt, aufgeregt und beschäftigt. In der überzeugendsten Weise ist dargelegt, daß der Termitenbau ein einziger Organismus ist, die Königin ist, außer daß sie die Geschlechtsfunktion hat, das Gehirn, die angelegten Gärten sind Magen und Leber, die Arbeiter die roten, die Soldaten die weißen Blutkörperchen. Wunder über Wunder enthüllen sich. Aus dem Buch von Maeterlinck hatte ich längst nicht diesen überzeugenden Eindruck. Hier aber schöpft man direkt aus der Quelle.

1940

6. März

Streik, Proteste und Demonstrationen der Juden wegen des die Beschränkung der Bodenkäufe gemäß dem Weißbuch einführenden Gesetzes. ... Die Veröffentlichung ... in dieser wegen des Krieges so ungeeigneten Zeit ist anscheinend auf einen sehr starken Druck seitens der Araber zurückzuführen, die ihre Rechnung für Einstellung des Aufstandes in einem Zeitpunkt präsentieren, in dem sie wegen der Gefahren für den Balkan und den Vorderen Orient unentbehrlich sind, denn ein Wiederaufleben der Unruhen

1940

könnte auch auf die anderen arabischen Staaten übergreifen und verhängnisvolle Folgen für England haben. Die machtlosen Juden haben nichts zu sagen. Wenn sie demonstrieren, macht es keinen Eindruck; wenn sie Gewalttaten verüben, verschlechtern sie ihre Situation.

24. März

OSTERSONNTAG UND PURIM-ANFANG.* DEN OSTER-SPAZIERGANG AUS DEM "FAUST" UND DAS BUCH ESTHER AUS DER BIBEL gelesen.

14. Juni

Seit einer Woche von abends 3/4 8 Uhr bis früh 1/2 6 Uhr (Sommerzeit) völlige Verdunklung.

14. Juli

Groteske Wirkung des Krieges: Da weder kontinentale, noch Mittelmeerverbindung möglich, Postverbindung von hier nach England über Singapore, von da mit Flugzeug nach Nordamerika über den stillen Ozean, von da im Flugzeug nach England über den atlantischen Ozean.

10. August

MAHATMA GANDHI, "MEIN LEBEN", gelesen, eine Autobiographie dieses bewunderungswürdigen Edelmenschen, der ein Heiliger ist, weil er es ernst nimmt mit seiner Selbstverwirklichung und Läuterung, und dem, weil er zugleich ein religiöser und politischer Mensch ist, Religion und Politik eins sind, indem er letztere durch Mittel durchzuführen sucht, die der Sphäre der ersteren entnommen sind: Nichtanwendung von Gewalt (Ahimsa) und Wahrheits- oder Seelenkraft (Satyagraha).

---

* Fest zur Erinnerung an die Errettung der persischen Juden durch Königin Esther.

1940

6. September

Luftangriff auf Haifa.

16. Dezember

In den letzten Wochen las mir Irma abends alle meine aus Berlin 1917 und 1918 täglich geschriebenen Briefe, dann alle von bekannten Persönlichkeiten an mich gerichteten Briefe und demnächst alle zu meinem 50. Geburtstag eingegangenen Briefe vor, und wir schwelgten, bisweilen fast verwirrt, in Vergangenheit und Erinnerung.

1941

20. Januar

Heute früh 1/2 7 Uhr wurden wir durch ein Erdbeben aufgeschreckt. Das Haus wurde gerüttelt, und im Zimmer entstand ein Gepoltere. Alle Hausbewohner stürzten aus den Zimmern.

17.—20. April

THOMAS MANN, LOTTE IN WEIMAR, gelesen. Im einzelnen viel Feines, viel Interessantes. Im Ganzen muß ich das Buch aber ablehnen. Das Herausheben eines negativen Goetheschen Wesenszuges ist übertrieben und wirkt in dieser Einseitigkeit abgeschmackt. Der Eindruck, den das Buch infolgedessen hinterläßt, ist destruktiv.

10. Mai

Früh 1/4 6 Fliegeralarm. Nebst fast allen Hausbewohnern in die Höhle. Ein Flugzeug hatte sich genähert und wurde durch Flak vertrieben.

1941

3. Juni

Schön und ohne Bombardement verlaufene Hochzeit von Hilde und Hans.* Trauung im Garten bei Landaus . . .

Um den Bombenangriffen zu entgehen, die die Deutschen jetzt vom Flugplatz in Syrien immer häufiger auf Haifa richten, reisen Mühsams Anfang Juni nach Jerusalem, zugleich aus dem Bedürfnis, in dieser Zeit in der Nähe der Kinder zu sein. Zwei Monate später kehren sie auf den Karmel zurück. Die dem Stenogramm der Tagebücher entnommenen Eintragungen aus der Zeit des Krieges faßt Paul Mühsam später in der – noch nicht veröffentlichten – Schrift "Der 2. Weltkrieg, von Palästina aus gesehen" zusammen.

24. Dezember

hörten wir abends im Radio, Jerusalemer Sender, die Glocken der Geburtskirche in Bethlehem läuten. Friede auf Erden!

1942

1. Januar

Möge der Tag des Sieges der Freiheit und Menschlichkeit über die finsteren Mächte des Mittelalters nicht mehr fern sein!

2. Januar

"DAS LEBEN JESU IM LANDE UND VOLKE ISRAEL" von Franz Michel Willam gemeinsam gelesen.

5. Januar

Auf dem Carmel Schneetreiben, was nach Aussage Alteingesessener seit dem Jahre 1913 nicht der Fall war. Zum ersten Mal sah ich den Kamm der Galilberge als weiße Linie.

* *Jüngerer Sohn von Charlotte und Leo Landau.*

1942

16. Februar

Singapore ist gefallen. Ein schwerer Schlag für England. Jetzt ist Niederländisch-Indien auf das stärkste bedroht. Aber auch für uns kann diese Niederlage weittragende Folgen haben, denn Japan, das die drittgrößte Flotte der Welt besitzt, hat jetzt freie Bahn bis zum Suezkanal.

13. März

Die Russen kommen zwar voran, aber die Deutschen halten sich immer noch in den großen eroberten Städten. Was wir jetzt erleben, ist die unheimliche Ruhe vor dem Sturm. Niemand weiß, was die zu erwartende Frühjahrsoffensive, die ganz plötzlich einsetzen kann, bringen und wo sie sich entladen wird. Der Mittlere Osten ist wieder einmal in großer Gefahr. ...

20. März

Der Preis der Lebensmittel ist zum Teil bereits auf das Achtfache der Vorkriegszeit gestiegen. Die Ursachen sind wohl teils Knappheit, teils Spekulation, teils Geldentwertung. Vom 1. April an wird Brot- und Mehlkarte eingeführt. Uns, die wir den 1. Weltkrieg mit erlebt haben, sind weder diese Erscheinungen noch ihre Ursachen etwas Neues.

2. April

Wie bekannt wird, ist Generalfeldmarschall v. Brauchitsch nach dem Dodekanes gegangen. Zweifellos ist ein Blitzkrieg gegen den Orient geplant. Man sieht jetzt hier die Lage wieder einmal als sehr ernst an. ... Gleichviel, ob sich der Angriff zunächst gegen Syrien, Palästina, Zypern oder Ägypten richtet, auf jeden Fall sind unsere Tage gezählt. ...

24. April

Gemeinsam FAUST I gelesen.

1942

27. April

Gemeinsam den URFAUST gelesen.

Am 27. Mai wird im Radio verkündet, daß sich die deutsche Armee in Libyen in Bewegung gesetzt habe. Erbitterte Tankschlacht. Tobruk. Ist es nicht zu verstehen, daß die der Vernichtung in Deutschland entronnenen Juden in Palästina das nun folgende Geschehen als "das Wunder von El Alamein" ansehen?

28. Mai

Gemeinsame Lektüre von FAUST II mit Zuhilfenahme des Kommentars von Boyesen und der Goethebiographie von Bielschowsky beendet.

29. Mai

Zum ersten Mal in dieser Saison wieder schwimmen in Bat Galim.

24. Oktober

Lebensmittelknappheit. ... Vom 1. November an strenge Rationierung.

In den letzten Monaten abends Irma die beiden ersten Bände meiner Lebenserinnerungen vorgelesen.

26. Oktober

SCHALOM BEN-CHORIN, DIE CHRISTUSFRAGE AN DEN JUDEN, gelesen.*

Zwischen dem 28. Oktober und dem 25. November lesen Mühsams gemeinsam "Tasso", "Iphigenie", "Reinecke Fuchs", "Der ewige Jude", "Die Geheimnisse" und "Hermann und Dorothea".

---

* *Verfasser zahlreicher religionsphilosophischer Schriften. Im christlich-jüdischen Gespräch wirkend.*

1942

2. Dezember

Heute war Trauertag wegen des Massenunglücks der Juden Europas. Es gibt in der menschlichen Sprache kein Wort für die aller Beschreibung spottenden Grausamkeiten, mit denen die Nazis versuchen, ein ganzes wehrloses Volk auszurotten. Das stellt alles in den Schatten, was die Juden auf ihrem dornenvollen Weg seit der Zerstörung ihres Reiches vor 2000 Jahren bisher zu erdulden hatten...

9. Dezember

Mittag Asakah.* Ganz hoch zog ein Flieger seine Rauchstreifen nach sich ziehende Bahn. Das Flugzeug selbst war mit bloßem Auge nicht zu erkennen, und es war nicht festzustellen, ob es sich bei dem Rauch um eine durch die Kälte in jener Höhe hervorgerufene Verdunstung oder um eine künstliche Vernebelung handelte. Die Abwehrgeschütze hüllten sich vorläufig in Schweigen. Erst über dem Meer ging der Flieger tiefer herunter, und es dauerte eine ganze Weile, bis die Geschütze anfingen zu donnern, die vom Karmel so heftig, daß das Haus erzitterte.

25. Dezember

hörten wir nachmittag im Radio die Weihnachtsansprache Königs Eduard VI.

1943

2. Januar

PHILON VON ALEXANDRIEN, VON DEN MACHTERWEISEN GOTTES, gelesen. Wenig hat sich in den letzten 1900 Jahren in der Welt und in der menschlichen Natur verändert. Selbst die Methoden der Judenverfolgung waren schon damals dieselben.

* *Alarm.*

1943

8. Januar

Einstein hat an Hans* geschrieben, er habe das Problem der Einheit von Gravitation und Elektrizität bereits im Kopf gelöst und suche nur noch die mathematische Formel dafür.

22. März

Von den feindlichen Fliegern, die sich Haifa näherten, ist eins abgeschossen worden und brennend ins Meer gestürzt, eins schwer beschädigt worden.

8. Mai

"DAS BUCH DER LEIDENSCHAFT" VON GERHART HAUPTMANN gelesen. Eine fesselnde getarnte Autobiographie, der Widerstreit zweier Lieben während eines Jahrzehnts seines Lebens. Jetzt verstehe ich die Falten und Furchen, die schon in jungen Jahren sein Gesicht durchzogen.

Mitte Juli fahren Mühsams nach Jerusalem, um die heißen Sommerwochen in der kühleren, würzigen Luft der judäischen Berge zu verleben. Hier erkrankt Irma Mühsam an Paratyphus und ist gezwungen, viele Wochen in der Quarantäneabteilung des Shaare Zedek-Krankenhauses zu liegen. Diese Krankheit ist vielleicht der Vorbote der drei Jahre später zu ihrem frühen Tode führenden Krankheit.

17. Juli

Mein Geburtstag unter Anwesenheit der gesamten Nachkommenschaft.

26. Juli

Das Rad ist ins Rollen gekommen, Mussolini gestürzt. Ende des Fascismus!

* *s. 6.3.17.*

1943

24. August

Die Zusammensetzung meiner vor einem Jahr am Tage vor der befürchteten Invasion der Deutschen in Ägypten in 5 Minuten zerrissenen Tagebuchblätter von 1933 bis 1942, vor 5 Wochen begonnen, heute beendet. Verhältnis der Zeitdauer von Zerstören und Aufbauen.

28. August

Irma aus dem Krankenhaus entlassen.

6. September

Abreise von Jerusalem. Nachmittag wieder auf dem Carmel. Irma wieder gesund, abgesehen von noch etwas Schwäche. Die polnischen Juden sagen: In Palästina muß mer sein taut oder gesind.

8. September

Italien hat bedingunglos kapituliert. Die Nachricht verbreitete sich wie ein Lauffeuer durch Haifa.

1944

März (ohne Tagesdatum)

An 2 Tagen fürchterlicher Sturm mit Wüstenstaub aus der Wüste Sahara. Schreibtisch davon bedeckt.

Terrorakte der jüdischen Stern-Gruppe, Demolierung öffentlicher Gebäude, Wahnsinnstaten, die das Entsetzen des ganzen Jischuw* erregen.

Rußland täglich Erfolge, Vormarsch gegen Ungarn und Rumänien. Besetzung dieser Länder durch Deutschland. Die dortigen

* *Die jüdische Einwohnerschaft Palästinas.*

1944

Juden der Ausrottung ausgesetzt. England und Amerika Mißerfolg in Italien. Erfolge Japans in Indien.
Fritz im April 1943 aus Brüssel deportiert, seitdem verschollen.*

7. Mai

Abends eine Stunde Alarm und Flakabwehr. Feindliche Flieger hatten sich der Stadt genähert. Alarm und Kanonade setzten fast gleichzeitig ein. Die ganze Stadt wurde vernebelt. Nichts zu sehen. In allen Zimmern Geruch von Schwefelwasserstoff.

9. Mai

Herzgefäßkrampf.** 10 Stunden sehr starke Schmerzen. Dr. Zadik. Bis auf weiteres völlige Bettruhe.

6. Juni

Beginn der Invasion! Engländer und Amerikaner in Nordfrankreich gelandet. Die ganze Welt in Aufregung.

21. Juli

Attentat auf Hitler. ... Anfang vom Ende!

Den Monat August verbringen Mühsams wieder in Jerusalem.

4. September

Siegeszug der Amerikaner, nachdem der größte Teil von Frankreich befreit ist, nach Holland und Belgien. Befreiung von Brüssel.

12. November

Wir hörten im Radio die Feier der Vereidigung der Volks-

* *Fritz Wallach, Vetter mütterlicherseits. Endete in der Gaskammer.*
** *In den folgenden Jahren lange Perioden schwerer Herzkrampfzustände, die jedoch in den letzten Lebensjahren kaum mehr auftreten.*

1944

sturmbataillone in Deutschland. Ansprache des bayrischen Gauleiters in der Münchener Feldherrnhalle, Verlesung einer Proklamation Hitlers durch Himmler. Volk in Not! Aber zähe Verteidigung. Es können noch eine Anzahl Monate bis zur Besiegung vergehn. Vorläufig ist im Reichsgebiet selbst noch nicht viel erreicht. Alle Siege noch außerhalb Deutschlands. Nur die Bombardements auf deutsche Städte gehen weiter, aber auch Deutschland hat nach den fliegenden Bomben V 1 die noch fürchterlicheren, grössere Reichweite besitzenden und aus der Stratosphäre aus 100 km Höhe unhörbar (da sie schneller als der Schall sich bewegen) herabstürzenden Raketen V 2. Zerstörung, Vernichtung, Tod überall. Der totale Krieg — der totale Wahnsinn.

19. November

Die Ermordung des Ministers Lord Moyne durch jüdische Terroristen erregt überall und besonders in England größtes Aufsehen. Eine aufgehetzte Jugend glaubt durch Nazimethoden etwas erreichen zu können, aber was sie erreicht, ist das Gegenteil von dem, was ihr vorschwebte. Weil die Araber durch Terror Erfolge erzielten, glaubt sie es ihnen gleichtun zu können, und übersieht völlig, daß die arabische Welt eine Macht ist, im Gegensatz zur Judenheit, dem Objekt und Spielball der Völker. Das ist die Frucht der verkehrten Erziehung der Jugend, die ihr Palästina als das Land der Juden darstellt. Die dadurch hervorgerufene, mit der Wirklichkeit kontrastierende nationalistische Einstellung ist, wie überall, die Ursache alles Übels. . . .

1945

26. Januar

Die Belagerung von Breslau begonnen. Die Deutschen können sich nicht beklagen, wenn sie jetzt zitternd vor Furcht der Ankunft der Russen entgegensehen. Sie haben Hitler zu ihrem Führer erwählt. Sie haben mit angesehen, wie die Ihrigen Europa überfallen haben. Sie haben nichts getan, um die Ermordung von Millionen unschuldiger Menschen abzuwenden. Möglich, daß sie es nicht hindern konnten. Möglich, daß sie schweigen mußten. Man kann nicht von jedem verlangen, daß er, wie Thomas Mann, auswandert und öffentlich erklärt, er schäme sich, ein Deutscher zu sein. Man kann auch nicht von jedem verlangen, daß er ein Held ist und den Tod auf sich nimmt, um sich nicht mitschuldig zu machen. Aber sie müssen die Konsequenzen tragen, und die Konsequenz ist: teilhaben an der Kollektivverantwortung. Insofern geschieht ihnen kein Unrecht.*

13. Februar

Die Russen stehen 30 km vor Görlitz.

14. Februar

Wo werden Bernhard und Luise sein?

2. Mai

Das Höllenungeheuer Hitler angeblich tot.

8. Mai

Wir hörten im Radio nachmittag um 4 die Rede Churchills, in

---

* *In den Memoiren sagt er einschränkend: "Obwohl sich an Deutschland nur das Schicksal vollzieht, das es anderen bereitet hat, und obwohl es die Kollektivverantwortung mit sich bringt, daß die Unschuldigen mit den Schuldigen büßen müssen, greift mir doch menschlich grade das Los der Niederschlesier besonders ans Herz, eines Volksstammes, der mir innerlich nahe steht. ..."*

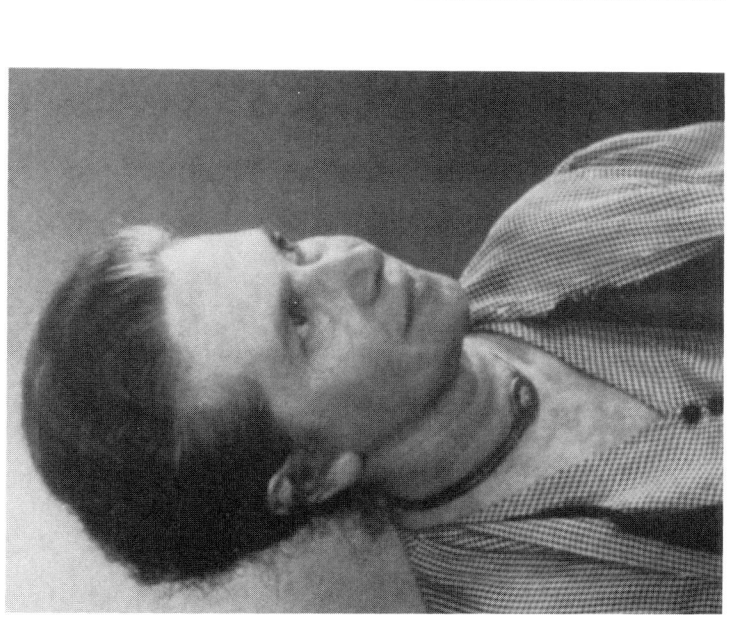

Irma Mühsam 1940

Paul Mühsam 1947

1945

der er der Welt von der Beendigung des Krieges in Europa Mitteilung macht, abends um 10 die Rede des Königs. Heute um Mitternacht werden die Feindseligkeiten eingestellt. Deutsche, die nach diesem Zeitpunkt noch kämpfen, werden als Rebellen behandelt.

Noch kurz vor Toresschluß haben die Russen Breslau und nach zweitägigem Kampf auch Dresden erobert.

Im November erkrankt Irma Mühsam. Eine tiefgreifende Operation führt sie in die Nähe des Todes. In den folgenden Monaten erholt sie sich langsam. Gleichzeitig macht Paul Mühsam eine Zeit großer Brustschmerzen durch.

1946

12. Februar

Häufiger als früher kreisen meine Gedanken um den Tod. Wenn man einen jungen Menschen fragt, ob er vor dem geliebten Menschen sterben oder ihn überleben wolle, so glaubt er sehr edelmütig zu sein, wenn er sich selbst den früheren Tod wünscht. Er geht dabei unwillkürlich von der Annahme aus, daß das Leben in jedem Fall ein wertvolles Gut sei und er somit ein großes Opfer bringe. Aber das ist ein Irrtum. Das Leben verliert an Wert ohne den geliebten Menschen, und das mindert das Maß des Opfers auch in jungen Jahren. Im Alter aber hört das Leben völlig auf wertvoll zu sein, wenn es ohne den geliebten Menschen weitergelebt wird.* Man ist nicht begnadet, sondern verurteilt weiterzuleben, und daher bringt der Alternde nur dann ein Opfer, wenn er das Leid um den Tod des geliebten Menschen auf sich nimmt, und grade darin erweist sich mir die Größe der Liebe, daß ich als der

---

* *Am 30. Oktober (sechs Wochen nach Irmas Tod) fügt er hier hinzu: sodaß ich mich jeden Morgen frage: wozu lebe ich eigentlich noch?*

leidvoll Überlebende ihm den Schmerz um meinen Tod erspare. Das war mein Gedanke an Irmas kritischen Tagen und erschien mir wie ein Trost, wenn Gott sie mir genommen hätte.

13. Februar

Sollte mein Tod schon jetzt beschlossen sein, so habe ich noch den einen Wunsch, ihn so lange hinzuzögern, bis Irma erstarkt genug ist, ihn zu ertragen.

14. Februar

holte ich mit Lotte Irma ab. Glückliche Heimkehr. Das Schwerste überwunden.

20. Mai

Die erste Stimme aus Deutschland, von Felix A. Voigt, der nach abenteuerlicher Flucht aus Breslau in einem kleinen Städtchen in Bayern gelandet und dort Vorsteher des Finanzamts ist.

29. Juni

"Glaubensbekenntnis" beendet.*

22. Juli

In Jerusalem furchtbares Unglück. Das King David Hotel mit den Büros des Chief Secretary in die Luft gesprengt. Else, die im Nachbarhaus arbeitet, ist glücklicherweise nichts passiert, wie sie sofort telefonierte.

19. August

Brief von Bernhard aus Dresden! Der erste seit dem 12. Juli 1939.

* *In dieser kleinen hektografierten Schrift hat er noch einmal sein Weltbild, seinen Glauben, Kraftquelle und Antrieb seines Werks, für seine Freunde zusammengefaßt.*

1946

23. August

Lotte zu Irmas Pflege gekommen.

9. September

Brief von Marianne Reinhart* aus Bautzen. Sie schreibt, daß in Görlitz an einem der ersten Kulturabende wieder aus den Werken von Paul Mühsam vorgelesen worden ist. Freude und Befriedigung über die Wieder-Auferstehung. Sie hat Entsetzliches durchgemacht. Der Brief hat Irma sehr aufgeregt, aber ihre Freude über die Vorlesung aus meinen Büchern überwog alles.

Seit heute weiß ich, daß keine Hoffnung mehr ist.

11. September

Else und Hilde gekommen.

20. September

Früh um 9 zu Grabe getragen.
Heute vor 13 Jahren eingewandert.

23. Oktober

Eine schwere Woche des Alleinseins liegt hinter mir. Nun bleibt Lotte bei mir.**

---

* *Schulfreundin von Irma Mühsam.*
**Lotte, die von ihrem Mann geschieden in Tel Aviv lebt, übersiedelt auf des Vaters Wunsch zu ihm, um ihm den Haushalt zu führen.*

1947

22. Januar

Sowohl Herr Meißner* wie auch Lotte Klinkhart** schicken mir eine dreispaltige Besprechung aus No. 146 der "Lausitzer Rundschau" vom 7. Dez. 1946 mit der Überschrift "Erinnerung an Paul Mühsam, Kleines Bildnis eines großen Menschen" und dem Schlußsatz: "Sollte ihn dieses Blatt irgendwo in der weiten Welt erreichen, den indessen siebzigjährigen Dichter, so möge es ihm sagen, daß ihn seine alte Heimat nicht vergessen hat."...

13. März

Ich bleibe bei meinem Glauben, daß die Unsterblichkeit keine individuelle ist. Das schließt aber nicht aus, daß wir eine gewisse Zeit lang nach dem Tode noch dem Irdischen und Zeitlichen verhaftet bleiben, wahrscheinlich durch eine nicht wahrnehmbare, uns schon bei Lebzeiten umgebende ausgestrahlte Kraft oder, was auf dasselbe hinauskommt, materielle Schicht feinster Art, in der sich unser Sein und Erleben unbewußt ablagert, und die sich nach und nach auflöst, bis wir, der Endlichkeit von Raum und Zeit entrückt, als ein Moment der Gottseele in sie eingehen. Ich glaube, daß wir in dieser Zeit des Übergangs, in der wir, noch mit dem Materiellen verbunden, uns auch zu manifestieren und in die Materie einzugreifen imstande sind, Anfechtungen ausgesetzt werden, bis wir in die Ewigkeit eingehn.

Ich glaube, daß ich mehr von Dämonen bedrängt sein werde als Irma, und daß sie, falls sie noch nicht entrückt ist, meinen Übergang in die Welt des Todes spüren und mir im Kampf gegen die Dämonen beistehen wird. Denn in diesem Bereich gibt es nur einen einzigen Motor, die auf der Kraft der Anziehung beruhende Liebe, die alles Abstoßende, allen Haß und alle Feindseligkeit der Umwelt zu überwinden vermag.

---

* *Görlitzer Buchhändler.*
** *Freundin von Irma Mühsam.*

1947

16. Juni

FECHNER, ZENDAVESTA, wieder gelesen, ein Buch, das, als ich es zum ersten Mal las, wie eine Offenbarung auf mich gewirkt hat. Diesmal war ich, obwohl grundsätzlich nach wie vor völlig übereinstimmend, etwas kritischer und in Einzelheiten bisweilen abweichender Ansicht.

7. August

Vor 4 Tagen im Park mit Disposition, Materialzusammenstellung u.s.w. von Grundlagen einer Menschheitsreligion angefangen.

30. November

Die Uno hat die Teilung Palästinas beschlossen. Ein welthistorisches Ereignis. Seit biblischen Zeiten zum ersten Mal wieder ein jüdischer Staat.

Nach und nach gelangen die furchtbaren Nachrichten der Schicksale von Freunden und Verwandten zu den Geretteten nach Palästina. So auch das der Freunde Schwenk. Rückschauend schreibt Paul Mühsam in seinem letzten Lebensjahr (Erinnerungen, Betrachtungen, Gestalten): "Wir korrespondierten, bis sie eines Tages, wie wir später erfuhren, von der Gestapo abgeholt, nach Polen deportiert und in einem Todeslager umgebracht wurden. Wie oft habe ich mich seitdem in die Seele dieser beiden Menschen, ebenso wie meiner übrigen Freunde, auf ihrem Weg zur Gaskammer versetzt, damit ich nicht vergesse, was sie mir gewesen sind und nicht den edlen Zorn über das Geschehene verliere, der ohne Haß und Rachegefühle der Antrieb ist, mitzuhelfen an der Läuterung der Menschheit, auf daß diese nie wieder so tief sinke, und Raum zu schaffen für eine bessere Zukunft."

14. Dezember

Angefangen, DIE BIBEL zu lesen. Ich möchte einmal das alte und neue Testament hintereinander im Zusammenhang geniessen —

1947

Viel Korrespondenz mit Deutschland. Bernhard oft tiefunglücklich und verzweifelt. Berufsarbeit, die ihn anwidert, keine Ruhe in dem mit Einquartierung belegten Haus*, ungenügende Ernährung, Kälte, Dunkelheit. ... Welch wechselvolles Schicksal. Vor 14 Jahren wurde ich von ihm bedauert, jetzt beneidet. Aber er hat doch noch sein Luischen. Doch alles, was er erarbeitet hat, ist dahin. Von Ernst Hellmut seit 1945 keine Spur. –

1948

In den folgenden Monaten besteht Paul Mühsams Lektüre vornehmlich aus den Büchern Mosis sowie den Shakespearesschen Dramen an Hand von Gustav Landauers Buch. Außerdem spielt er 80 Partien des 2. Bandes der von Mieses herausgegebenen Schachmeisterpartien zum zweiten Mal nach.

12. Februar

Die 80. Partie ist eine, die der Schachmeister Caro in 14 Zügen gegen den Weltschachmeister Lasker im Jahre 1890 gewonnen hat, und Mieses bemerkt dazu: "Es kann sich wohl kein anderer Meister rühmen, gegen Lasker eine Turnierpartie in solchem Stile gewonnen zu haben." Und da ich gegen diesen selben Schachmeister Caro am 15.11.1898 eine Partie gewonnen habe, habe ich diese, da ich die Aufzeichnung von jenem Abend noch besitze, als 81. Partie hinzugefügt.

10. März

Der Verlag "Deutsche Volksbücherei Goslar" (August Hans Rupp) in Goslar hat mein "Glaubensbekenntnis", das der davon begeisterte Voigt aus eigener Initiative ihm gesandt hatte, zum Verlag angenommen. Ein Lichtblick, ein Neubeginn!

* *In Dresden.*

1948

7. April

Meine Lebenserinnerungen, um für alle Fälle wenigstens 1 Exemplar zu retten,* an Werner Plaut nach U.S.A. geschickt.

27. April

Seit Monaten zum ersten Mal wieder unten in der Stadt. Überall Bilder der Zerstörung und Verwüstung, Spuren der Kämpfe und Explosionen. Fehlende Fensterscheiben, verbogene Eisenträger, Holzverkleidungen anstelle der Fenster, Sandsäcke, Barrikaden. Viel englisches Militär. ... Zu Tausenden sind die hier wohnhaften Araber geflüchtet. Die arabischen Führer begünstigen diese Flucht, während man ihr jüdischerseits entgegenarbeitet. Tatsächlich sind manche schon wieder zurückgekommen, werden geschützt und erhalten Ausweise. Es sind nicht viel, aber ich sah eine Anzahl. ... Der zum Ostbahnhof führende Teil des Kingsway ... war ebenso völlig menschenleer wie der zum Khamraplatz führende Teil der Jaffastraße. Wie lange diese Friedhofsruhe anhalten wird, ist nicht vorauszusehen.**... Alles ist in der Schwebe. Vielleicht stehen wir vor dem völligen Chaos. In 3 Tagen wird die Post geschlossen. Nach dem Ausland kann man schon nicht mehr schreiben.

... Noch rechtzeitig auch vor der Postsperre habe ich den mir von der Deutschen Volksbücherei Goslar übersandten Verlagsvertrag unterschrieben zurückgeschickt. 1. Auflage 5000 Exemplare. Honorar 10% vom Ladenpreis. 25 Freiexemplare.***

---

* *Ende 1947 waren als Antwort auf die von der UNO beschlossene Teilung Palästinas wieder arabische Unruhen ausgebrochen.*
***5 arabische Armeen stehen einfallbereit an den Grenzen, sie befinden sich zum Teil schon im Land, irakische Schützen liegen, trotz der Präsenz des englischen Militärs, auf den Dächern Jerusalems.*
****Kam aus technischen Gründen nicht zustande.*

1948

13. Mai

Seit einigen Wochen schreibe ich, teils vormittags auf einer versteckten Bank im Park, teils abends "Sonette an den Tod".

14. Mai Nachmittags 19 Uhr

In 5 Stunden läuft Englands Mandat ab. In 5 Stunden fällt die syrische, die libanesische und die irakische Armee von Norden, die ägyptische von Süden, die transjordanische von Osten in Palästina ein.

Vor einer Stunde ist der jüdische Staat proklamiert worden.

"Eine mutige Tat Ben Gurions" bezeichnet er das Geschehen (Erinnerungen, Betrachtungen, Gestalten). Wie ist diese Bejahung zu verstehen seitens des Mannes, der 1923 in seinem "Ewigen Juden" Ahasver sagen läßt:

> *Du hast mein frommes Volk ersehn,*
> *Der Welt zu nennen deinen Namen,*
> *Und hast's verstreut wie Blütensamen,*
> *Den übers Land hin Winde wehn.*
>
> *. . .*
>
> *Und will von Volk zu Volke wallen,*
> *Daß meine Sendung ich erfüll'*
> *Weil ich nur deinen Willen will,*
> *Dich zu verkünden allen, allen.*

Seit Paul Mühsam den Ewigen Juden schrieb, ist seine Vision wahr geworden, Ghetto, Scheiterhaufen, Ahasver wieder auf der Wanderschaft. Jungjuda: er hatte geschwankt, hatte sich entschieden unter den Völkern zu bleiben. Jetzt, nach vielen Jahren, nach dem Geschehen, sieht er die Bedeutung eines Zentrums, eines Ruhepunkts für das gejagte jüdische Volk, sei es denn ein Staat.

Denn neben dem visionären Bereich des Dichters eignet ihm, in seinem irdischen Eingeordnetsein, ein ausgeprägter Sinn für die sogenannten Realitäten des Lebens (nicht nur als Jurist) und die ihm selbstverständliche Disziplin des Staatsbürgers, wie er sie in

1948

Deutschland, in Preußen, allezeit empfunden und geübt hatte. Es ist daher keine spontane Reaktion, wenn er in seinem ein Jahr später entstehenden phantastischen Schauspiel "Der Stern Davids" Stella, die Sonnenseele, ausrufen läßt: "O was hat die zweitausend Jahre lange Verfolgung aus den Juden gemacht! Meine Schwestertochter, die Erde, hat es mir schon erzählt. Sie waren ein kraftvolles Volk, und die Heimatlosigkeit hat sie gebeugt und zu unterwürfigen Sklaven erniedrigt. Aber das muß anders werden! Ich werde mit dem Ewigen reden. Er wird mir die Bitte nicht abschlagen. . . . Der Staat der Juden muß wieder erstehen. Dann wird ihre Seele aufs neue mit Selbstgefühl und Menschenwürde erfüllt werden. . . . Mit einem Blick umfange ich sie alle. . . . Von ihrer Not erklingen alle Saiten meines Herzens."
Das Verständnis der politischen Gegebenheit der Stunde läßt Paul Mühsams jesajanische Friedensvision unangetastet, sie steht über dem Schicksalsweg Ahasvers als sein L e i t s t e r n.

Die Verbindung mit Jerusalem ist völlig unterbrochen. Seit Wochen nichts von den Kindern gehört.

21. Mai

Ein Staat nach dem andern erkennt Jisrael an, aber keiner kommt ihm zu Hilfe. Und sie wäre dringend nötig. Die Juden kämpfen heldenhaft, wie die Makkabäer, aber die von allen Seiten eindringenden Araber sind nicht nur in der Übermacht, sondern haben auch mehr Tanks, Panzerwagen, schwere Geschütze und Flugzeuge zur Verfügung. Es ist kein Geheimnis mehr, daß England, dem der ganze Entwurf des Invasionsplans zuzutrauen ist, sie nicht nur mit Waffen beliefert und unterstützt, sondern auch mitkämpft. . . .

30. Mai

Die Altstadt von Jerusalem ist aufgegeben. Ein schwerer Schlag. Was wird werden? Wenn England nicht hinter den Arabern stünde, wäre alles kein Problem. Noch immer keine Nachricht von den Kindern.

1948

3. Juni

Meine 20 "Sonette an den Tod" beendet.

15. Juni

Endlich die erste Nachricht aus Jerusalem. Telegramm von Else, daß alle gesund sind.

Jerusalem hat in seiner völligen Isolierung vom übrigen jüdischen Land unter Entbehrung und Aufopferung seiner Bürger, unter letztem Einsatz seiner wehrfähigen Bevölkerung um jedes Viertel der Stadt, Meter um Meter, kämpfen müssen. Abgesehen vom Verlust der Altstadt, die die ultra-orthodoxen jüdischen Einwohner und eine große Zahl durch Alter und Tradition geheiligter Synagogen und Betstübel in sich barg, erkämpfen sie die griechisch-arabischen, arabischen und das "deutsche" Viertel, halten die Neustadt.
Während der nun folgenden, auf vier Wochen bemessenen Waffenruhe kann Else für einige Tage ihren Vater auf dem Karmel besuchen.

27. Juni

Heute, der Not gehorchend, nicht dem eigenen Triebe, Ladengeschäft eröffnet.

Da die Korrespondenz mit den Ländern des Nahen Ostens nicht mehr möglich ist und Paul Mühsam von seiner Wohnung aus nicht mehr genügend Abnehmer für seine mit großer Sorgfalt zusammengestellten Länderbriefmarken-Kuverts findet, mietet er unweit seiner Wohnung die Hälfte eines kleinen Schneiderladens. Hier, in einem Winkel, sitzt er nun mehrere Stunden des Tages, im Winter frierend, und meistenteils vergeblich auf Interessenten wartend.

9. Juli

Die Waffenruhe ist nicht verlängert. Nachdem die Engländer

1948

abgezogen sind, rechnet man mit nächstem Angriffziel der Araber (oder richtiger gesagt: der Engländer).

10. Juli

Die Juden haben den wichtigen Flugplatz Ludd erobert.

12. Juli

Die Juden haben Ramleh erobert, einen wichtigen arabischen Ort an der Straße nach Jerusalem.

14. Juli

Heute Vormittag erlebte ich in der unteren Stadt von 10 bis 3/4 11 einen Angriff aus der Nähe im shelter* der Anglo-Palestine Bank. Beim Niedergehen einer Bombe, anscheinend auf den Hafen, wurde eine Reihe von Menschen durch den Luftdruck zurückgedrückt. Diese Gleichförmigkeit der Bewegung war ein merkwürdiger Anblick. . . .

12. August

Schwere Brustattacke. Nachts Dr. Zadik gerufen. Morphiumspritze wegen nicht zu vertreibender unerträglicher Schmerzen.

17. September

Der Uno-Schlichter Graf Bernadotte ermordet.

In den Monaten September und Oktober setzt Paul Mühsam seine Anfang des Jahres begonnene Lektüre Shakespearescher Dramen und Lustspiele (anhand von Gustav Landauers Kommentar) fort.

3. Oktober

Hans,** der von der Front für kurze Zeit zur Erholung nach Tel Aviv beurlaubt ist, auf einen halben Tag hier.

*Luftschutzraum.   ** Schwiegersohn.*

1948

5. Oktober

Mittag Alarm, eine halbe Stunde feindlicher Flieger über der Stadt, starke Luftabwehr.

Immer wieder erscheint eins der Töchter oder der Enkel aus Jerusalem. Lotte führt zu dieser Zeit noch den Haushalt.

21. Oktober

Nachts Luftangriffe bei Haifa von ägyptischen Fliegern. Alarm.

22. Oktober

Große Erfolge im Negev, Zufahrtsstraßen zu den Siedlungen gesichert, Berscheba erobert.

23. Oktober

Waffenruhe.

25. Dezember

Mit der Waffenruhe scheint es wieder einmal vorbei zu sein. Diese Nacht Luftangriff mit starker Flak-Abwehr. Im Negev wird erneut gekämpft.

26. Dezember

Wieder Totalverdunklung angeordnet.

1949

25. Januar

Zur konstituierenden Nationalversammlung gewählt.

Wieder notiert er unerträgliche Schmerzen, hinzukommend eine schmerzhafte Halsentzündung und Fieber. Lektüre u.a.: Voigt,

1949

"Gerhart Hauptmann-Jahrbuch 1948", ihm vom Verfasser übersandt.
Um Lotte ihren Wunsch, sozial zu arbeiten und eine entsprechende Schule zu besuchen, zu erfüllen, wird eine Haushälterin engagiert, die Anfang Mai den Dienst antritt.

14. Mai

Seit 2 Wochen schreibe ich an einem phantastischen Schauspiel "Der Stern Davids".

In diesem Stück, einer Apotheose auf seine Frau Irma, als Weihgabe zu ihrem 60. Geburtstag gedacht, in der sie in der Gestalt einer Sonnenseele wirkt, sind mehrere Absichten verflochten: einmal wieder den Wahnsinn der Kriege aufzuzeigen, zum andern die Hohlheit der Popanze, des Königs, des Pfaffen. Doch es geht ihm hier um noch anderes: wieder, noch einmal, um den Juden Deutschlands in seiner Konfliktsituation. Und um Ahasver.* Gegen Ende des Stücks geben sich in einer phantastischen Szene, über Zeit und Raum hinweg, die Großen Israels der Politik und des Geistes ein Stelldichein. Im Hin und Her ihrer Unterhaltung voll gegenseitiger Anzüglichkeiten beraten Mose, Saul, Spinoza, Jeremias, Abraham, Jehuda Halevi und die Erdseele über eine mögliche Lösung der Judenfrage. Nachdem Stella, die Sonnenseele, den Judenstaat vom Ewigen erwirkt hat, darf sie David (Paul Mühsam) zu sich in die Sternenwelt heimholen.

12. Juni

Irmas 60. Geburtstag. Mit Else zum Friedhof.

15.-17. Juli

Else zu Besuch. Die von ihr besorgte, im Verlag Dr. Peter Freund in Jerusalem erschienene Vervielfältigung meiner "Sonette an den Tod" zum Geburtstag mitgebracht.

* s. 14.5.48.

1949

28. Juli

Sehr aufregender Tag. Heute vor 40 Jahren Hochzeitstag.

7. August

Die Gedenkrede von ALBERT SCHWEITZER zum 100. Todestag von Goethe mit großem Genuß wieder gelesen.

16. August

Flugzeug mit den Gebeinen von Herzl, von Wien kommend zwecks Beisetzung in Jerusalem, unter Kanonendonner und Sirenengeheul über Haifa gekreuzt.

18. August

In "Hakidmah" Besprechung meiner "Sonette an den Tod" durch Schalom Ben-Chorin. " — gehören zum reifsten, schönsten und durchdachtesten, was uns in Versform in den letzten Jahren vor Augen kam." —

Nach den "Sonetten an den Tod" und dem "Stern Davids" begibt sich Paul Mühsam an eine größere philosophische Arbeit, "Mein Weltbild", deren erster Teil metaphysischen Inhalts ist, während der zweite die irdischen Folgerungen darlegt. "Der erste Teil war mir bei weitem wichtiger. Ich entrollte darin erstmalig eine Relativitätsphilosophie, die zugleich eine Untermauerung der Einsteinschen physikalischen Relativitätslehre, wenn auch nicht als Zweck verfolgte, so doch als Konsequenz mit sich brachte." (Memoiren).

1950

14. Januar

Albert Schweitzer in Lambarene, der heute 75 Jahre alt wird, gratuliert und "Mehr Mensch" und "Vom Glück in dir" geschickt.

1950

17. Januar

Schneelandschaft! Der ganze Carmel in Weiß gehüllt, Häuser, Wege, Bäume. Seit 30 Jahren das erste Mal.

Die zur Zeit ganz auf Geschichte eingestellte Lektüre ist im Januar Schillers "Geschichte des Abfalls der Niederlande von der spanischen Regierung" und der "Geschichte des dreißigjährigen Krieges" gewidmet. Im März beginnt Paul Mühsam Churchills "Der zweite Weltkrieg".
Um alle seine Kinder und Enkel wiederzusehen, wagt er trotz Brustschmerzen im Mai eine Reise nach Jerusalem. Auch Freunde sieht er dort nach langer Zeit wieder. In Haifa zurück, notiert er:

28. Mai

Brahms' Violinkonzert, von Heifetz gespielt, im Radio gehört.

Musik hat ihn von Kindheit an tief angerührt. Bis zur Auswanderung hat er wo immer möglich Konzerte besucht, in den Berliner Jahren, später in Görlitz, Stadt der Schlesischen Musikfeste, der Orgelkonzerte in der Peterskirche.

17. Juli

Lotte und Ruthi* zu meinem 74. Geburtstag. Heute vor 50 Jahren ging mir das Doktordiplom der Universität Freiburg i.Br. zu.

9. August

FAUST I wieder gelesen.

Im September liest er unter anderem einige seiner eigenen Bücher.

16. September

Seit vielen Wochen, in denen ich Tag und Nacht stundenlang

---

* *Enkelin.*

1950

von heftigen Brustschmerzen heimgesucht war, heute wieder der erste völlig schmerzfreie Tag.

19. September

Auf dem Friedhof. 4 Jahre!

Immer noch kommen Nachrichten über das Schicksal von Freunden und Bekannten des früheren Lebens:

27.-28. September

Arthur Silbergleit ist im Todeslager Auschwitz zugrunde gegangen. Johannes Wüsten ist von der Malerei zur Literatur übergegangen. 1932 wurde sein Görlitzer Schauspiel "Die Verrätergasse" in verschiedenen Städten Schlesiens aufgeführt. 1934 ging er ins Exil. Nach der Besetzung von Paris fiel er in die Hände der Gestapo, wurde zu 15 Jahren Zuchthaus verurteilt und erlag seinen Qualen im Zuchthaus zu Gollnow.

29. November

"Mein Weltbild" in 2. Fassung beendet!

1. Dezember

Amerika erwägt wegen der katastrophalen Niederlage in Korea den Einsatz der Atombombe. Das bedeutet die Entfesselung eines neuen Weltkrieges. Trumann als Höchstkommandierender hat allein darüber zu entscheiden. Es ist unerhört, daß das Schicksal der ganzen Menschheit in der Hand eines einzelnen Menschen liegt, dem noch dazu das Format seines Vorgängers Roosevelt fehlt.

1951

31. Januar

Diese Nacht zwischen 1 und 1/4 2 Erdbeben bei starkem Ostwind.

1951

Alles Außergewöhnliche in der Natur, auch wenn es, wie selbstverständlich, im Rahmen der Gesetzlichkeit geschieht, wirkt unheimlich. An Gewitter ist man gewöhnt, aber man erschrickt, wenn einem die "feste, wohlgegründete Erde" unter den Füßen schwankt.

8. Mai

"Mein Weltbild", im Verlag Dr. Peter Freund in Jerusalem erscheinend, liegt vervielfältigt und gebunden vor.

8. Juli

Bei Dr. Zadik. Verjüngung, wie er sagt. ...

14. Juli

SCHILLER, WILHELM TELL, seit 60 Jahren wieder einmal gelesen. Jetzt messe ich seine künstlerische Leistung, nicht zu seinen Gunsten, an Shakespeare.

20. Juli

König Abdallah in der Altstadt von Muftianhänger ermordet.

30. Juli

Zur 2. Knesseth gewählt.*

6. August

Geburtstagsglückwunsch von Schalom Ben-Chorin in der "Hakidmah".

20. August

Durch GRAF KEYSERLINGS "REISETAGEBUCH EINES PHILOSOPHEN" mich bis zu einem Viertel durchgearbeitet. Ungenießbare Kost. Nichts als immer nur theoretisierendes, blutlee-

---

* *Das israelische Parlament.*

res, eigenbrödlerisches Spintisieren. Ungesunde Atmosphäre. Geistreich, aber dekadent. Der Vers: "Als Gottes Odem leiser ging, schuf er den Grafen Keyserling" ist garnicht übel.

24. September

LUDWIG TURECK, "EIN PROLET ERZÄHLT". Lebensschilderung eines deutschen kommunistischen Arbeiters. Mit grimmigem Humor in hanebüchener Proletensprache geschrieben. Ein Vagabundendasein, das zugleich eine bittere Anklage gegen die menschliche Gesellschaft mit ihren sozialen Mißständen darstellt. Eine Welt der Verneinung, die zwar frei ist von konventioneller Verlogenheit, aber auch bewußt jedes Ethos ablehnt, indem sie sein Fehlen mit dem Unrecht begründet, das ihr geschieht, eine Welt, die die bestehende soziale Ordnung verwirft und, soweit sie nicht als Unterwelt jeder Hemmung bar ist, sondern ein Ziel verfolgt, sie gewaltsam zu zertrümmern und durch eine andere, entweder für sie oder für die Menschheit bessere zu ersetzen strebt.

30. September

ALFRED WIEN, CAROLINE VON HUMBOLDT, gelesen. Das Buch ist in süßlichem Stil geschrieben, wie zum Gebrauch für die reifere weibliche Jugend. Jedenfalls haben mir der Briefwechsel zwischen Wilhelm und Caroline und seine Briefe an eine Freundin mehr Aufschluß über ihr Innenleben gegeben. Zweifellos war er ein feiner, tief empfindender, abgeklärter, hervorragend befähigter Mensch. Caroline weit mehr als er von Leidenschaft erfüllt, aber auch ringend und zum Höchsten strebend, eine edle, hochherzige Frau. Nur darf man nicht vergessen, daß beide einer sehr dünnen Schicht angehörten, die schon von Geburt auserwählt, unangefochten von den Sorgen den Alltags sich ausleben konnte und es für selbstverständlich und ganz in Ordnung hielt, daß das Gros der Menschheit für sie frondete, um ihr in ihren Schlössern und auf ihren Reisen ein Leben in Schönheit zu ermöglichen.

24. November

Dem Spinozäum als Mitglied beigetreten.

1951

Der diese Vereinigung ins Leben gerufen hatte, ein aus Deutschland stammender Jude namens Herz-Shikmoni (gest. 1976), hatte mit Paul Mühsam die Verehrung Spinozas gemeinsam. "Wir waren uns beide dadurch nahe gekommen, daß wir beide auf die Grundanschauung Spinozas, die Identität alles Seienden, eingeschworen waren (Memoiren)". *Die Vereinigung war mit dem Ziel gegründet worden, Spinozas Gedanken zu verbreiten und dahin zu wirken, daß der Bannfluch, mit dem er aus dem Judentum ausgestoßen worden war, aufzuheben, ihn also offiziell zu rehabilitieren. Ben Gurion, ein großer Verehrer Spinozas, wurde ebenfalls ein Mitglied der Vereinigung.*

1952

27. März

Die No. des "Aufbau"* vom 29.2. erhalten. Der Aufsatz von Gerson Stern stellt eine sehr schöne Würdigung meines Gesamtwerkes dar.

13. Juni

Ein merkwürdiger "Zufall": Ich machte diese Nacht ein Rätsel und schrieb es heute früh in mein Rätselheft: "Ist es die Stimme, so muß man sie hören. Ists die Gesinnung, so muß man sie ehren." Auflösung: lauter. Über dem Rätselheft liegen die Minnesänger. Ich schlage das Buch auf, nachdem ich das Rätselheft zurückgelegt habe, und mein erster Blick fällt auf das, was Gottfried v. Strassburg im Tristan von den Nachtigallen sagt: "ir Stimme ist luter". Vorher hatte ich noch darüber nachgedacht, ob man lauter sagen kann statt laut, was ja auch genügt hätte (für den Sinn, aber nicht für das Rätsel). Allerdings meint Gottfried das Wort nicht als Komparativ, sondern im Sinne von ehrbar, wie aus dem Zusatz "unde guot" hervorgeht.

* *In New York erscheinende deutschsprachige Zeitung der jüdischen Emigranten aus Deutschland.*

1952

19. Juni

THOMAS MANN, "DER ZAUBERBERG", gelesen. Auch bei diesem Buch, das zu lesen bisweilen mehr Arbeit als Vergnügen war, obwohl es ein Roman ist, gelang es mir nicht, mich für Thomas Mann zu erwärmen. Er ist zweifellos, wenn auch nicht zu vergleichen mit den genialen Meistern der Erzählungskunst Tolstoi und Dostojewski, ein Epiker von Format, starkem Talent und ausgeprägter Eigenart, die sich in einer schützenden konventionellen, betont bürgerlichen, alles genial Ausschweifende als liederlich ablehnenden Hülle verbirgt, nicht nur gezwungenermaßen, um sich zu bewahren, sondern auch offensichtlich sich darin wohlfühlend. Streckenweise hat mich das Buch außerordentlich gefesselt. Aber dann gibt es wieder Partien, die mir nicht genießbar waren, in denen er sein erstaunlich großes, gründliches und vielseitiges, auch auf praktische, technische und unwesentliche Dinge des Alltags sich ausdehnendes Wissen ausbreitet, und die nichts weiter als lehrhafte, verbrämt aufgestutzte halbwissenschaftliche Auseinandersetzungen sind, bisweilen über recht fernliegende Themata, zu langatmig und weitschweifig, als daß sie das gute Recht des Schriftstellers, den Roman als Folie für die Offenbarung seiner Gedankenwelt zu benutzen, rechtfertigen könnten. Manches in der Erzählung wird breit dargestellt und dann fallen gelassen. Manches wird psychologisch nur angedeutet, ohne vertieft zu werden. ... Die Gleichgiltigkeit, mit der die Erscheinungen, fast ins Lächerliche gezogen, auch da hingenommen werden, wo sie erschüttern müßten, ist unglaubwürdig. Von irgendwelchen Konsequenzen in der Psyche der Teilnehmer, selbst in der der Empfänglichen, ist keine Rede. Der ganze Roman ist zu ungleichmäßig in Aufbau und Durchführung, um als einheitliches Kunstwerk gewertet zu werden.

19. September

Auf dem Friedhof. 6. Jahrestag.

22. September

FAUST I wieder gelesen.

1952

23.–24. November

Besuch von David,* auf dem Weg vom Militärlager bei Jerusalem nach dem Kibbuz Ch. im Galil.

In diesen Wochen und in den kommenden Monaten befaßt Paul Mühsam sich in seiner Lektüre vorwiegend mit Thomas Mann, liest alle Bände der Josefslegende, den Erwählten, Doktor Faustus, spricht sich im Tagebuch ausführlich über die einzelnen Werke aus. Liest im Anschluß an den letzten Josefs-Band wieder das 1. Buch Mosis. Aber während er in früheren Jahren selten Romane las, führt ihn die Einsamkeit des Alters auch zu leichterer Lektüre.

Ab und zu erscheint eines seiner Kinder und Enkel für einen kurzen Besuch, besucht er Freunde. Über manches kann er sich mit den Mühsamschen Verwandten auf dem Westkarmel aussprechen. Sie sind für ihn ein letzter Rest Zuhause, die Vettern und Kusinen, mit denen er seit der Kindheit in Freundschaft verbunden ist. Doch im Grunde ist er ganz einsam. Es ist nicht mehr die selbstgewählte, aus dem Getriebe des Alltags, des Berufs in die Stille führende Einsamkeit, es ist die durch den frühen Tod seiner geliebten Frau entstandene Vereinsamung.

1953

27. August

Abends in den Garten Haëm**zur H-MOLL-MESSE, die ich seit Görlitz nicht wieder gehört hatte.***Schallplatte natürlich nicht wie Konzertsaal. Aber auch so wirkt das gewaltige Werk erschütternd. Ich blieb bis zum Sanktus, dann versagten meine Kräfte.

* *Enkel.*
** *Der große, früher zum Haus Schneider gehörende Park (s. 15.5.39) ist mittlerweile zu einem öffentlichen Park ausgebaut worden, der fast bis an das Geschäftszentrum des Zentralkarmel heranreicht.*
*** *Damals hatten Irma Mühsam und Lotte mitgesungen.*

1953

17. September

IRMAS TAGEBUCH VON UNSERER BODENSEEREISE 1927 gelesen.

19. September

7 Jahre! —

20. September

Heute vor 20 Jahren mit Irma (44 Jahre!) eingewandert.

27. September

Aus Irmas und meinen Tagebüchern und Foto-Alben ersehe ich, was ich noch vor 2 und 3 Jahrzehnten vertragen konnte, von früh bis Abend unermüdlich unterwegs. Jetzt bewegt sich meine Lebenskurve schon lange abwärts. Die Tage verlaufen einförmig und trostlos in qualvollen Schmerzen ... Allein, vereinsamt, ohne Kraft zum Schaffen, ohne Zerstreuung, ohne Abwechslung, ohne Anregung, apathisch verlorenem Glück nachsinnend, wehmütig von Erinnerung zehrend, in hoffnungslosem Vegetieren, nur noch mit dem Wunsch, daß meine Kinder einmal um mich versammelt sein mögen und ich beruhigt in ihren Armen sterben kann, taumle ich dem Grabe zu. Den einzigen Trost bietet mir die unerschütterliche Gewißheit, daß die Notwendigkeit, die diesem Ablauf zugrundliegt, aus der absoluten Weisheit und Vollkommenheit des einen Seienden folgt, in dessen Schoß wir uns geborgen fühlen dürfen in blindem Vertrauen, und daß auch nach dem Tode so mit uns verfahren wird, wie es sein muß und nicht anders sein kann.

30. September—1. Oktober

Else zu Besuch.

1. Oktober

Frau Machol kündigt zum 15. Nachmittag bis nachts furchtbare Schmerzen.

1953

10. Oktober

In schlaflosen Nächten zu dem Entschluß gekommen, nach Jerusalem überzusiedeln.

17. Dezember

Der schlimmste Tag bisher. Von Mittag bis Mitternacht ununterbrochen unerträgliche Schmerzen. Ich frage mich, wie lange ein Mensch das aushalten kann. Das Herz muß doch einmal versagen. Hoffentlich.

1954

11. März

SEBASTIAN HENSEL, DIE FAMILIE MENDELSSOHN, in 2 Bänden, zum 2. Mal gelesen. Wenn ich auch nicht so begeistert war wie vor etwa 45 Jahren, als ich Irma das Buch vorlas, so habe ich es doch mit viel Interesse und Freude wieder gelesen. Zwar ist der Inhalt beschränkter, als der Titel vermuten läßt, denn er dreht sich fast nur (um) die Kinder von Abraham, eines der 6 Kinder von Moses Mendelssohn: Fanny (deren Sohn der Verfasser ist), Felix (den Komponisten) und Rebekka und deren Ehegatten. Aber diese Personen werden einem durch die Briefe und Tagebuchblätter so nahe gebracht, daß man mit ihnen lebt und an allem, was sie bewegt und beschäftigt, teilnimmt. ... Erstaunlich ist, wie die Enkel des kleinen, mißgestalteten und mittellosen Juden Moses Mendelssohn, der mit 14 Jahren sich nach Berlin durchschlug, durch das Rosenthaler Tor einwandernd, als das einzige, das fremde Juden passieren durften, schon völlig im Christentum aufgingen, mit Selbstverständlichkeit und ohne Strebertum und Affektiertheit, und ihre Familie zu der vornehmsten christlichen Gesellschaft Berlins gehörte, wozu allerdings auch der Weltruhm von Felix beitrug. Hätten sie 100 Jahre später gelebt, hätten sie als Judenstämmige auswandern müssen oder wären deportiert und vergast worden.

1954

4. April

CHAIM WEIZMANN, MEMOIREN, bis zum 11. Kapitel (Schock und Entspannung) mit größtem Interesse gelesen.

Der Versuch, für die Wohnung zu einem Vertrag mit einem neuen Mieter zu gelangen, ergibt ungewöhnliche Komplikationen und Aufregungen. Haus Schneider, als Eigentum einer Deutschen, die seit Ausbruch des Krieges interniert und bis zu einem Friedensvertrag nicht befugt ist, darüber zu verfügen, untersteht einer für solche Fälle gegründeten Behörde. Zwei Stellen, die eine in Haifa, die andere in Jerusalem, sind ermächtigt, Veränderungen in solchen Häusern zu gestatten oder nicht zu gestatten. In den Briefen an die Töchter spiegeln sich die täglichen Aufregungen in diesen Monaten wider. "Es ist ein grausames Spiel, das mit mir getrieben wird", schreibt er an Else, nachdem ein nach langem Hin und Her endlich zustande gekommener Vertrag von der Behörde für null und nichtig erklärt wird. Die Berichte in den Briefen über die immer neuen verwickelten Situationen gleichen einem Roman. Daß dieser doch noch zu einem guten Ende gelangt, kommt einem Wunder nahe.

12. August

Lotte für 10 Tage. Den Haushalt aufgelöst, gepackt, verkauft. Dann von Else abgeholt. Am Ende meiner Kraft. Restlos erschöpft. 10 Tage in Jerusalem im Hospiz.

1. September

In mein Zimmer in Elses Wohnung übergesiedelt.

Allmählich lassen die quälenden Brustschmerzen nach, fängt er an sich zu erholen. Die freundlichen Schwestern des Hospiz ("German Hospice" St. Charles), Boromäerinnen aus Schlesien, gestatten ihm den Aufenthalt in ihrem großen Park, in dessen schattiger Stille er jeden Vormittag der sommerlichen Monate dieses wie der folgenden Jahre im Liegestuhl arbeiten wird.

1955

17. Januar

Sehr bewegt durch den Tod von Elsa Rosenthal, dieser treuen, gütigen, selbstlosen Freundin von Irma und mir seit Jahrzehnten.

6. Mai

Heute vormittag angefangen, im Klostergarten des St. Charles Hospice "m = E/c2" zu schreiben, das mir schon seit mehreren Jahren im Kopf herumspukt, und wofür ich bisher nur Notizen gemacht habe.

Dieses Stück mit der Einsteinschen Formel und dem Untertitel "Ein Rückblick vom Mars zur Erde" hat den Untergang der Erde durch die Explosion einer Super-Atombombe zum Thema. In 80 wechselnd witzigen und ernsten Szenen werden kurz vor der Explosion geführte und vom Mars aus mitangehörte Gespräche dargestellt, die im Moment, da die Erde verpufft, jäh abreißen. Paul Mühsam sagt hierzu: "Es war kein Ewigkeitsbuch, sondern aktuell und dem Geist der Stunde entstiegen, aber doch aus meiner Mentalität heraus geschrieben, an die Tür der schlafenden Menschheit pochend, um sie aufzuwecken aus Fatalismus und Gedankenlosigkeit." (Memoiren). *

14. Mai

Vormittag zur Eröffnung der Ausstellung brasilianischer Architektur im Bezalel-Museum. Ansprachen von Ministerpräsident Sharet und dem Universitätsrektor Prof. Masar.

Freunde von außerhalb kommen ihn besuchen, auch gibt es einige neue anregende Bekanntschaften in Jerusalem. Ein regelmäßiger Briefwechsel mit den Freunden in Deutschland — soweit sie noch

---

* *Einige Szenen wurden 1971 während eines literarischen Seminars der Eßlinger Künstlergilde von Dr. Wolfgang Schwarz, Regisseur, Dramatiker und Schriftsteller, mit Mitgliedern zur Darstellung gebracht.*

1955

am Leben geblieben sind — überbrückt die Jahre des Schweigens, des nicht von einander Wissens während des dritten Reichs. Die tiefe Depression der letzten Haifaer Zeit ist abgeklungen, ein geistiger und seelischer Aufschwung hebt an. Sicherlich spielt das größere Gefühl der Geborgenheit, in der Nähe der Kinder, hierbei eine Rolle, doch nicht zuletzt auch der vormittägliche Aufenthalt im Park des Hospiz bei den schlesischen Schwestern.

6. Juli

Angefangen, meine Lebenserinnerungen durchzulesen und zu ergänzen, da sie seit etwa 10 Jahren nicht ergänzt sind.*

16. Juli

Nachmittagskaffee mit Else, Lotte, Ruthi und Uri** zur Feier meines morgigen 79. Geburtstages.

26. Juli

Zur Knesseth und zur Iriah gewählt.***

25. September

Symptome im Kopf. Bei Dr. Tryfus. Zirkulationsstörung. Jodkur für 4 Wochen. (Also Verkalkung, Alterserscheinung, memento mori).

26. November

Zum 1. Mal eine offizielle Erklärung Ägyptens, daß es mit einer Vermittlung im Konflikt mit Jisrael einverstanden ist. Erst

---

* *Dieser letzte Band beginnt mit Irma Mühsams Tod und berichtet von der Wiederherstellung der Verbindung mit Verwandten und Freunden im Ausland, von der Geburt des Staates Israel, dem "Befreiungskrieg" 1948 und den in diesen letzten Lebensjahren entstandenen Schriften.*
** *Enkel.* *** *Parlament und Jerusalemer Stadtrat.*

1955

atmete ich erleichtert auf, später erkannte ich es als Bluff, uns hinzuhalten, bis die neuen Waffen ausprobiert und die Soldaten für sie abgerichtet sind.

1956

1. Januar

Die Situation für unser Land ist hoffnungslos und wird es bleiben, wenn Amerika und England nicht eine radikale Schwenkung in ihrer Middle East-Politik vollziehen, vielleicht in der Erkenntnis, daß es nicht möglich ist, vorauszusehen, ob ein lokaler Brand so einzudämmen ist, daß er sich nicht zum Weltbrand ausbreitet, der das Ende der Menschheit bedeuten würde. Aber vorläufig scheint es, als ziele die hohe Politik Amerikas und Englands auf unsere Vernichtung. Unser Land, eine belanglose Figur auf ihrem Schachbrett, ist ihnen ganz gleichgiltig. Ihnen kommt es nur darauf an, den Ostblock nicht festen Fuß im Orient fassen zu lassen. Aber er sitzt schon im Sattel, denn die von ihm gelieferten Waffen genügen für einen Vernichtungskrieg, auf den es die arabischen Staaten abgesehen haben. ... Wir sind ringsum von Feinden umgeben, die uns an Zahl der Menschen und Waffen weit überlegen sind, und haben in der ganzen Welt keinen Bundesgenossen, sondern den Ost- und den Westblock in gleicher Weise als unsere Gegner. Daher die Hoffnungslosigkeit, mit der ich dem neuen Jahr entgegensehe.

7. Januar

In memoriam ARTHUR SILBERGLEIT las ich wieder einmal seine Legende "DIE MAGD", die katholische Dichtung eines verträumten, vergasten und vergessenen jüdischen Dichters von hohen Gnaden. ...

12. Januar

Vormittag bei Gerson Stern.

1956

15. Januar

In der Nacht zu heute ist Gerson Stern* an Gehirnblutung gestorben. Es hat mich sehr bewegt. Als ich vor 3 Tagen eine Stunde bei ihm war, die wir sehr angenehm und anregend verplauderten, war er nach den zwei Herzanfällen, die er in den letzten Monaten hatte, wieder ganz frisch, körperlich und geistig. ...

27. Januar

TOLSTOI, AUFERSTEHUNG, gelesen. In diesem die Beziehung zwischen zwei sich wandelnden Menschen, Nechljudow und Katjuscha, behandelnden Roman wird die geniale Erzählerkunst Tolstois von einer Tendenz und einer Anzahl durch sie bedingter, den Gang der Handlung unterbrechender Episoden etwas verdunkelt. Die Tendenz bezweckt die Verurteilung des in Rußland herrschenden zaristischen Regimes mit all seinen fürchterlichen Auswüchsen und die Beantwortung der Frage nach der Ursache all des Leides, das die Menschen den Menschen, die Mächtigen den Wehrlosen antun, und die Tolstoi darin sieht, daß sie nicht nach dem Ethos der Bergpredigt leben.

20. Februar

In fast 3 Monaten habe ich sämtliche Briefe Irmas an mich von 1909 bis 1932 GELESEN. Es mögen gegen 1000 sein. Es war eine sehr wehmütige, aber auch sehr beglückende Lektüre. Die ganze Zeit unserer Ehe in Deutschland nebst dem Heranwachsen der Kinder zog an mir vorüber. Irmas sonniges Wesen, all ihre Liebe und Sehnsucht strahlte mir aus jedem Brief entgegen.

21. März

Fast 1 1/2 stündiger Besuch von Schalom Ben-Chorin. Sehr angeregte Unterhaltung.

16. Mai

Zum ersten Mal wieder im Klostergarten.

---

* *Bekannt geworden durch seinen Roman "Der Weg ohne Ende."*

1956

19. Mai

Meine Tätigkeit: Ausgewähltes aus dem Briefwechsel von Paul und Irma Mühsam. Eine mich mit Befriedigung und Freude erfüllende Aufgabe.*

Zum 80. Geburtstag am 17. Juli erscheinen Würdigungen in zwei deutschsprachigen israelischen Zeitungen. Kinder, Enkel, Freunde und die Verwandten vom Karmel kommen zur Gratulation.

30. Oktober

Unsere Truppen in Ägypten eingedrungen, zur Sinaihalbinsel, in Richtung auf Suezkanal.** Von Frankreich und England begünstigt, während U.S.A. nicht eingreifen zu wollen scheinen. Höchste Alarmbereitschaft. Nachts Verdunklung. Else vorzeitig von ihrem Urlaub zurück.

4. November

England zerstört die ägyptische Luftwaffe. Jisraelische Truppen erobern Gazastreifen.

1957

31. Januar

Mein Vetter und Freund Hans gestorben. Von 12jährigem Leiden erlöst.

Der in diesem Jahr besonders lang währende Jerusalemer Winter bringt wieder Brustschmerzen, die ihn zwingen, viele Stunden des

* *Über 2500 Briefe schreibt er ab, sie füllen 13 Oktavbände: ein Reichtum an Erleben, Spiegelbild ihrer — unserer Zeit.*
** *Zur Säuberung des Sinai und des Gazastreifens von Terrorbanden und zur Verhinderung von Truppenkonzentrationen.*

Tages zu liegen. Doch sein Geist ist lebendig, und er stellt eine Anthologie von Gedichten zusammen, die sein Leben begleitet, sein Herz, sein Gemüt tief berührt haben. Er nennt die Sammlung "Perlen deutscher Dichtung".

21. Mai

Zum 1. Mal in diesem Jahr wieder im Klostergarten.

27. Mai

Bernhard Schlaganfall, der ihm die Sprache nahm und ihn fast bewegungslos machte. 5.5. früh Schlaganfall und Erlösung.

Ein Freund nach dem andern geht. Paul Mühsam hat schon lange nicht mehr das Bedürfnis, seine Gemütsbewegungen im Tagebuch auszusprechen.

6. Oktober

Ein neues Kapital in der Menschheitsgeschichte. Rußland hat einen Satelliten abgeschossen, der die Erde in ca. 1 1/2 Stunden umkreist.

10. November

Doktordiplom der Universität Freiburg i.Br. erneuert.

26. Dezember

Vormittag nach dem Universitätsviertel gefahren. Im Verwaltungsgebäude DIE ROLLEN VOM TOTEN MEER und die Mensa, im Abraham-Mazer-Gebäude für jüdische Studien einen Hörsaal gesehn. Sehr beeindruckt. Alles ebenso schön wie zweckmäßig.

1958

24. April

Zehnjahresfeier des Staates. Parade, vom Balkon aus vorbeimarschieren sehen.

2. Juni

Den Dramatiker Max Zweig kennengelernt.*

25. Oktober

Bis heute bei herrlichem Wetter, guter Gesundheit und schmerzfrei vormittag in Klostergarten 3 — 4 Stunden an meinem Buch gearbeitet.

1959

22. April

Mein Buch "Betrachtungen, Erinnerungen und Gestalten" beendet.

17. Juli

Geburtstagsfeier 3 Tage. ...

Der letzte Geburtstag. Töchter, Enkel, Freunde und Verwandte kommen ihn besuchen.

28. Juli

Goldene Hochzeit, wenn...

Während des Monats September, in dem Else ihren Urlaub außerhalb Jerusalems verbringt, wohnt er im Hospiz bei den Schwe-

* Seine Stücke haben historische Stoffe (biblische und solche der Gegenwart) zum Gegenstand.

1959

stern und anschließend im Holyland Hotel. Lotte leistet ihm während eines Teils ihrer Ferien Gesellschaft. Seine aus "Situationsberichten", komischen Einfällen und Wortspielereien gemischten Briefe zeugen von seiner unveränderten geistigen Beweglichkeit. Er liest die Korrekturen zu seinem Buch.
Unter dem Titel "Erinnerungen, Betrachtungen, Gestalten" erscheint es Ende 1959 als Manuskript vervielfältigt in eigener Regie, in kleiner Auflage. Es erhält eine hervorragende Besprechung.
"Dieses Buch soll keine zusammenhängende Darstellung meiner Erdenwanderung sein, denn eine Autobiographie habe ich bereits unter dem Titel "Ich bin ein Mensch gewesen" geschrieben und durch Ausgewähltes aus dem Briefwechsel mit meiner Frau ergänzt. . . ." heißt es im Vorwort.
Die letzte Tagebucheintragung:

22. Oktober

Rechtsseitiger Schwächeanfall (ohne Lähmung). Verlust der Stimme. Dr. Walk. Pflegerin Frau Schrutka. Zu Bett.

Trotz allmählicher Besserung des Gesundheitszustandes bleibt er hinfällig. Sein irdisches Leben geht dem Ende zu. Am 11. März 1960 wird er heimberufen. Seine irdische Hülle ruht nun neben der seiner Frau, im Wogen der Gräser auf dem Friedhof bei Haifa, zu Füßen des Karmel.
Seine Worte aus "TAO Der Sinn des Lebens" mögen dieses Buch beschließen:

. . . Habe ich aber alle in mir schlummernden göttlichen Keime zum Blühen gebracht, so bin ich ganz Wirklichkeit geworden. Ich habe den Sinn meines Lebens verewigt und ruhe im Frieden des unwandelbaren Seins und der zeitlosen Liebe.

Abdallah 20.7.51
Abraham nach 14.5.49
Adler, Paul 17.5.19
Adler, Victor 29.3.27
Angelus Silesius 26.8.21 - 2.10.38
Apuleius von Madaura 4.5.32
Archenhold, Dr. Friedrich
  13.2.17 - 27.2.17
Arnhold, Georg
  zu 17.10.19 - 18.11.19 - 21.1.24
Arnim, Graf v. 21.9.24

Bach, Johann Sebastian 13.12.35
Baumgarten, Prof. 30.9.24
Bebel, August 27.2.17
Becher, Joh. R. 17.5.19
Ben-Chorin, Schalom
  26.10.42 - 18.8.49 - 6.8.51 - 21.3.56
Beneke, Fr. Ed. 17.1.18
Ben-Gurion, David
  zu 14.5.48 - zu 24.11.51
Benn, Gottfried 18.6.20
Bernhard s. Jacubowsky
Bernadotte, Graf 17.9.48
Besant, Annie 23.9.24
Bethmann-Hollweg, Th.v.
  27.2.17 - 6.8.17 - 19.2.18
Bielschowsky, Albert 28.5.42
Binding, Prof. Karl 29.9.30
Binding, Rudolf G. 29.9.30
Bismarck, Otto v. 6.10.17 - 9.10.21
Blümel, Rudolf 17.5.19
Bockhausen, Dr. 21.9.24
Böhme, Jakob
  3.5.18 - 20.8.21 - 22.8.21
  26.8.21 - 21.9.24 - 15.5.39
Börne, Ludwig 30.5.28
Boethke, Dr. Wilhelm 6.1.17 - zu 6.1.17
Borchardt, Rudolf 18.10.26
Boyesen, H. H. 28.5.42
Bô Yin Râ
  zu 15.10.19 - 21.8.20 - 23.10.21
Brahms, Johannes
  18.11.25 - 13.12.35 - 28.5.50
Brand, Guido K. 7.8.20
Brauchitsch v. 2.4.42
Braun, Hans 17.5.19

Braun, Lily 28.12.19
Braun, Otto 28.12.19
Brentano, Clemens v. 23.6.21
Brod, Max 14.2.23
Buber, Martin
  17.5.19 - 3.8.24 - nach 26.4.25
Buddenbrock, v. 26.11.21
Bülow, Bernhard v. 27.2.17
Burschell, Friedrich 17.5.19
Byron, Lord 19.10.26

Caro 12.2.48
Chamberlain, Houston Stewart
  8.5.45 - nach 17.1.50
Churchill, Sir Winston 8.5.45
  nach 17.1.50
Cohn, Dr. Ludwig 29.3.27
Cohn-Wiener, Ernst 16.1.18 - 23.1.18

Dase 12.11.18
Däubler, Theodor 17.5.19
Daun, Dr. 17.1.18 - 21.1.18 - 24.1.18
Dessoir, Max 7.3.24
Diede, Charlotte 17.7.16
Diederichs, Eugen 8.6.29
Döblin, Alfred 17.5.19
Dostojewski, F. M. 19.6.52
Drey, Arthur 17.5.19
Droste-Hülshoff, Annette v. 24.10.29
Dürer, Albrecht 21.1.18
Dux, Claire 10.1.18
Dyck, Anton van 15.1.18

Ebert, Fritz 26.5.19
Ebhardt, Bodo 14.4.19
Ebhardt, Melanie
  14.4.19 - 19.4.19 - 20.6.19
Eduard VI. 25.12.42
Ehrenstein, Albert 17.5.19
Einstein, Albert
  6.3.17 - 8.1.43 - 18.8.49 - 6.5.55
Elster, Hanns Martin
  19.5.21 - 22.6.31 - 4.1.32 - 1.1.33
Eucken, Rudolf 14.7.24
Eulenberg, Herbert 13.3.26

Fahsel, Kaplan 26.11.28

243

Fechner, G. Th.
    17.1.18 - 6.4.18 - 21.4.18 - 24.9.21
    11.10.21 - 15.5.39 - 16.6.47
Fein, Maria 14.1.18
Felden, Emil 12.1.18
Fichte, Joh. G. 10.1.18 - 15.1.18
Fidus 4.6.23
Flake, Otto 17.5.19
Foerster, Fr. W. 29.10.27
Foerster-Nietzsche, Elisabeth 6.6.17
Fontane, Th. 20.7.18
Forti, Elena 15.10.19
Francé, Raoul 10.3.37
Freund, Dr. Peter 15.-17.7.49 - 8.5.51
Frick, Wilh. OS 13.12.35
Friedländer, Dawid 22.10.35
Friedrich d. Gr. 26.10.32
Friehling, Heinrich 10.6.38
Funk, Walter 3.4.39

Gandhi, Mahatma 10.8.40
Gebühr, Otto 17.12.17
George, Stefan
    20.7.20 - 20.3.21 - 17.4.21 - 30.4.21
Goebbels, Josef 12.3.38
Goethe, Joh. W. v.
    8.3.18 - 28.12.19 - 9.5.20 - 23.6.21
    22.8.21 - 10.6.22 - 28.4.23 -
    20.2.24 - 30.5.28 - 9.6.28 - 11.5.35
    28.8.35 - 17.-20.4.41 - 28.5.42 -
    7.8.49
Goldschmidt, Dr. Kurt Walter 21.1.24
Gondolatsch, Dr. 2.12.29
Gottfried v. Strassburg 13.6.52
Gottschall, Dr. v. 9.4.32
Graetz, Heinrich 26.1.24 - 10.3.32
Grell, Franz 7.2.28
Grimm, Hermann 26.1.24
Gross, George 2.12.29
Grünspan, Herschel 10.11.38
Grunow, Fr. W. 15.5.21 - 19.5.21
Gumpert, Martin 17.5.19

Haass-Berkow 16.2.21 - 2.5.22
Hallbauer, Dr. 29.1.17 - 12.11.18
Hals, Frans 15.1.18
Hans s. Mühsam

Hartmann, Eduard v. 17.1.18
Hartung, Prof. 10.6.22
Hatzfeld, Adolf v. 17.5.19
Hauptmann, Carl 29.3.27
Hauptmann, Gerhart
    24.2.18 - 8.3.18 - 9.5.20 - 3.2.28
    21.12.34 - 8.5.43
Hausenstein, Wilhelm 17.5.19
Hegel, G. W. F. 16.1.18
Heims, Else 14.1.18
Heine, Heinrich 30.10.20 - 23.6.21
Helfferich, Karl 27.2.17
Hensel, Sebastian 11.3.54
Herbart, Joh. Fr. 11.1.18
Herrnstadt-Oettingen, Edith 3.12.35
Hertling, Graf 30.9.18
Herz, Henriette 30.5.28
Herz, Johannes
    28.4.20 - 15.11.31 - 7.6.36
Herz-Shikmoni, Georg
    24.11.51 - 27.9.53
Herzl, Theodor 28.11.20 - 16.8.49
Heynicke, Kurt 17.5.19
Hill, Tilia 4.11.23
Hiller, Kurt 17.5.19
Himmler, Heinrich 12.11.44
Hindenburg, P. v.
    11.12.16 - 6.8.17 - 3.8.34
Hirsch, Werner 31.1.37
Hitler, Adolf
    3.8.34 - 12.3.38 - 2.9.38 - 15.9.38
    3.4.39 - 21.7.44
    12.11.44 - 26.1.45 - 2.5.45
Höflich, Lucie 17.12.17
Hoerner, Herbert v. 9.5.24
Hofmannsthal, Hugo v.
    20.3.21 - 23.4.27
Holbein, Hans 21.1.18
Holitscher, Arthur 17.5.19
Hubermann, Bronislaw 13.12.35
Humboldt, Adelheid v. 6.5.17
Humboldt, Alexander v.
    6.5.17 - 30.5.28
Humboldt, Gabriele v. 6.5.17
Humboldt, Karoline v. 6.5.17 - 30.9.51
Humboldt, Wilhelm v.
    17.7.16 - 6.5.17 - 30.5.28 - 30.9.51

Ibsen, Henrik
 23.2.17 - 12.1.18 - 29.3.27
Iltz, Walter Bruno
 1.10.19 - 15.10.19 - 17.10.19
 13.1.20 - 15.1.20

Jacobi, Friedrich Heinrich 8.1.18
Jacobsen, Jens P. 19.4.18
Jacubowsky, Bernhard
 17.8.18 - 17.10.19 - 3.7.32
 31.3.33 - 5.4.33 - 8.9.33 - 14.2.45
 19.8.46 - 14.12.47 - 27.5.57
Jannings, Emil 24.2.18
Jecht, Richard 21.9.24
Jehuda Halevi 14.5.49
Jeremias 14.5.49

Kahn, Fritz 16.12.19
Kaiser, Georg 17.2.18
Kant, Immanuel
 17.12.17 - 18.12.17 - 21.12.17
 7.2.18
Kapp, Wolfgang 13.3.20 - 14.-16.3.20
Kastein, Josef 10.3.32
Kaufmann, Fritz Mordechai 14.1.23
Kayser, Rudolf 17.5.19
Keyserling, Hermann Graf 20.8.51
Kittel, Prof. Gerhard 29.12.26
Kleist, Heinrich v. 23.6.21
Köppen, Dorothea 19.3.28
Kölwel, Gottfried 17.5.19
Koeth, Dr. 2.9.27
Kollwitz, Käthe 13.6.26 - 2.12.29
Kornfeld, Paul 17.5.19
Kortner, Fritz 2.12.20
Kraemer, Julius 30.7.39
Kraus, Prof. 22.10.35
Kues, Nikolaus von 15.5.39
Kühnemann, Eugen 16.3.22 - 24.3.22
Kuhn, Georg 4.9.33
Kunz, Dr. Alfred
 16.11.21 - 29.3.33 - 5.9.33
Kunz, Ludwig 14.1.23
Kurella, Alfred 17.5.19

Lalo, Edouard 13.12.35
Landauer, Georg 21.11.31

Landauer, Gustav
 17.5.19 - 14.12.47 - 17.9.48
Landsberg, Hans 30.5.28
Lasker, Emanuel 12.2.48
Lasker-Schüler, Else 18.5.17 - 14.1.23
Lessing, Theodor 23.8.33
Lewin, Max 16.1.38
Lichtenstein, Erich 25.9.32
Liebermann, Max 11.8.17
Liebmann, Kurt 8.6.29
Liebknecht, Karl 11.11.18 - 4.9.21
Loerke, Oskar 17.5.19
Loesener, Ministerialrat 13.12.35
Loevy, Rabbiner Dr. 25.3.22
Löwenberg, Dr. 5.6.29
Lorenz, Karl 17.5.19
Lotze, Rudolf H. 17.1.18
Lüttwitz, Walther v.
 13.3.20 - 14.-16.3.20
Ludendorff, Erich 6.8.17 - 15.12.19
Lupin, v. 2.9.27

Maas, Irene Ilse 19.5.24 - 28.1.33
Maeterlinck, Maurice
 3.7.17 - 19.7.27 - 6.10.39
Mahler, Gustav 12.3.30
Mann, Franziska 4.11.23
Mann, Thomas
 21.6.18 - 17.-20.4.41 - 26.1.45
 19.6.52 - 23.-24.11.52
Marais, Eugene N. 6.10.39
Masar, Prof. 14.5.55
Matthias, Leo 17.5.19
Meidner, Ludwig 7.3.18 - 17.5.19
Mendelssohn, Familie v.
 30.5.28 - 11.3.54
Mendelssohn, Moses
 30.5.28 - 20.10.35 - 11.3.54
Meyer, Dr. Andreas (André)
 14.1.23 - 19.3.28
Meysenbug, Malvida v. 4.5.35
Michaelis, Dr. 6.8.17
Mieses, Jacques 14.12.47 - 12.2.48
Moissi, Alexander 14.1.18 - 24.2.18
Moses 14.5.49
Moyne, Lord 19.11.44

245

Mühsam, Erich
  6.3.17 - 24.2.19 - 5.12.20
  15.10.29 - 29.12.32 - 19.9.33
  13.7.34 - 29.7.34 - 10.9.34
  17.7.36 - 31.1.37 - 16.1.38
  22.2.38 - 3.3.38
Mühsam, Dr. Hans
  6.3.17 - 2.11.18 - 24.2.19 - 19.9.33
  29.7.34 - 8.1.43 - 31.1.57
Mühsam, Zenzl
  17.7.36 - 31.1.37 - 6.10.39
Müller, Johannes 28.9.18
Müller, Prof. 28.8.20
Münchhausen, Börries v. 24.3.21
Multscher, Hans 10.1.18
Mussolini, Benito 26.7.43

Neumann, Alfred 17.5.19
Neumann-Hegenberg, Fritz
  15.10.19 - 5.10.21 - 5.3.22 - 14.1.23
Neumann-Nechern, Martin 1.1.20
Nietzsche, Friedrich 6.6.17 - 18.6.17
Nordau, Max 27.2.18 - 11.3.18

Oesterheld 15.6.29
Oldenburg, Ernst 13.10.24
Ossietzky, Carl v. 1.12.36
Ostwald, Wilhelm 21.11.21
Ouckh, Jesa d' 17.5.19

Pappenheim, Pinkus Seligmann
  2.11.18
Pascal, Blaise 3.7.17
Paulsen, Friedrich
  7.1.18 - 16.1.18 - 21.1.18 - 7.2.18
Paulus 14.2.23
Perikles 22.10.31
Pestalozza, Hanna v. 11.12.19
Philon von Alexandrien 2.1.43
Picard, Max 17.5.19
Pinthus, Kurt 17.5.19
Plato 3.5.30 - 15.5.30 - 12.9.30
  16.10.30 - 22.10.31
Plaut, Werner 3.6.26 - 7.4.48
Posadowsky 27.2.17
Prellwitz, Gertrud 4.6.23 - 3.6.26

Quidde, Ludwig
  9.1.24 - 24.1.24 - 26.4.25

Raff, Fritz 21.1.24
Rahel s. Varnhagen
Rath, vom 10.11.38
Rathenau, Walther
  28.1.18 - 9.2.18 - 26.5.19 - 26.8.19
Recke, von der 22.10.35
Reinhardt, Max 25.2.17
Rethel, Alfred 24.1.18
Reznicek, Emil N. v. 1.3.17
Rheinhardt, E. A. 17.5.19
Richter, Eugen 27.2.17
Riemenschneider, Tilman 10.1.18
Rilke, Rainer Maria
  17.5.19 - 30.4.21 - 1.3.24 - 26.4.25
  29.10.25
Rödel, Gotthold
  14.4.19 - 19.4.19 - 20.6.19
  27.8.19 - 1.10.19 - 15.10.19
  18.11.19 - 15.5.21 - 19.5.21
Rolland, Romain 4.5.35
Roon, Albrecht v. 8.7.22
Roon, Carola v.
  8.7.22 - 6.9.23 - 30.4.26
Roosevelt, Franklin D. 1.12.50
Roth, Prof. Dr. Walter 18.8.37
Rupp, August Hans 10.3.48

Saul 14.5.49
Schacht, Hjalmar 3.4.39
Schellenberg, Elisabeth 30.5.22
Schellenberg, Ernst Ludwig 30.5.22
Schelling, Fr. W. v. 12.1.18 - 15.5.39
Schiller, Fr. v.
  14.1.18 - 19.4.18 - 29.3.27 - 9.6.28
  11.5.35 - 28.8.35 - 17.1.50
  14.7.51
Schimmel-Falkenau, Walter 26.11.21
Schleiermacher, Friedrich
  17.1.18 - 30.5.28 - 3.5.30
Schlegel, Friedrich 23.6.21 - 30.5.28
Schlüter, Dr. Otto 19.3.28
Schmeitz 15.2.20
Schmid, Karl Fr. 22.6.31
Schmidt 31.12.18

Schmidt, K. O. 28.4.26
Schmitz, Oscar H. 20.11.23
Schneiderfranken, Josef Anton
  s. Bô Yin Râ
Scholz, Wilhelm v. 1.9.24
Schopenhauer, Arthur
  17.-21.11.17 - 17.1.18
Schröter, Corona 1.9.19 - 2.6.23
Schücking, Levin 24.10.29
Schücking, Prof. Levin 24.10.29
Schüftan, Rabbiner Dr. Max 5.6.29
Schürer, Oskar 17.5.19
Schultheiß, Dr. Hermann 4.10.27
Schuschnigg, Kurt v. 12.3.38
Schwarz, Wolfgang 6.5.55
Schwegler, Albert 17.1.18 - 12.12.30
Schweitzer, Albert 7.8.49 - 14.1.50
Schwenk, Dr. Erich
  19.3.28 - 24.7.33 - 22.7.36
  30.11.47
Seyß-Inquart, Arthur 12.3.38
Shakespeare, William
  25.2.17 - 14.12.47 - 17.9.48
Sharett, Moshe 14.5.55
Silbergleit, Arthur
  19.4.18 - 21.6.18 - - 19.7.18
  18.6.20 - 17.11.20 - 18.11.20
  27.-28.9.50 - 7.1.56
Snay, Georg 21.1.24 - 21.9.24
Sokrates 13.2.31 - 22.10.31
Sophokles 22.5.32
Sorge, Reinhard 17.5.19
Sorma, Agnes 17.12.17
Spinoza, Baruch
  24.9.21 - 14.5.49 - 24.11.51
Spitzemberg, v. 29.1.17
Steffen, Albert 17.5.19
Stehr, Hermann
  4.9.19 - 5.3.22 - 21.1.24
Steiner, Rudolf 22.11.29
Stern, Gerson
  27.3.52 - 12.1.56 - 15.1.56
Stieler-Marschall 21.6.19
Stirner, Max 4.10.27
Stoß, Veit 10.1.18
Strindberg, August
  1.3.17 - 9.1.18 - 13.1.18 - 17.5.19

Strutz, Dr. Georg 6.1.17
Szymanowski, Karol 13.12.35

Tagore, Rabindranath
  16.3.22 - 29.3.27
Taubadel, Paul 2.11.18
Theokrit 22.10.31
Theremin, Lev 12.11.28
Thimig, Helene 24.2.18
Thukydides 22.10.31
Tischner, Rudolf 21.11.21
Tizian, Vecellio 10.1.18
Toller, Ernst 17.5.19 - 30.3.24
Tolstoi, Leo N.
  17.5.26 - 19.6.52 - 27.1.56
Toscanini, Arturo 26.4.38
Truman, Harry S. 1.12.50
Tureck, Ludwig 24.9.51

Unruh, Fritz v. 17.5.19

Varnhagen, Rahel 30.5.28
Vecsey, Franz v. 26.1.18
Venzmer, Dr. Gerhard 23.4.38
Vinci, Leonardo da 21.1.18
Vischer, Peter 10.1.18
Voigt, Felix A.
  9.5.20 - 21.9.24 - 22.6.31 - 21.12.34
  20.5.46 - 10.3.48 - 25.1.49

Walch, Joseph ben Meir 2.5.22
Wallach, Ernst 23.4.36 - 3.4.39
Wallach, Fritz
  März (ohne Datum) 1944
Wallach, Lotte 6.2.26 - 7.2.26
Wallach-Familie 2.5.22
Wallenberg 1.8.33
Wallich, Eisik (Eisuk) 2.5.22
Wedekind, Frank
  4.2.17 - 17.2.18 - 17.5.19
Wegener, Paul
  25.2.17 - 14.1.18 - 17.2.18 - 2.12.20
Weiß, Ernst 17.5.19
Weizmann, Chaim 4.4.54
Werfel, Franz 5.7.18 - 17.5.19
Wien, Alfred 30.9.51

Wilhelm II.
 24.10.18 - 2.11.18 - 9.11.18
 26.5.19 - 15.12.19 - 9.10.21
 15.11.23
Willam, Franz Michel 2.1.42
Wilson, Th. Woodrow
 24.10.18 - 11.11.18
Winterstein, Eduard v.
 25.2.17 - 14.1.18
Wirth 8.6.29
Woker, Dr. Gertrud 21.6.25
Wolfenstein, Alfred 17.5.19
Wolff, Kurt 19.4.18

Wüsten, Johannes
 15.10.19 - 19.7.26 - 19.3.28
 2.12.29 - 27.-28.9.50
Wundt, Wilhelm 17.1.18

Xenophon 22.10.31

Zech, Paul 17.5.19
Zille, Heinrich 2.12.29
Zirus, Werner 2.5.30
Zweig, Max 2.6.58
Zweig, Stefan
 30.11.24 - 19.7.26 - 21.10.26
 27.3.27

Verzeichnis der Schriften von Paul Mühsam

Bis 1933 in Deutschland erschienen:

Entstanden	
1917	Worte an meine Tochter. Dresden 1920
1918	Gespräche mit Gott. Dresden 1919
1919	Aus dem Schicksalsbuch der Menschheit. Dresden 1919
1919	Auf stillen Wegen. Leipzig 1925
1920	Mehr Mensch. Leipzig 1921
1922	Vom Glück in dir. Leipzig 1923
1923	Der ewige Jude. Leipzig 1924**
1924	Sonette aus der Einsamkeit. Schweidnitz 1926
1926	TAO Der Sinn des Lebens. Pfullingen 1931*
1926–32	Stufen zum Licht. Leipzig 1933
1930	Die Verteidigungsrede des Sokrates (neu übersetzt). Gotha 1931

Bis 1933 – als Manuskript oder Typoskript im Nachlaß:

1921	Der Hügel. Ein Mysterium.******
1922	Das Spiel vom getreuen Tod.
1923	Eins. Ein Kettenspiel in 12 Bildern.
1925	Faustus. Ein Buch vom Werden.
ab 1928	Traumleben.
1929	Nur ein Viertelstündchen. Eine Traumgroteske.
1930	Erbauliches aus dem Leben zweier Familien. Groteske.
1930	Geld. Schauspiel in 3 Akten.
1930	Es gibt –. Schauspiel in 1 Akt.
1930	Diagnose. 1 Akt.
1930	Idealisten. 1 Akt.
1930	Seine Hochwürden der Herr liebe Gott. 1 Akt.
1930	Goethe.
1930 / 31	Aus der Schatzkammer altgriechischen Geistes (Übertragungen).
1930 / 31	Die Welt als Geist und Gedanke. Eine Abhandlung. Tagebücher***

In Palästina bzw. Israel hektografiert erschienen:

1946	Glaubensbekenntnis.****
1948	Sonette an den Tod. Verl. Dr. Peter Freund, Jerusalem 1949*****
1949 / 50	Mein Weltbild. Eine Deutung der Welt und des Lebens. Verl. Dr. Peter Freund. Jerusalem 1951
1958 / 59	Erinnerungen, Betrachtungen, Gestalten. Jerusalem 1959

Ab 1933 – als Manuskript oder Typoskript im Nachlaß:

1935–45; 1955	Ich bin ein Mensch gewesen (Memoiren).*******
1949	Der Stern Davids. Ein phantastisches Schauspiel.
1955	m = E/c². Ein Rückblick vom Mars zur Erde.
1957	Der 2. Weltkrieg. Von Palästina aus gesehen.
1957	Perlen deutscher Dichtung. Eine Anthologie.
1957	Ludwig Wolkenheimers Himmelfahrt. Eine phantastische Novelle. Rätsel. Tagebücher.***

Ab 1970 erschienen:

      *   TAO Der Sinn des Lebens. Drei-Eichen-Verlag, München 1970. 3. Aufl. (Vom Sinn des Lebens) in Vorbereitung.
...Seit der Schöpfung wurde gehämmert an deinem Haus. Eine Werkauswahl. Seekreis Verlag, Konstanz 1970

   **   Der Ewige Jude. Seekreis Verlag, Konstanz 1975

 ***   Mein Weg zu mir. Aus Tagebüchern. Rosgarten Verlag, Konstanz 1978, 2. Aufl. Hartung-Gorre Verlag, Konstanz 1992

****   Glaubensbekenntnis. Konstanz 1978

*****   Sonette an den Tod. collis press, Stuttgart 1980
Spiegelbild eines Welterlebens. Konstanz 1981
Vollkommeneres wurde nie und wird nicht werden als die Liebe. Aus dem Briefwechsel von Paul und Irma Mühsam. Konstanz 1985

******   Der Hügel. Ein Mysterium. Konstanz 1986

*******   Ich bin ein Mensch gewesen. Lebenserinnerungen. Unionverlag Berlin 1988. Bleicher Verlag Gerlingen, Lizenzausgabe 1989.
Viel Wege bin ich, Gott, nach Dir gegangen. Mein Vater Paul Mühsam. Von Else Levi-Mühsam. Eßlinger Reihe Nr. 13. Künstlergilde Esslingen/Neckar. 1987.

Der literarische Nachlaß befindet sich im Deutschen Literaturarchiv in Marbach / Neckar.

Errata

Seite

6	Kommentar Z. 1	40jährigen
41	5. Okt. (einschl. Text) und 30. Sept. (einschl. Text)	umtauschen!
66	15. Febr. Z. 3	im Sinne
94	14. Jan. Kommentar 3. letzte Z.	arbeitete er an einem großen Werk über Kulturschwund, das posthum 1991 erschien, und vollendete...
94	20. Aug. Z. 4	Vitte
106	25. März Z. 2	Juden
117	23. Sept. Z. 24	sahen: aus der Handschrift nicht ersichtlich, ob: sehen (was auch nicht unsinngemäß wäre)
169 /170	Z. 1	Webel
177	12. Sept. Z. 3	Dieses, als "Professor Mamlock" bekanntere, 1933 entstandene Stück von Friedrich Wolf erlebte seine (deutsche) Uraufführung am 8. 12. 34 im Zürcher Schauspielhaus unter dem Titel "Dr. Mannheim". (Knaurs gr. Schauspielführer 1985)
177	Kommentar Z. 1	minutiöse
189	Kommentar Z. 1	Mein (Weg zu mir)
205	25. Dez. Z. 2	muß heißen: George VI.
229	oberer Kommentar Z. 9	(statt "aufzuheben":) aufgehoben werde
240	6. Okt. Z. 1	Kapitel
241	unterer Kommentar Z. 2/3	nach "Gegenstand": fällt weg. Max Zweig starb 1992 in Jerusalem
243	Index	Eduard VI. 25. 12. 42 fällt weg
244	Index	George VI. 25. 12. 42 einfügen!
245	Index	unter Mendelssohn, Moses statt 20. 10. 35: 22. 10. 35
249	Schriften, Vom Glück in dir	erschienen: 1923
249	Bis 1933	muß heißen: Ein Spiel vom getreuen Tod
249	Bis 1933. Eins	entstanden: 1923